THE NORTH KOREAN CONUNDRUM:

Balancing Human Rights and Nuclear Security

"북한의 난제: 인권과 핵안보의 균형"

Edited by Robert R. King and Gi-Wook Shin
로버트 킹, 신기욱 편집

(사) 북한인권정보센터 옮김

월터 쇼렌스타인 아시아 태평양연구소는 아시아의 국가, 지역 및 글로벌 현안과, 미-아시아 관계에 영향을 미치는 중대한 사안을 다룬다. 스탠퍼드 현대 아시아 학제간 연구의 중추로서, 정책 관련 연구와 더불어 학생, 연구자, 실무가들에게 교육과 훈련을 제공하고 아시아 태평양과 미국에 있는 관계자들 간에 소통과 협력을 강화하고 있다.

월터 쇼렌스타인 아시아-태평양 연구 센터
프리맨 스포글리 국제학 연구소
스탠퍼드 대학
엔시나 홀
스탠퍼드, CA 94305-6055
http://aparc.fsi.standford.edu

 (사)북한인권정보센터는 2003년, 북한인권 개선과 과거사청산, 피해자 구제를 위해 설립된 비영리 사단법인으로 과거 동서독 분단시기 동독정부의 만행을 형사 제재하기 위해 서독에서 설립한 중앙기록보존소(Zentrale Erfassungsstelle)의 사례를 참고하여 설립되었다.
 과거부터 현재까지 북한이탈주민 전수 인권조사를 목표로 북한이탈주민 34,000명 중 누적 2만여 명에 대한 인권조사를 진행해 왔으며, 조사와 기록을 바탕으로 연례보고서인『북한인권백서』,『북한종교자유백서』등 100여권의 연구 및 출판물을 국영문으로 발간하여 국내외에 북한인권 실태를 알리고 있다.
조사를 통해 만난 인권피해자들의 심리상담과 정착을 지원하고 있으며, 시민사회 교육을 위한 남북사회통합교육원을 운영하고 있다. 최근엔 부설 인권침해지원센터를 설립하여 피해자에 대한 법적 구제와 가해자에 대한 책임규명을 시도하는 단계로 나아가고 있다.

북한인권정보센터
• 홈페이지 : www.nkdb.org
• 인스타그램 : @nkdb_humanrights

발행일 | 2022.03.31
편집자 | 로버트 킹, 신기욱
역 자 | (사) 북한인권정보센터
발행처 | (사)북한인권정보센터

주 소 | 04558 서울시 중구 창경궁로 1길 33 삼양빌딩 3층
전 화 | 02-723-6045
팩 스 | 02-723-6046
홈페이지 | http://www.nkdb.org
이 메 일 | nkdbi@hanmail.net

저자와 출판사의 허락 없이 내용의 일부를 인용하거나 발췌하는 것을 금합니다.

ISBN   979-11-90000-30-7

목차

6   감수의 글

8   저자 소개

19   1. 북한: 인권과 핵 안보
        서론 [로버트 킹, 신기욱]

제 1부: 유엔의 역할

40   2. 유엔 인권조사위원회(COI) 북한인권보고서
        기원, 필요성, 한계 그리고 전망 [마이클 커비]

63   3. 북한인권 진전을 위한 독려
        유엔과 한국의 역할 [오준]

78   4. 유엔 무대에서의 북한인권
        필수적인 미국의 리더십 [피터 여 그리고 라이언 카민스키]

제 2부: 외부 정보의 역할

94   5. 북한 주민을 향한 한국 NGO의 노력
        과거와 현재 그리고 도전 과제 [김민정]

123   6. 변화하는 북한의 정보 환경 [나트 크레춘]

145   7. 외부 정보에 대한 북한의 대응 [마틴 윌리엄스]

제 3부: 인권과 비핵화

168   8. 핵 교착 시대의 인권 옹호 활동
         인권과 비핵화를 위한 대북 압박의 상호 관계 [백태웅]

181   9. 인권과 미국 비핵화 정책 과정에서
         제로섬 사고의 오류 [빅터 차]

제 4부: 비교법적 고찰로서 인권

208   10. 한국에게 전하는 독일의 교훈 [숀 킹]

235   11. 인권과 대외 정책
          수수께끼, 우선순위 그리고 정치 권력 [토마프 펑가]

감수의 글

오준 세이브더칠드런 이사장 (전 유엔대사)

북한인권 문제가 국제사회의 공식 의제가 된 지도 20년이 되어 갑니다. 1948년 채택된 세계인권선언의 "모든 인간은 태어날 때부터 자유롭고, 존엄성과 권리에 있어서 평등하다"는 명제는 현대 인권의 기본 원칙이 되었습니다. 우리와 똑같이 인권을 누릴 자격을 가진 북한주민들을 위해, 우리가 무엇을 어떻게 할 수 있을까 모색하는 것이 북한인권 문제의 출발점이라고 생각합니다.

서구 민주국가들과 달리 우리나라는 불과 40년 전까지도 국제 인권단체들의 비판 대상이었으므로, 우리 경험에 비춰보면 북한 인권에 도움이 되는 방안을 생각하기가 그렇게 어렵지는 않습니다. 우리가 독재정부를 가졌을 때 외부에서 우리의 인권 문제에 침묵하고 인권 침해를 묵과하였다면 우리에게 도움이 되었을까요? 외국 정부가 우리 국민들의 인권 상황과 무관하게 우리의 독재정부만을 상대하였다면 그들이 우리를 진정으로 배려하였다고 할 수 있을까요? 그렇지 않겠지요. 더구나 같은 민족인 우리는 북한의 인권문제에 침묵할 수 없습니다.

특정 국가의 인권 침해에 대하여 국제사회가 개입할 수 있는 방안은 아직도 제한적이지만, '인권 논의를 통한 압박(naming and shaming)'이라는 전통적 방식은 효과가 있습니다. 어떤 나라도 외부와 완전히 단절해 살 수는 없기 때문입니다. 우리나라가 북한과의 대화.협력을 추구하여 직접적인 인권 문제 제기가 어려울 때, 국제적 압박에 동참하는 것은 거의 유일한 기여방안이 됩니다. 물론 인도적 지원을 통해 북한 주민의 사회권 향상에 도움을 주는 것도 병행할 수 있지만, 대북 제재 상황에서 쉽지가 않습니다.

이번에 북한인권정보센터에서 한글 번역본을 출간하게 된 "북한의 난제: 인권과 핵안보의 균형(The North Korean Conundrum: Balancing Human Rights and Nuclear Security)"은 미국 스탠포드 대학 쇼렌스타인 아시아태평양연구소(Shorenstein APARC)가 2020년과 2021년 주최한 북한인권 관련 워크숍과 웨비나 등 작업의 결과를 담고 있습니다. 북한인권 문제와 핵문제의 권위있는 전문가들이 포괄적이고 분석적인 관점에서 발표한 논문들을 다듬어 책자로 출간하게 된 것입니다. 저도 이 과정에 참여하여 많은 배움을 경험했습니다.

한국과 미국에서 북한 문제에 대한 새로운 접근방식이 제시되고 있는 시점에 이 책에 담긴 글들이 관심있는 독자들에게 큰 도움이 될 것으로 믿습니다. 스탠포드 대학에서 워크숍과 책자 발간을 주도해 주신 신기욱 쇼렌스타인 아시아태평양연구소장, 로버트 킹 전 북한인권대사에게 진심으로 감사드리고, 번역본의 출간을 맡아 주신 북한인권정보센터의 윤여상 소장과 송한나 국제협력 디렉터에게도 깊은 감사의 말씀을 드립니다.

저자 소개

백태웅은 마노아 소재 하와이 대학교 윌리엄 S. 리처드슨 로스쿨의 법학 교수이자 한국학 센터 소장으로 재직 중이다. 그는 유엔 회원국 내 강제적·비자발적 실종 사례를 검토하는 유엔 인권이사회 강제 실종 실무 그룹의 의장이기도 하다. 백 교수는 국제인권법, 비교법, 한국법을 가르치고 있으며, 브리티시컬럼비아 대학교 법학부에서도 강의한 바 있다. 서울대학교 법과대학에서 법학 학사 학위를, 노트르담 대학교 법학 대학에서 국제인권법 석사(LLM)와 박사(JSD) 학위를 받았으며 뉴욕 주 변호사 자격을 취득했다.

백 교수는 하버드대학교 로스쿨 동아시아 법률학 프로그램의 방문 학자였으며, 뉴욕 소재 휴먼라이츠워치(Human Rights Watch)에서 연구 인턴과 컨설턴트로 재직한 경험이 있다. 제56차 유엔 인권 증진 및 보호를 위한 소위원회의 대한민국 대표단 법률 고문으로도 참여했다. 그는 1980년대와 1990년대 대한민국 민주화 운동에 투신했으며, 두 차례 투옥돼 국제사면위원회(Amnesty International)로부터 양심수로 지정 받기도 했다. 주요 저서로는 『아시아 인권공동체를 찾아서』(국문, 2017), "북한 정치범죄의 사법적 처벌—관리소에 대하여"(미국 비교법 저널, 2016), 『아시아 인권공동체를 찾아서: 지역 인권 체제의 발전과 전망』(2012) 등이 있다.

빅터 차는 조지타운대학교 국제정치학과 아시아 연구기금 석좌교수 겸 외무대학원 학과장으로 재직 중이다. 그는 미국 전략국제문제연구소(CSIS)의 한국 전담 연구 부서 코리아 체어의 한국 석좌직도 맡고 있다. 그는 조지 W. 부시 연구소의 인권 담당 선임 연구원이었으며, 쇼렌스타인 아시아 태평양 연구 센터에서 2019-2020년 한국 프로그램 펠로우로도 활동한 바 있다. 2004년부터 2007년까지는 미국 조지 W. 부시 행정부의 국가안전보장회의(NSC) 아시아 담당 보좌관을 역임했으며, 당시 아시아 담당으로서 일본과 한반도, 호주/뉴질랜드 및 태평양 섬 국가를 담당했다. 차 교수는 베이징에서 열린 6자 회담의 미국 대표단 부대표로도 참여했으며, NSC에서 재직하는 동안 두 번의 최고 공로상을 수상하기도 했다.

차 교수는 일본 저작상 수상작인 『적대적 제휴: 한국, 미국, 일본의 삼각 안보체제』(스탠포드 대학 출판사, 1999년)과 포린 어페어스(Foreign Affairs)가 '2012년 아시아태평양 최고의 책'으로 선정하기도 했던 『불가사의한 국가: 북한의 과거와 미래』(하퍼 콜린스 에코, 2012년) 등 5권의 책을 저술했다. 최근 저서로는 『파워플레이: 아시아 내 미국 동맹 체계의 기원』(프린스턴 대학 출판사, 2016년)이 있다. 빅터 차는 미국 컬럼비아 대학교에서 학사 학위와 박사 학위를, 영국 옥스포드 대학교에서 석사 학위를 취득했다.

토마스 핑거는 스탠포드 대학교 프리먼 스포글리 국제학 연구소의 쇼렌스타인 아시아태평양연구센터 펠로우로 재직 중이다. 그는 옥센베르그-로렌의 저명한 선임 연구원 (2010-2015)이었으며, 2009년 스탠포드 대학교 국제 연구소 특임 강사로도 재직했다. 2005년부터 2008년까지는 미국 국가정보국 제1부국장, 국가정보분석국장을 역임했으며, 그 전에는 국무부 국가정보국 차관보(2000-2001년), 수석부차관보(2001-2003년), 분석부차관보(1994-2000년), 동아시아 태평양 분석국장(1989-1994년), 그리고 중국사업부 국장(1986-1989년)을 지냈다. 1975년부터 1986년까지 그는 스탠포드 대학교 국제 안보 및 무기 통제 센터의 선임 연구원으로 재직하는 등 여러 직책을 두루 거쳤다. 코넬대학교에서 정부 및 역사 학사, 스탠포드 대학교에서 정치학 석사 및 박사 학위를 취득했다.

　최근 저서로는 『불확실성 감소: 정보 분석 및 국가 안보』(Stanford University Press, 2011), 『새로운 위대한 게임: 개혁 시대의 중국과 남아시아, 중앙아시아』(스탠포드 대학 출판부, 2016), 『불안한 파트너십: 개혁 시대의 중국과 일본, 남북한, 그리고 러시아』(스탠포드 대학 출판사, 2017), 『진 위와 공동 저술한 운명적인 결정: 중국의 미래를 결정할 선택들』(스탠포드 대학 출판사, 2020), 그리고 『통치에서 청사진으로: 정보 개혁의 교훈』(스탠포드 대학 출판사, 2021) 등이 있습니다.

라이언 카민스키는 유엔 재단의 인권 정책 고문을 역임했다. 그 전에는 국제관계위원회 국제기구 및 글로벌 거버넌스 프로그램에서 주요 연구원으로, 홍콩 교육대학교에선 풀브라이트 영어 교육 연구원으로 재직한 바 있다. 카민스키는 시카고 대학교에서 학사 학위를, 컬럼비아 대학교에서 국제관계학 석사 학위를 취득했다. 카민스키는 국제관계위원회 임기의원 겸 트루먼 국가 안보 프로젝트의 안보 펠로우로 재직 중이다.

김민정 박사는 북한이탈주민을 돕는 인권 NGO인 세이브엔케이(Save North, SNK)의 부대표이자 대한민국의 국내외 이슈를 다루는 격주간지 미래한국미디어 부사장으로 재직 중이다. 그는 중파 대북 라디오 방송과 북한인권 개선 사업 기획 및 집행은 물론, 국방과 외교 정책을 다루는 언론사 운영에 이르기까지 다양한 활동에 나서고 있다. 그는 중파 대북 라디오 방송을 지원하기 위해 연간 30만 달러에 달하는 예산을 성공적으로 모금했고, 프로젝트 디렉터로서 라디오 프로그램을 제작하기도 했다. 1999년 SNK의 출범과 함께 일을 시작한 그녀는 이후 전 세계의 수많은 북한 관련 세미나와 행사에서 연구 결과를 발표하는 등 북한인권 침해에 대한 대중의 인식 제고와 국제적 여론 형성을 위한 캠페인을 조직한 바 있다. 김 박사는 북한 내부 및 북한 밖의 민간 활동을 장려하기 위해 전단 풍선과 몰래 카메라를 북한에 보내는 등 다양한 프로젝트를 실행하기도 했다. 그는 북한이탈주민들이 지하 터널을 통해 탈북하는 것을 도왔고, 그들의 사회문화적 적응에 힘쓰기도 했으며 미래한국 잡지의 북한 문제 관련 기고, 연구, 편집 전반에 참여한 바 있다. 그는 조지타운대학교의 객원연구원, 연세대학교와 카이스트 연구원을 역임했다. 연세대학교에서 학사 및 석사학위를 취득했고, 연세대학교 국제대학원에서 국제학 박사 학위를 받았다.

로버트 R. 킹은 2019-2020년 쇼렌스타인 아시아태평양연구 센터에서 펠로우로 일했으며, 2009년부터 2017년까지 미국 국무부 북한인권특사를 역임했다. 전략국제문제연구소 한국 석좌 고문, 한국경제연구원 선임연구위원, 워싱턴DC 북한인권위원회 이사 등으로 재직한 경험이 있으며, 1983~2008년에는 미국 국회의사당 수석비서관(의원)직을 약 25년간 역임했으며, 그 후에는 미국 하원 외교위원회 (2001-2008년) 보좌관직을 수행했다. 로버트 킹은 터프츠 대학교 플레처 법학외교대학원에서 박사 학위를 취득했으며, 『무죄의 패턴: 북한 인권과 미국 특별 대사의 역할』(쇼렌스타인 아시아태평양연구센터, 2021년)을 저술한 바 있다.

숀 킹은 2006년 알폰스 M. 다마토 전 미국 상원의원이 운영하는 뉴욕 경영 자문회사인 파크 스트레티지에 입사해 아시아 내 사업 창출 및 현지 고객 지원 업무를 담당해오고 있다. 그는 노트르담 대학의 아시아 및 아시아학 리우 연구소 소속 학자로도 재직 중이다. 파크 스트레티지 입사 전, 그는 워싱턴 D.C. 상무부에서 5년 간 재직했으며 당시 미국 및 해외 상업서비스 아시아 수석 고문을 역임했다. 상무부 입사 전에는 프라이스워터하우스쿠퍼스와 씨티은행에서 근무하기도 했다. 이 외에도 그는 1997년 뉴욕 주 경제개발부에 재직할 당시 대만 무역사절단을 이끌었다. 그가 대중 연설과 TV에 출연해 제시하는 의견들은 수많은 출판물에 기고되고 있다. 그는 대만에 관한 두 권의 책을 저술했으며, 노트르담에서 경영대학원석사 학위(MBA)를, 워싱턴 DC소재 아메리칸 대학에서 학사 학위를 취득했다. 냉전시기 구 동독을 4차례 방문하기도 했으며, 스웨덴어에도 능통하다.

마이클 커비는 전 호주 고등법원 판사로, 2009년 호주 고등법원 은퇴 당시 호주에서 가장 오랫동안 근무한 판사였다. 그는 두 차례 호주 대법원장 대행을 역임했으며, 1984년부터 1993년까지는 시드니 맥쿼리 대학교의 총장을 지냈다. 1988년부터 1992년까지는 세계보건기구 에이즈 국제위원회의 회원이었으며, 1995년부터 1998년까지 제네바 국제사법위원회, 1993년부터 1996년까지 캄보디아 인권 특별대표, 1995년부터 2005년까지 유네스코 국제생명윤리위원회의 회원으로 참여했다. 그는 인권 사법 참고인 그룹(2007-09), HIV 및 인권에 관한 유엔에이즈합동계획 참고인 그룹(2004-19)의 일원으로도 활동했으며, 2011년부터 2012년까지는 유엔난민기구 HIV 및 법률 위원회의 위원으로 재직했다.

　2012년에는 베를린에 본부를 둔 국제투명성기구 자문위원에 지명됐다. 2013년부터 2014년까지는 유엔 북한인권조사위원회 의장으로 임명됐으며, 유엔에이즈합동계획 랜싯 보건권 위원회(2013-14), 에이즈, 결핵 및 말라리아 퇴치를 위한 세계기금의 평등한 접근성에 관한 패널(2015-16), 유엔 사무총장의 필수 의약품 접근 고위급 패널(2015-16), 유엔에이즈합동계획 그리고 유엔인권최고대표사무소의 과잉 형법에 관한 패널(2015-16) 및 국제 변호사 협회의 공동 의장(2018년-현재)직을 역임했다. 커비는 1991년 호주 인권 훈장, 2010년 그루버 저스티스 상을 수상했으며 2011년부터 호주 시드니 소재 UNSW 대학의 커비 혈액 매개 질병 연구소를 후원해오고 있다. 2017년 5월, 도쿄에서 욱일승천장 금은성훈장을 수여받은 바 있으며, 2018년 뉴사우스웨일스 왕립학회 회원으로 선출돼 같은 해 유엔 호주학회로부터 유엔 명예상을 수상했다. 2019년에는 호주 및 뉴질랜드 정부대학원 특별연구원으로 임명됐으며, 또한 올해의 글로벌 100대 기업상 수상자이자 2019년 발리 국제중재미디어센터의 아시아태평양 10대 중재자 중 한 명으로 선정됐다. 2019년 맥쿼리 대학교는 마이클 커비에게 "우수하고 뛰어난 공로를 인정"해 "영구적인" 명예총장 칭호를 수여했다.

나트 크레촌은 미국 의회가 후원하는 비영리 단체 OTF(Open Technology Fund)의 프로그램 담당 수석 부사장으로 재직 중이다. OTF는 정보 검열 체제 하에 놓인 사람들을 위해 검열 방지, 개인 정보 보호 및 보안 기술의 개발과 구현을 지원한다. 크레촌은 OTF에서 수 백만 달러 규모의 자금 지원 포트폴리오를 위한 프로그램 활동 감독으로서 일하고 있다. 그는 과거 인터미디어에서 선임 부국장으로 근무할 당시 아시아를 비롯해 접근성이 결여된 인구에 초점을 맞춘 정량적, 정성적 연구 프로젝트 전반을 관리한 경험이 있다. 그는 중국의 대규모 국가 조사부터 위구르 인구의 디지털 통신 패턴을 조사하는 질적 연구에 이르기까지 다양한 연구를 설계, 조사, 분석했다. 그는 2009년부터 매년 난민, 탈북자, 여행자들을 대상으로 설문조사를 실시하고 북한 내 정보 접근에 초점을 맞춰 정부, 비정부 소속 연구자들과 정성적 연구를 수행하고 있다. 저서로는 『조용한 시작: 변화하는 미디어 환경에 처한 북한 주민』과 그 후속작인 『연결성의 훼손: 북한의 정보화 속 국가와 사회 간의 정보 역학』 등이 있다.

오준 전 대사는 한국 서울 소재 경희대학교 유엔학과 교수로 재직 중이다. 그는 세이브더칠드런 한국 의장과 세이브더칠드런 인터내셔널 이사직도 겸하고 있다. 2013년부터 2016년까지 뉴욕 소재 유엔 주재 대한민국 대사 겸 상임이사를 지냈으며, 2015년과 2016년에는 경제사회위원회 제71대 의장과 장애인권리협약 당사국 총회 의장을 역임하기도 했다. 그 전에는 주한 싱가포르 대사(2010-2013)와 대한민국 외교통상부 다자·국제 담당 차관(2008-2010)직을 맡았다. 1996년과 2006년 두 차례 대한민국 정부로부터 복무훈장을 받았으며, 2018년에는 미시간 주립대학교로부터 글로벌 코리아상을 받았다. 2016년에는 국제재활기구로부터 장애인 권리에 관한 협약 회장으로서의 업적을 인정 받아 세계 대통령상을 수상했다. 이 외에도 북한인권 문제 관련 공로를 인정받아 2014년 올해의 영산 외교인상을 수상하기도 했다. 2015년에는 국문으로 출판된 첫 번째 책인 『생각하는 미카를 위하여』를 출간했다. 1991년 스탠퍼드 대학교에서 국제정책학 석사 학위를 취득했다.

신기욱 교수는 스탠포드 대학교 William J. Perry 현대 한국 사회학 교수이며 프리먼 스포글리 국제학 연구원의 선임 연구원으로 재직 중이다. 2001년 스탠포드 대학교에 한국 프로그램을 설립했고, 월터 H. 쇼렌스타인 아시아태평양연구소 소장을 맡아오고 있습니다. 비교역사 및 정치 사회학자로서, 그의 연구는 대한민국 및 아시아 전반의 사회 운동, 민족주의, 개발발전학 및 국제 관계에 초점을 맞추고 있다. 신 교수는 20여권이 넘는 책과 수많은 논문의 저자이자 편집자로 활동 중이다. 저서로는 『아시아로부터의 혁신 정책에서의 기어 전환』(2020), 『포스트 산업 한국을 위한 전략, 정책 및 사회 혁신, 기적을 넘어서』(2018), 『확산적 기억: 오피니언 리더와 아시아 태평양 전쟁』(2016), 『글로벌 인재』(2015), 『한국과 대만의 민주주의 성숙을 위한 새로운 과제』(2014년), 『하나의 동맹, 두 개의 렌즈: 새 시대의 한미 관계』(2010년) 등이 있다. 현재는 아시아태평양 4대 강국(일본,중국,인도 그리고 호주)의 부상을 설명하는 책을 집필 중이며, 한국 민주주의에 관한 책도 편찬 중에 있다.

마틴 윌리엄스는 스팀슨 센터 38 노스의 비상임 연구원이며 "북한의 기술" 블로그 설립자다. 오랫동안 북한의 기술을 관찰해오다가 2019년 북한인권위원회를 위해 『디지털 대응: 정보 유입에 대한 북한의 반격』 보고서를 저술했다. 영국 출신인 그는 일본 도쿄에서 16년간 거주한 후 2011년부터 미국에서 활동 중이다. 도쿄와 샌프란시스코의 기술 관련 뉴스 언론사인 IDG 뉴스 서비스의 저널리스트였으며, 2011-2012년 스탠포드 대학교 나이트 저널리즘 펠로우를 지냈다.

피터 여는 유엔 재단 수석 부이사장으로, 유엔의 글로벌 발전을 지원하는 정책을 진전시키기 위해 의회 및 행정부와의 전략적 관여를 주도하는 역할을 맡고 있다. 그의 감독 아래, 유엔 재단은 미국 행정부로부터 수십억 달러의 지급을 보장하도록 도왔고, 미국 전역의 유엔 지지자들을 연결하기 위해 미국 유엔 협회와 전략적 동맹을 맺은 바 있다. 또한 걸업(Girl Up)의 지원으로 아동 결혼에 반대하는 미국법을 옹호하기도 했으며, 매년 미국의 양자 및 다자 간 보건 지출 증대에 힘쓰고 있다. 2009년 유엔 재단 및 더 나은 세상 캠페인에 합류해 20년 이상의 입법, 분석 및 경영 경험을 쌓았으며, 미국 국회의사당과 국무부에서 고위직을 역임했다. 유엔 재단 합류 전, 톰 랜토스와 하워드 버먼 하원 의원이 의장으로 있는 하원 외교위원회에서 10년간 부참모장을 지낸 바 있으며, 광범위한 외교정책과 대외원조 문제에 대한 연구를 지속해왔다. 그는 하원 외교위원회 민주당을 대표해 2003년 HIV/AIDS, 결핵 및 말라리아 법의 성공적인 협상을 이끌어냈으며, 2008년 500억 달러 규모에 해당하는 재허가를 가능하게 하기도 했다. 그는 또한 중국, 티베트, 버마, 동티모르와 관련된 몇 가지 조치들을 법제화한 바 있으며, 위원회 재직 이전 클린턴 2차 행정부 시기 국무부 부차관보를 지냈다. 이 밖에도 유엔에 미국 체불금 반환 협상을 주도했으며, 교토 기후협상 미국 대표단의 일원으로도 활동했다. 웨슬리언 대학교에서 동아시아학 학사 학위를 취득했으며 하버드 대학교에서 동아시아학 석사 학위를 취득했다. 또한 독립 외교 정책 싱크 탱크인 외교 관계 협의회의 멤버이자 미국 글로벌 리더십 연합의 이사로도 참여하고 있다.

들어가며

코렛 워크숍은 쇼렌스타인 아시아태평양연구센터(APARC)의 코리아 프로그램에 의해 조직됐으며, 한반도 전문가들로 구성된 국제 패널이 모여 오늘날의 한반도 문제와 한미 관계를 논의하는 자리다. 이 책은 2020년 6월 16일부터 18일까지 미국 스탠포드 대학교에서 열린 북한인권 관련 3차 회의에서 발표되고 논의된 논문을 바탕으로 작성됐다. 당초 이 회의는 2020년 3월 13일에 개최될 예정이었으나 코로나19로 인해 6월로 연기된 바 있다. 이 회의는 2019년 코렛 펠로우(Koret Fellow)였던 로버트 킹 전 미국 북한인권특사와의 긴밀한 협력 아래 미국과 한국, 호주의 북한 전문가 및 실무자들을 소집해 진행됐다.

북한인권은 여러 주체들이 복합적으로 관련된 문제다. 북한의 생활, 남북관계, 비핵화, 북한으로의 정보 유입, 그리고 국제협력 등이 그 사례다. 마찬가지로, 이 문제에는 다양한 이해관계자들이 관여하고 있다. 한반도의 두 정부 외에도, 대한민국의 NGO 활동, 미국 정부, 유엔, 그리고 세계적인 인권 단체들이 여기에 해당한다. 이 책은 북한인권과 관련된 이슈와 행위자들의 다양성을 포착하고자 했다. 특히 유엔의 역할(2-4장), 정보 흐름(5-7장), 비핵화(8-9장) 등 세 가지 상호 연관된 이슈에 초점을 맞추고 있으며, 두 가지의 논쟁(10-11장)을 다루며 마무리한다.

각 장의 저자들 외에도, 많은 전문가들이 회의에 참석해 논문을 위한 귀중한 의견을 제공했다. 그레그 스칼라토이우 북한인권위원회 상무이사, 앤드레이 에이브러햄 전 국무부 외교담당 보좌관, 스티븐 노어퍼 전 쇼렌스타인 아시아태평양연구소 코레트 선임연구원, 스티븐 노어퍼 한국 사회 정책담당 선임이사, 키스 루스 전미북한위원회 상임이사, 다프나 주르 스탠포드대학교 한국문학문화학과 부교수, 문유미 스탠포드대학교 역사학과 부교수, 아니카 베탕쿠르 브루킹스연구소 동아시아정책연구소 객원연구원 등이 참여했으며, 이용석 쇼렌스타인 아시아태평양연구소 코리아프로그램 차장이 중재위원으로 함께 했다.

코렛 펠로우십과 회의를 아낌없이 지원해 주신 코렛 재단에 감사드린다. 또한 쇼렌스타인 아시아태평양연구소의 헤더 안과 조지 크롬패키께서 회의 개최부터 이 책의 발간에 이르기까지 귀중한 지원을 해주신 데 대해서도 감사의 말씀을 드린다.

신기욱 쇼렌스타인 한국프로그램 및 아시아태평양연구소 소장

1

북한: 인권과 핵 안보

서론

로버트 킹, 신기욱

2020년 6월, 토마스 오헤아 퀸타나 유엔 북한인권특별보고관은 북한이 코로나 19 예방을 위해 중국과의 국경을 봉쇄함에 따라 "식량난 및 영양실조 확산"의 상황이 심각해졌다고 우려를 표했다. 북한 대외무역의 90% 이상을 중국에 의존하고 있는 상황에서 국경 봉쇄는 북한에 상당한 경제적 어려움을 초래했다. 유엔의 권고에 따라 퀸타나 보고관은 영양실조 상태에 놓인 수감자들의 즉각 석방을 북한에 촉구하고, 동시에 유엔 안전보장이사회에도 북한 내 식량 원조가 필요한 이들을 위해 대북 제재를 "재고"해 줄 것을 요구했다.[1]

같은 날 미국 국무부는 연례 국제종교자유보고서를 발표하여 북한의 "오랫동안 지속돼 온 체계적이고 광범위하며 중대한 인권 침해" 상황을 비판한 유엔 총회 결의안에 대한 미국의 지지를 다시금 강조했다. 미국은 동 보고서에 미국은 북한에 대한 "특별우려국" 지정을 연장했으며, 양국 관계의 완전한 정상화를 위해서는 종교의 자유를 포함한 인권 개선이 필요하다고 덧붙였다.[2] 북한의 핵무기 및 안보 위협이 국제사회의 논의의 중심을 차지하면서 다른 문제들이 경시돼 온

---

1 유엔 최고인권대표사무소 (OHCHR), "조선민주주의인민공화국의 인권 상황에 관한 유엔 특별보고관의 언론 성명" 2020년07월09일, https://www.ohchr.org/en/NewsEvents/Pages/DisplayNews.aspx?NewsID=25929&LangID=E.

2 미(美) 국무부, 국제 종교 자유 보고서2019 (북한편)(Democratic People's Republic of Korea (DPRK) 2019) (영문), https://www.state.gov/wp-content/uploads/2020/06/KOREA-DEM-REP-2019-INTERNATIONAL-RELIGIOUS-FREEDOM-REPORT.pdf.

지난 몇 년 동안에도 인권은 여전히 미국의 대북정책에서 중요한 쟁점으로 자리해왔다. 북한이 행하는 국제적인 안보 위협에 시급하게 대응해야 하는 와중에도 인권 문제는 불필요한 사치나 장애물이 아닌 대북정책의 필수 요소여야 한다는 것이다.

이 장의 목적은 북한 문제를 논하는 데 있어 인권이 최우선으로 고려돼야 한다고 제안하려는 것이 아니다. 다만 포괄적인 대북정책의 핵심 요소로서 인권이 할 수 있는 역할을 모색하고자 하는 것이다. 안보 문제가 미국이나 한국은 물론 전 세계의 주요 관심사라는 것에는 의심의 여지가 없다. 하지만 다른 문제를 배제한 채 안보 문제에만 집중하는 것 또한 북한의 위협에 대한 해결책이 될 수 없다는 것 역시 자명한 사실이다. 문제는 어떻게 인권과 인도주의적 문제를 균등하게 다루면서 심각한 안보 문제까지 해결할 수 있냐는 것이다. 이 때 우리가 목표로 해야 할 것은 현 북한 정권의 권위를 실추시키거나 기반을 약화하는 것이 아닌, 북한이 국제사회에 긍정적인 기여를 할 수 있는 일원이 되도록 하는 것이다.

[인권과 미국의 대북정책]

도널드 트럼프 전 대통령은 당초 인권 문제를 북한의 비핵화 진전을 유도하기 위한 압박 수단으로 여겼다. 트럼프 대통령은 2017년 9월 뉴욕에서 있었던 첫 유엔 연설에서 김정은을 "꼬마 로켓맨"으로 칭하는 등 경멸 섞인 단어로 공격한 바 있다. 이와 같은 공격의 일환으로 트럼프 대통령은 공개적으로 북한의 인권 상황에 대해 "부패한 북한 정권만큼 타국을 멸시하거나 자국민의 안녕을 무시한 국가는 없었다"고 비난하기도 했다.[3]

---

3 "트럼프 대통령 제72차 유엔 총회 연설(Remarks by President Trump to the 72nd Session of the United Nations General Assembly) (영문)", 2017년 09월19일, 백악관 트럼프 아카이브 (Trump White House archive), https://trumpwhitehouse.archives.gov/briefings-statements/remarks-president-trump-72nd-session-united-nations-general-assembly/.

2018년 1월, 미국 의회 합동회의 전 첫 국정 연설에 나선 트럼프 대통령은 연설의 1/10 가량을 북한인권 실태에 대한 비판에 할애했다.[4] 연설이 진행된 당시, 현장에는 영부인과 함께 몇몇 북한이탈주민들이 방청석에 자리하고 있었다. 북한에서 체포돼 수감된 지 1년 반 만에 가족들에게 혼수상태로 돌아온 후 곧 사망한 미국인 대학생 오토 웜비어의 부모 또한 그 자리에 함께 했다. 이날 국정 연설 중 가장 상징적이었던 장면 중 하나는 트럼프 대통령이 북한이탈주민 지성호 씨를 소개한 순간이었다. 그는 1990년대 중반 북한의 대기근 시기에 식량을 찾아 헤매다가 이동 중이던 열차에서 추락해 끔찍한 부상을 입은 인물로, 미국 의회가 그의 이야기에 기립 박수를 보내자 지성호 씨는 승리의 표시로 머리 위로 목발을 번쩍 들어올려 보이기도 했다.[5]

국정 연설로부터 불과 두 달 뒤, 트럼프 대통령은 북한의 지도자 김정은을 싱가포르에서 만나기로 합의하며 그간의 비판을 거두는 모습을 보였다. 2018년 6월 12일 열린 싱가포르 정상회담은 미국과 북한 양국 지도자들이 함께 미소 짓는 모습을 보여주며 전 세계 언론 매체들을 열광시켰으나, 실질적인 합의를 도출하는 데는 실패했다. 9개월 뒤인 2019년 2월, 두 정상은 베트남 하노이에서 다시 한 번 만남을 가졌으나 예정돼 있던 최종 회담과 오찬, 공동성명 일정이 갑작스럽게 취소되는 등 좋지 않은 결과로 마무리됐다. 당시 두 정상은 서로 인사도 하지 않은 채 하노이를 떠났다. 이후 2019년 6월 30일 두 정상은 또 다시 비무장지대(DMZ)에서 문재인 한국 대통령과 만나 사진 촬영은 물론, 손을 맞잡고 대화를 나눴다. 이는 트럼프 대통령의 방한 일정 중 이뤄진 것이었으나, 양국 간의 실질적인 논의로 이어지지는 못했다.

---

4 "트럼프 대통령 제72차 유엔 총회 연설(Remarks by President Trump to the 72nd Session of the United Nations General Assembly) (영문)", 2017년 09월19일, 백악관 트럼프 아카이브 (Trump White House archive), https://trumpwhitehouse.archives.gov/briefings-statements/remarks-president-trump-72nd-session-united-nations-general-assembly/.
5 지성호씨는 그 후 2020년 4월 대한민국 국회의원으로 선출되었다. 로버트 킹, "명망 높은 두 탈북자가 대한민국 국회의원으로 선출되다", 반도(블로그), 한국 경제 연구원(KEI), 2020년 4월 17일, https://keia.org/the-peninsula/two-prominent-defectors-elected-to-south-korean-national-assembly/..

그 후, 트럼프 대통령의 재임 기간 동안 더 이상의 진전은 없었다. 비핵화 논의에 이렇다 할 진전이 없었음은 물론, 미국에 대한 북한의 비난 또한 재개됐다. 한국의 거듭된 요청에도 불구하고 북한은 남북 대화마저 중단했다. 급기야 북한은 2020년 6월 남북공동연락사무소를 폭파하는 상징적인 행위를 통해 한국에 대한 분노와 좌절감을 표출하기에 이르렀다.

트럼프 대통령은 미북 정상 외교가 실패했음에도 불구하고, 양국 간 첫 회담 이전에 보여준 모습처럼 인권 문제를 무기 삼아 김정은을 공격하려 하지는 않았다. 트럼프 대통령은 물론, 미국 행정부 고위 인사들 역시 북한인권 실태에 대한 비판을 멈췄다. 트럼프 대통령은 공개적인 북한인권 문제제기를 하지 않았을 뿐만 아니라, 미국의 안보에 여전히 큰 위협으로 여겨지는 북한의 단거리 미사일 실험마저 "매우 일반적"이라고 평가하면서 별다른 비난을 하지 않았다. 이에 따라 고위급 관료들의 논의 역시 진행되지 않았다. 그런 가운데 북한은 미국과 일본, 한국 그리고 유엔에 대한 강도 높은 비난과 함께 미국의 모든 지역에 핵 탄두 미사일을 발사할 수 있다는 주장을 이어갔다.

사실 언론의 관심이 높아지자 트럼프 대통령은 김정은과의 합의를 간절히 바라는 눈치였다. 언론에는 두 정상이 손을 맞잡은 사진과 트럼프가 조심스레 남북국경을 넘는 동영상이 보도됐으며, 이는 곧 그가 미국 현직 대통령으로서는 최초로 북한에 발을 디뎠음을 의미했다. 하지만 양국 관계 진전에 보다 더 장기적인 노력과 신중한 전략이 필요하다는 것이 분명해지면서 트럼프 대통령은 북한이 아닌 다른 나라의 문제로 초점을 옮겼다. 2020년 7월, 문재인 대통령은 새로운 미북 정상회담을 요구했으나 북한은 이를 일축했고, 트럼프 대통령 역시 미국 내 코로나19의 대유행과 2020년 11월에 열릴 미국 대선 운동에 온 신경을 쏟았다.[6] 이처럼 트럼프 대통령 당시 미국은 북한인권 문제에 대한 비판을 거두며 조심스러운 행보를 이어 갔지만, 북한에 의한 안보 위협 문제는 제자리 걸음이었다.

---

6 로버트 킹," 문재인 대통령, 대선 전 트럼프-김정은 정상회담 촉구", 반도(블로그), 한국경제연구원(KEI), 2020년 7월 6일, https://keia.org/the-peninsula/moon-jae-in-urges-trump-kim-summit-before-u-s-election/.

바이든 대통령의 당선 이후, 미국 행정부는 북한 문제에 다시 조심스럽게 접근했다. 당선 초기의 초점은 한국, 일본과의 동맹을 강화하는 데 있었으나 이전보다는 인권 문제에 더욱 주목하고 있음이 분명했다.[7] 안토니 블링컨 미국 국무장관은 트럼프 행정부 임기 4년 내내 공석이었던 북한인권특사를 법에 의거해 임명하겠다고 밝혔다.[8] 미국은 또한 유엔 인권이사회에 다시 참여하기로 했다.[9] 이는 트럼프가 추진했던 대북정책과는 정반대의 노선이었다.

인권은 대외정책의 다양한 요소 중 하나로 논의돼야 할 뿐, 주객이 전도돼서는 안된다(보다 자세한 내용은 11장을 참고). 대북정책은 분석을 목적으로 하는 등의 이유로 종종 각기 다른 주체에 의해 분리돼 논의되기도 하지만, 본래 정책이란 다방면으로 상호 밀접하게 연관돼 있기 때문에 이를 분리하는 것은 불가능하다. 따라서 안보 문제(특히 핵 안보 문제)와 인권, 인도주의 문제 그리고 남북한 관계에서 발생하는 고유의 문제들은 상호 연관된 틀 속에서 살펴봐야 한다. 다만 이 책의 주된 초점은 인권으로, 여러 논의가 복잡하게 얽혀 있는 정치적 사안으로부터 인권이 어떤 영향을 받으며 형성돼 왔는지가 주 쟁점이 될 것이다.

---

7 워싱턴 D.C.에서 열린 바이든-문재인 정상회담에 이어 공동성명에서는 두 정상이 "북한의 인권 상황 개선을 위한 협력을 도모하고 가장 가난한 북한 주민들에 대한 인도적 지원 제공을 계속 추진하기로 약속했다"고 말했다, 백악관 "한미 정상 공동성명" 참조, 2021년 5월 21일, https://www.whitehouse.gov/briefing-room/statements-releases/2021/05/21/u-s-rok-leaders-joint-statement/.
8 김정민, "블링컨, 북한인권 대사를 재임명하는 것을 '강력히' 원하다", NK 뉴스, 2021년 3월 11일.
9 토니 블링컨, "미국, 유엔 인권이사회에 재 참여하기로 결정 보도자료 (U.S. Decision To Reengage with the UN Human Rights Council) (영문)," 미(美) 국무부, 2021년 2월 8일, https://www.state.gov/u-s-decision-to-reengage-with-the-un-human-rights-council/.

[인권과 체제 생존]

　북한은 세계 최악의 인권 침해 국가 중 하나로 꾸준하게 거론되고 있다. 국경없는 기자회가 집계하는 '세계 언론 자유 지수'에서 북한은 180여개 국가 중 최하위권 수준으로 분류되었다.[10] 프리덤하우스가 매년 발표하는 '정치적 권리 및 시민 자율성 순위'에서도 북한은 195개 국 중 191위로 낮은 순위를 기록하였다.[11] 유엔 북한인권특별보고관과 유엔 북한인권조사위원회(COI)의 연례 보고서에는 위와 같은 북한인권 침해 사례가 자세히 기록돼 있다(위원회의 논의 과정, 결과 및 주요 이해 당사자들의 대응은 이 책의 2장을 참고).[12] 이처럼 북한인권 유린 실태가 지속적으로 기록되고 있는 상황에서, 왜 이러한 인권 침해 행위들이 북한 정권의 본질과 존재에 필연적으로 수반되는지에 대해선 여전히 보다 더 깊은 분석이 필요하다.

　북한의 김 씨 정권은 사상누각과 같은 상태로, 이러한 위태로움은 상당부분 한국의 존재와 번영에 원인이 있다. 한국은 북한보다 인구수는 두 배에 불과하지만 국민소득은 40여배에 달하고, 다른 국가들의 존중과 인정을 받는 국제사회의 일원이다. 반기문 전 외교부 장관은 유엔 사무총장(2007-2016)을 역임했고, 한국은 유엔 안전보장이사회 비상임이사국으로 두 번의 임기를 수행하기도 했다. 또한 한국은 세계 경제 강국들의 국제 포럼인 G20의 회원국이기도 하다. 그에 반해 북한은 국제적으로 소외돼 있다. 북한의 경제와 생활 수준은 가난한 사하라 이남 아프리카 국가들과 비슷하며, 국제사회로부터 인도주의적 차원에서 식

10　"2020 세계 언론 자유 지수", 국경 없는 기자회 (Rapporteurs sans Frontiers), https://rsf.org/en/ranking.
11　2020 세계의 자유: 민주주의를 향한 리더없는 투쟁 (Freedom in the World 2020: A Leaderless Struggle for Democracy) (영문), 프리덤 하우스, 28, https://freedomhouse.org/sites/default/files/2020-02/FIW_2020_REPORT_BOOKLET_Final.pdf.
12　유엔 총회 참조, 조선민주주의인민공화국 인권상황에 관한 특별보고관 보고서, A/HRC/43/58 (2020년 2월 25일), https://www.ohchr.org/EN/HRBodies/SP/CountriesMandates/KP/Pages/SRDPRKorea.aspx; 유엔 인권이사회 참조, 조선민주주의인민공화국 인권조사위원회 조사결과 보고서, A/HRC/25/CRP1 (2014년 2월 4일), https://undocs.org/A/HRC/25/CRP.1.

량과 의료 지원을 받는 주요 수혜국이다. 다른 한편으로 북한은 미국을 비롯해 주변국들에게 군사적 위협을 가하는 국제적 불량배이기도 하다. 북한의 지도자들은 한국을 대상으로 종종 군사적 폭력 사태를 일으키며 대립적이고 무절제한 행동을 일삼는 것으로 잘 알려져 있다. 특히 2010년 한국 해군 장병 마흔 여섯 명의 목숨을 앗아간 천안함 사건은 국제사회에서 북한이 가장 비난 받은 행위들 중 하나다. 또한 북한의 지도자 김정은은 2017년 말레이시아 쿠알라룸푸르 국제공항에서 신경작용제를 이용해 자신의 이복 형을 살해하라고 지시한 것으로도 알려져 있다.

북한이 유지되는 이유는 압제적인 김 씨 독재 정권이 권력을 계속 유지하고 있기 때문이다. 북한은 주민들의 생활 수준에 큰 대가를 치르면서 독립 국가로 존재하고 있다. 중국과 러시아의 원조를 받음에도 불구하고 북한 주민에 대한 통제권은 온전하게 김정은 정권이 쥐고 있다. 과거 동독에 대한 소련의 지배력을 보면, 현재 북한을 향한 중국이나 러시아의 영향력보다 훨씬 강하였음을 알 수 있다. 중국은 자국의 동북 지방과 한국, 일본 사이에 위치한 북한이 완충 지대로서 하는 역할에 지대한 관심이 있지만, 소련이 동독에 취했던 역할을 북한에서 발휘하진 못하고 있다. 물론 중국은 한국이 북한을 흡수통일 하기 어렵도록 만들 수 있으며, 흡수통일이 되더라도 최소 한반도 내 미국의 정치적 영향력 축소와 주한 미군 철수 요구는 물론 그 이상의 대가를 얻어내려고 할 것이다. 그러나 거듭 밝혔듯 중국의 대북 영향력은 과거 동독에 끼치던 소련의 영향력에 비해 매우 제한적이고 미미한 수준이다(동독과 북한의 비교는 이 책의 10장을 참조).

한국의 성공과 매력, 한국과 일본에 주둔하는 미군의 존재 그리고 북한 정권의 생존을 향한 집착은 북한 지도부로 하여금 북한의 존립을 위해선 자국민에 대한 절대적인 통제가 필수적이라고 믿도록 만들었다. '적대적이고 사악한 미국인'이란 인식과 한국의 생활 환경이 끔찍할 것이란 오해는 김 씨 정권에 의해 북한 주민들에게 기본적인 이해가 되었다. 종교적 믿음 역시 북한 지도부에게 위협으로 여겨진다. 북한 주민들이 영적인 세계관 등을 접하게 될 경우, 그것이 곧 북한 정권의 존재 이유와 충돌될 수 있기 때문이다. 이러한 논리에 따라 북한에는 잔혹한 수용소의 설립, 주민을 대상으로 하는 대규모 치안병력 확충, 정보에 대한 접근의 통제, 국내 이동의 엄격한 제한 및 해외 여행 금지 등의 정책이 행해졌다. 북한 정권은 이러한 정책이 정권의 생존을 위한 필수불가결한 선택이라고 믿으며 이를 더욱 강화하고 있다.

정치 체제 유지와 지도자의 정책 수행에는 엘리트 간부 계층이 필수적인데, 이는 보상 체제를 기반으로 상당 부분 유지되고 있다. 소비재, 자동차, 여행, 신분 등 북한의 일반 주민들에게는 제한된 것들을 엘리트층의 접근은 허용해주는 것이다. 하지만 그들의 충성심을 공고히 유지하기 위해 법적 처벌만큼은 여타 북한 주민들과 동일한 기준으로 부여한다. 즉 공포로 이들의 순종을 이끌어내는 것이다.

이러한 공포정치는 북한과 외교적 수교를 맺은 한 국가의 대사가 평양에 몇 년간 거주하면서 겪었던 사례에서도 명확히 드러난다. 그는 엘리트 계층의 충성을 보장하기 위해 북한 정권이 얼마나 많은 노력을 기울이는지 목격했다. 2013년 12월 초, 이 대사는 평양 시내에 새로 생긴 고급 식당 중 한 곳에서 저녁 식사를 하고 있었다. 식당은 시끄럽게 붐비고 있었고, 대형 평면 텔레비전에서는 저녁 뉴스가 방영 중이었다. 모든 손님들의 이목이 TV 뉴스에 집중되던 순간, 갑자기 으스스한 침묵이 번잡했던 식당을 뒤덮었다. 이들이 깜짝 놀라며 본 것은 최고 영도자 김정은의 고모부이자 당정 최고위급 간부인 장성택 당시 국방위원회 부위원장이 무장경비대 간부들에게 체포돼 조선노동당 정치국 확대회의에서 끌려 나가는 장면이었다. 이 대사는 방송이 끝나기 무섭게 깜짝 놀란 듯한 북한 엘리트들이 조용하고 빠르게 자리를 떴고, 곧 식당 안이 텅 비게 됐다고 말했다. 메시지는 분명했다. 그 누구의 연줄과 영향력조차 김정은의 절대 권력에는 미칠 수 없다는 것이었다. 장성택의 재판과 처형은 그로부터 이틀 뒤 발표됐다.[13]

---

13 "김정은의 고모부, 장성택 숙청 확실 (North Korea Images Confirm Removal of Kim Jong-un's Uncle Chang Song-thaek) (영문)" BBC뉴스, 2013년 12월 9일, https://www.bbc.com/news/world-asia-25295312. 대사는 자신의 일화를 공동 저자인 로버트 킹에게 직접 진술했다.

김 씨 일가는 북한 체제 내에서 가장 중요한 인물은 물론, 가장 외진 곳의 일꾼이나 농민의 인권까지 제멋대로 침해할 수 있는 힘을 통해서만 정권이 유지될 수 있다고 믿는다. 북한에서는 타당한 이유 없이도 누구나 고문과 투옥의 대상이 될 수 있다. 이와 같은 잔학한 폭정은 김정은 정권이 자신의 통치 아래 있는 인민들의 바람과 이익을 무시할 수 있는 권력을 쥐어 줬다. 만약 자원 배분에 북한 주민들의 정서가 큰 영향을 끼칠 수 있었다면, 북한 정권은 핵무기나 군사력이 아닌 식량과 의료에 더 많은 자원을 할애했을 것이다. 북한이 주민들의 요구에 귀를 기울이는 정권이었다면, 군사나 내부 통제가 아니라 음식과 의료, 교육 등의 복지에 더 많은 자원을 투입했을 것이다.

북한의 안보 위협이나 북한 주민에 대한 인권 침해의 해결 방법으로 김 씨 정권의 교체를 추구해야 한다는 것은 아니다. 최근 미국이 아프가니스탄과 이라크에서 경험한 바로 비춰볼 때, 정권 교체가 늘 성공적인 해결책이라고 보긴 어렵다. 그럼에도 불구하고 인권의 개선은 안보 문제를 보다 더 확실하게 개선하기 위한 전제조건일지도 모른다. 자국민을 탄압하는 국가는 이웃 국가는 물론, 지리적으로 멀리 위치한 국가에게 무력을 사용하는 것에 대해서도 별다른 압박을 느끼지 못할 것이다. 자국민의 복지와 안녕보다도 핵무기 획득을 우선시하는 정권은 그렇게 개발한 핵무기를 다른 국가를 겨냥한 위협으로 사용하는 데도 주저함이 없을 것이다. 북한 주민의 인권 개선은 북한 내부로부터 정권에 대한 압박을 가중시킬 수 있고, 나아가 자원 분배의 우선 순위에도 영향을 미칠 수 있다. 따라서 북한인권의 개선 없이는 한미 간 대북 관심사의 핵심인 안보 문제에 있어서 진전을 기대하기 힘들 것이다.

[유엔의 역할]

유엔은 지난 20년간 북한의 핵무기와 첨단 미사일 기술 개발을 중재하기 위한 국제사회의 협력에 있어서 중요한 역할을 해왔다. 북한은 외교정책에서 주변 국가에 대한 위협을 자제하거나 국제규범을 준수하는 모습을 보여주지 않았고, 결국 국제사회의 심각한 안보 위협으로 여겨지고 있다. 유엔은 북한의 핵 개발 야욕을 향한 국제사회의 반대와 비판을 이끌어내는 중심 역할을 했다. 북한의 가장 가까운 동맹국인 중국과 러시아도 유엔을 통해 미국과 한국을 비롯한 많은 국가들이 북한의 핵무기와 미사일 계획에 반대하는 데 의견을 함께했다. 이에 따라 유엔 안전보장이사회는 국제적인 대북제재 결의안을 통과시켰다. 이 결의안이 정당성을 얻고 실행력을 강화하기 위해서는 중국과 러시아의 지지가 필요하다. 유엔 안전보장이사회 상임이사국으로서 중국과 러시아는 대북제재 결의안에 대해 거부권을 행사할 수도 있었으나, 미국과 영국, 프랑스 등의 국가들과 협력해 북한을 압박하는 데 동참했다.

유엔은 또한 북한인권 개선을 촉구하는 데도 핵심적인 역할을 해왔다. 유엔 회원국으로서 북한은 국제적인 정당성을 얻고 위상을 높이려고 노력해왔으나, 이를 위해서는 인권 개선을 포함해 국가의 평판을 향상시키는 일이 수반돼야 했다. 인권 존중은 평등하고 온전한 국제 공동체로의 참여를 추구하는 모든 국가들에게 부여된 국제적 의무이자 도덕적 헌신과도 같은 것이다. 동시에 인권을 존중하는 것은 국가들로 하여금 세계 평화와 안보, 국내 복지 향상에 이바지하는 국제적 차원의 정책을 따르게끔 장려한다. 유엔의 다른 회원국들과 동일하게 북한 역시 명목상으로는 국제 인권 기준을 존중하고 받아들이겠다고 동의했다. 유엔 헌장은 첫 단락에서 "인종, 성별, 언어, 또는 종교에 따른 차별 없이 모든 사람의 인권 및 기본적 자유에 대한 존중을 촉진하고 장려하는 것"[14] 이 유엔의 목적임을 명시하고 있다.

---

14 "유엔 헌장" 제 1장, https://www.un.org/en/sections/un-charter/un-charter-full-text/.

북한은 국제사회의 적법한 일원으로 인정받고 유엔 가입의 성공을 높이기 위한 노력의 일환으로, 1981년 시민적·정치적 권리에 관한 국제규약(이하 ICCPR)에 가입했다. 이후 북한은 1991년 유엔에 가입하였고, 1997년에 자국의 인권 실태에 대한 다른 국가들의 지속적인 비판에서 벗어나기 위해 유엔 회원국의 인권 의무 조항인 ICCPR의 가입을 철회하고자 했다. 그러나 유엔 총회는 "ICCPR에는 해지 관련 조항이 없으며, 폐기 및 철회 조항도 포함돼 있지 않다"[15] 는 결의안을 채택하며 탈퇴와 철회의 불가성을 분명히 했다. 유엔에서 인권에 관한 국제규약을 탈퇴하려고 시도한 나라는 북한이 유일하다. 만약 북한이 유엔 회원국이라는 지위를 통하여 국제사회로부터 정당성을 인정받고자 한다면, 인권과 관련된 조항을 포함해 회원국으로서의 의무를 지켜야 한다.

트럼프 행정부는 북한이 국제사회의 인권 규범 준수 의무를 다하지 않는다는 사실을 덮어둔 채 핵무기와 안보 문제에서 성과를 내기 위해 집중했으나, 이는 실패로 끝났다. 유엔 회원국들이 모두 수용하는 인권 의무조차 북한이 준수하지 않는 상황에서 과연 비핵화와 안보 문제에 대한 합의 등 국제사회와 맺은 약속을 지킬 것인가에 대한 의구심이 생길 수밖에 없다.

북한 정권은 국민들이 심각한 홍수 피해로 인해 삶의 터전이 무너지고 식량난에 시달리게 된 지 고작 이틀 만에 수백만 달러를 핵실험에 퍼부었다.[16] 그러한 정권은 설령 자국민들이 고통 속에 놓인다고 하더라도 다른 나라에 군사적 행동을 취하는 데 개의치 않을 것이다. 북한 정권은 주민들이 삶의 터전을 지키고 가족들을 부양하기 위해 일자리와 식량을 찾아 헤매고자 국경을 넘는 것마저 금지한 채 홍수가 난 지역의 국경 태세부터 재정비했다. 이러한 정권이 이웃 국가를 위협하고 굴복시키기 위해 군사력을 동원하는 것에 망설임이 있을 리 없다.

북한은 국제사회의 일원으로서 완전히 인정받고 수용되길 원하지만, 인권을 비

---

15 "유엔, 북한의 권리 이동 차단 (U.N. Blocks Rights Move by North Korea) (영문)", 뉴욕타임즈, 1997년 10월 31일.
16 안나 파이필드, "핵 실험으로 세계에 도전하던 북한, 현재는 홍수 재해로 지원 요청", 워싱턴 포스트, 2016년 9월 12일.

롯한 여러 문제들을 개선하기 위한 노력 없이는 이를 성취할 수 없음을 알아야 한다. 지난 20년 동안 북한인권 실태를 고발하는 국제적인 노력은 일정 수준 긍정적인 성취를 거뒀다. 비록 이러한 성취가 국제사회가 지향하는 바에는 한참 미치지 못하는 수준이었지만, 북한의 당국자들은 이와 같은 고발 행위조차 불순한 정치적인 동기에서 비롯됐다면서 비난을 일삼았다. 마이클 커비가 이 책의 2장에서 논하는 바와 같이 2014년 유엔 COI 보고서 발표는 어느 정도 긍정적인 결과를 이끌어냈다. 보고서가 발표되자 북한 외무상은 뉴욕에서 열린 유엔 고위급 회담에 약 14년 만에 모습을 드러냈다. 더불어 유엔 주재 북한 대표부 고위 관리들이 뉴욕 외교협의회와 자국의 인권 실태를 놓고 토론에 나서기도 했는데, 이는 북한이 미국의 저명한 싱크탱크와 가진 첫 논의였다.[17]

제네바에서 열린 유엔 인권이사회에서 북한의 당국자들은 국가별 정례 인권 검토(이하 UPR) 과정 중 자신들의 인권 실적에 대해 논의했다. 앞서 UPR이 2009과 2010년에 처음 열렸을 때 북한은 다른 유엔 회원국들로부터 147건의 권고안을 받았던 바 있다. 그러나 북한은 이 모든 권고안을 무시하고 유엔의 관행을 전례없이 위배했다. 그리고 5년 후인 2014년, 유엔 COI 보고서가 발표된 지 불과 몇 주 후였던 두 번째 UPR에서 북한은 267건의 권고안을 받았고 북한 외교관들은 이 모든 권고안들에 대해 답변했다. 뿐만 아니라, 북한 외교관들은 5년 전에 무시로 일관했던 147개의 권고들 중 몇몇 사안에 대해서도 논의에 참여하는 모습을 보였다.

2014년 북한이 UPR에 대응해 제출했던 장문의 보고서는 대부분 북한의 정책을 옹호하는 내용이었지만, 진전의 조짐도 있었다.[18] 2009년 열린 UPR에서 미국을 포함한 다른 회원국들은 북한이 유엔 장애인권리협약에 가입해야 한다고 권고했고, 이에 북한은 2013년 7월 이 협약에 가입했다. 북한은 또한 아동권리협약

---

17 "장일훈 북한인권 대사 (Ambassador Jang Il-hun on Human Rights in North Korea) (영문)," 미국 외교 협회(CFR), 2014년 10월 21일, https://www.youtube.com/watch?v=iBKXTDmhFGA. .
18 유엔 총회, 인권이사회, 조선민주주의인민공화국 국가별 정례인권검토 보고서(UPR), A/HRC/27/10, (2014년 7월 2일), https://www.refworld.org/pdfid/53eb231d4.pdf.

과 선택의정서 그리고 국제 대테러 협정에도 서명했다. 이를 큰 변화라고 할 수는 없으나, 북한이 논란의 여지가 없는 분야에 한해서는 인권 인식을 개선하려 한 것이라고 어느 정도 긍정적인 해석도 가능할 것이다.[19]

아직 갈 길이 멀지만 이를 통해 적어도 북한은 국제사회에서 정당성과 신뢰성을 확립하는 것이 정권의 이미지를 제고하고 지위를 확립하는 데 중요하다는 것을 인식하게 됐다. 비록 북한의 저항이 있긴 했지만, 북한인권 개선에 대한 국제사회의 압박 그리고 이를 위한 유엔과 국제사회의 공조는 북한 정권이 올바른 방향으로 나아갈 수 있도록 만들었다.

이러한 내용을 바탕으로 이 책의 첫 부분은 북한인권 문제에 대한 유엔의 역할을 다룬다. 2장에서는 유엔 COI 위원장이었던 마이클 커비(Michael Kirby) 대법관이 400p가 넘는 보고서를 작성하는 동안의 경험과 과정, 한계 등을 재조명하고, 보고서 작성 당시 평양과 서울, 워싱턴, 베이징, 모스크바 등 주요 이해당사국들이 어떠한 반응을 보였는지 밝힌다. 3장에서는 오준 전 대한민국 유엔 대표부 대사(2013-2016)가 한국 정부의 관점에서 북한인권 개선을 논의하며, 이를 위해 한국이 취할 수 있는 비정치적, 제도적, 비정부적 세 가지 접근법을 제시한다.

4장에서는 피터 여(Peter Yeo) 더 나은 세상 캠페인(Better World Campaign) 회장 및 유엔 재단 수석 부회장과 라이언 카민스키(Ryan Kaminski) 전 유엔 재단 인권 프로그램 책임자가 유엔 메커니즘 내 북한인권 문제에 대한 미국 정부의 역할에 대해 논한다. 이 장에서는 트럼프 행정부 시절 북한인권 실태에 대해 미흡했던 관심과 관련 조치 등을 검토한 후, 유엔 내 미국의

---

19 카타리나 젤위거, 변화하는 북한의 장애인들(People with Disabilities in a Changing North Korea) (영문) (스탠포드 대학교 월터 H 쇼렌스타인 아시아태평양연구소, 2014), https://aparc.fsi.stanford.edu/publications/people_with_disabilities_in_a_changing_north_korea; 와 로버트 킹, "2018 평창 동계 패럴림픽과 북한의 장애인 기록(The 2018 PyeongChang Winter Paralympics and North Korea's Record on People with Disabilities) (영문)," 반도 (블로그), 한국경제연구원, 2018년 3월 5일, https://keia.org/the-peninsula/the-2018-pyeongchang-winter-paralympics-and-north-koreas-record-on-people-with-disabilities/. 를 참조하라.

리더십을 회복하는 방향으로 미국의 외교정책 우선순위를 재조정해 북한의 열악한 인권 상황에 대한 국제적 관심을 강화해야 한다고 지적한다.

[정보 접근성]

북한 정권은 국방력을 강화하고 미사일과 핵무기 개발을 위해선 자국의 경제 상황을 악화시키거나 주민들로부터 자원 수탈을 극대화할 수 있다는 것을 보여주고 있다. 이처럼 군사력 강화에 자원을 집약하도록 하는 결정적인 요인은 국민에 대한 통제, 그 중에서도 정보에 대한 접근을 통제하는 것이다. 이와 관련해 COI 보고서는 다음과 같이 결론을 내렸다.

> 북한 주민들은 독립적으로 제공되는 정보에 대한 접근권을 보장받지 못하고 있으며, 북한에서 허용된 유일한 정보제공자는 당국의 통제를 받는 매체뿐이다. … 모든 대중매체의 내용은 꼼꼼한 검열을 거치며 조선노동당의 지령에 부합해야 한다. 전화 통화는 도청당하며, 대부분 북한 내부에서만 서로 통화할 수 있다. 북한 주민들은 영화나 드라마를 포함해 외국의 방송을 시청하거나 청취하면 처벌을 받는다.[20]

설령 북한 주민이 정부 통제 밖의 외부 정보에 접근할 수 있다고 하더라도 이는 한계가 있다. 북한에는 표현, 집회, 결사, 종교의 자유가 없으며 정치적 반대, 독립 언론 및 시민사회 역시 존재할 수 없다. 온라인 미디어에 대한 접근은 더욱 엄격하게 통제된다. 북한에서는 인터넷을 사용할 수 없으며, 정부의 통제 하에 매우 철저하게 관리되는 인트라넷만이 유일하게 사용 가능하다. 휴대폰 대화와 문자메시지는 철저하게 감시된다. 대부분의 북한 주민들은 불법 정보에 접근하려

---

20 유엔 총회, 인권이사회, 조선민주주의인민공화국 인권조사위원회 보고서, A/HRC/25/63 (2014년 2월 7일), P-26-31, https://www.ohchr.org/EN/HRBodies/HRC/CoIDPRK/Pages/CommissionInquiryonHRinDPRK.aspx.

다가 투옥되거나 처벌받은 경험이 있는 사람을 알고 있을 정도다. 공식적으로 승인된 국내 채널 외에 다른 방송을 수신할 수 있는 라디오나 TV를 소유하는 것은 물론, 해외 라디오나 방송을 청취하고 시청하는 것 모두 북한에선 불법이다.

정부의 검열을 통과하지 못한 정보에 접근하는 것은 어렵고 위험한 일임에도 불구하고, 북한 주민들은 라디오와 USB 드라이브를 통해서 외부 정보를 수신하고 있다. 이들은 한국 드라마나 해외의 정보 및 오락 프로그램을 비밀스럽게 청취하거나 시청하면서 38선 너머의 삶을 부분적으로나마 접하고 있다. 뉴스와 오락물을 포함한 한국의 라디오 방송은 북한에도 송신되며, 국경 인접 지역에서는 이웃 국가들의 텔레비전 방송이 수신된다. 이러한 정보는 적발될 위험이 높음에도 불구하고 입소문을 통해 전달되기도 한다.[21] 더불어 미국 정부의 국영 네트워크인 미국의 소리(VOA)와 자유아시아방송(RFA)이 송출하는 한국어 뉴스와 정보 프로그램도 북한에 전달된다. 북중 국경 인근 한국어 사용 인구가 많은 중국 지역의 한국어 방송도 북한으로 전달된다. 이러한 방송은 한국어를 사용하는 중국인을 대상으로 하지만, 국경 인근 북한 지역에서의 청취율도 높게 나타난다. 이러한 매체들 역시 중국 정부의 통제 하에 제작됐으나, 훨씬 더 엄격하게 통제되는 북한 매체보다는 더 많은 정보를 제공한다. 영국의 공영 방송(BBC)은 한국어 기반의 일반적인 방송을 방영한 바 있으며, 난민이나 북한이탈주민 단체, 종교단체 등도 북한을 겨냥한 라디오 프로그램을 송출하고 있다.

일부 뉴스 프로그램을 포함한 디지털 오락물은 USB 드라이브를 통해 중국에서 북한으로 전달된다. 북한에서도 한국 드라마와 K-Pop이 큰 인기를 끌고 있는 것으로 알려져 있다. 이러한 매체는 북한에서 법적으로 시청이 불가하며, 이러한 내용이 들어있는 USB 드라이브를 소지할 경우 심각한 처벌을 받을 위험이 크다. 이러한 방송매체는 북한에서 주로 오락을 목적으로 소비되지만, 이는 한국을 포

---

21 로버트 킹, "국외 정보를 원하는 북한 주민들과 이를 제한하려는 김정은 (North Koreans Want External Information, But Kim Jong-un Seeks to Limit Access) (영문)," 전략국제연구센터 (CSIS), 2019년 5월 15일, https://www.csis.org/analysis/north-koreans-want-external-information-kim-jong-un-seeks-limit-access.

함한 다른 국가에서의 삶에 대한 통찰력을 제공한다. 한국을 포함한 다른 국가들의 실제 모습을 알아갈수록 대다수의 북한 주민들은 지도자의 군사적 야망을 위해 자신의 삶을 희생하는 것에 냉정해지기 시작할 것이다. 정보에 대한 접근성이 높아지면 거짓에 기반한 정치 선전이 성공하기 어려워지기 때문이다.

김 씨 정권은 외부 정보 유입에 매우 민감하다. 최고 지도자 김정은의 여동생인 김여정은 한국의 비정부기구(NGO)들이 풍선을 이용해 북한 반체제 전단을 지속적으로 살포하는 것을 한국 정부가 막지 않는 것에 대해 강하게 비판했다. 그녀는 풍선이 "총과 포격보다 더 심각한 도발"이라고 거세게 비난했다.[22] 이후 북한은 최근 개설됐던 한반도 내 남북 당국 간 소통 통로를 차단하고, 개성에 위치했던 남북공동연락사무소를 폭발시키기도 했다. 조선중앙통신은 이 폭발을 두고 "인민의 격노한 징벌열기"를 담아 한국에 살고 있는 "인간 쓰레기"들에게 가한 보복이라고 보도했다. 한국은 북한의 도발적인 행위에 대해 "강력한 유감"을 표명했다. 이에 김유근 국가안전보장회의(NSC) 사무처장은 "한반도 평화 정착을 바라는 모든 이들의 기대를 저버린 행위"라며 유감을 표명했다.[23]

이후 논의되는 세 개의 장(5, 6, 7장)에서는 외부 정보와 매체를 북한에 유입하려는 다양한 노력과 이에 대응하는 북한 정권의 대처 방식에 대해 논한다. 5장에서 한국의 인권 NGO인 세이브엔케이(Save North Korea)의 김민정 부대표는 북한을 향한 한국 NGO들의 노력에 대해 설명하고, 북한의 항의를 의식해 한국 정부가 북한인권 관련 NGO들의 활동을 제한한 것에 대해서도 논한다.

6장에서는 국제적으로 자유로운 인터넷 사용을 위한 기술을 장려하는 비영리법인 오픈 테크놀로지 펀드(Open Technology Fund)의 냇 크레천(Nat

---

[22] "김여정, 남조선당국의 묵인하에 탈북자 쓰레기들이 반공화국 적대행위 감행 비난 (Kim Yo-jong Rebukes S. Korean Authorities for Conniving at Anti-DPRK Hostile Act of 'Defectors from North') (영문)," 로동신문, 2020년 6월 4일, https://kcnawatch.org/newstream/1591257669-272137200/kim-yo-jong-rebukes-s-korean-authorities-for-conniving-at-anti-dprk-hostile-act-of-defectors-from-north/.

[23] 김민주, "북한, 남북공동연락사무소 폭파, 남북 관계 긴장 심화(North Korea Blows Up Joint Liaison Office, Dramatically Raising Tensions with South) (영문)," 워싱턴 포스트, 2020년 6월 16일.

Kretchun) 부회장이 북한의 변화하는 정보 환경에 대해 설명한다. 그는 북한 정권에 대응하고 북한 내 정보 통제를 저지하기 위해 미국과 그 동맹국들이 대체적인 정보 인프라 구축과 같은 새로운 정보 전략을 강구해야 한다고 주장한다.

7장에선 북한 매체 및 기술 전문가이자 노스코리아테크(North Korea Tech)의 편집자인 마틴 윌리엄스(Martyn Williams)가 북한 정권의 해외 정보 대응 방식에 대해 논한다. 그는 주민들의 눈과 귀를 통제하려는 북한 정권의 의지는 여전히 강하며, "붉은기" "트레이스뷰어", 워터마크, 디지털 서명 등 새로운 기술과 소프트웨어를 활용해 북한 내부에 유입되는 정보를 대처하려는 능력 역시 향상됐다고 설명한다. 더불어 북한 주민들에게 정보를 전파하기 위해서 북한 체제보다 앞선 기술의 "개발과 혁신의 지속"이 필요하다고 주장한다.

[인권, 인도주의 그리고 안보 문제의 통합]

트럼프 행정부 뿐만 아니라 문재인 행정부 역시 북한인권 문제에 큰 관심을 두지 않았다. 미국의 북한인권법이 임명을 의무화한 북한인권특사는 미국 국무부 고위급에서 수립하는 미국의 대북정책에 인권이 통합되도록 하는 역할을 맡고 있다. 트럼프 행정부 재임 4년 내내 북한인권특사는 임명되지 않았다. 한국 정부 역시 남북 협력에 집중하며 인권 문제는 등한시했고, 한국의 북한인권대사 역시 임명되지 않았다. 미국과 한국은 인권 문제를 안보 문제 개선 혹은 남북 협력 증진의 방해물로 여기기 보다는 대북 포용 전략의 핵심적인 요소로 인식해야 한다.

북한과 교류의 장을 넓히는 것은 보다 더 포용력 높은 관계를 구축하는 데 도움이 되며, 더 나아가 안보 문제를 다룰 수 있는 가능성을 높일 것이다. 일반적으로 핵무기와 안보 문제에 대한 해결이 기타 문제들의 해결을 이끌 것이라고 여겨진다. 그러나 다른 한편으로 한 번도 시도해본 적 없지만 인권과 인도주의, 기타 포용 가능한 분야로의 우선적인 접근이 북한과의 신뢰 관계를 형성해 복잡한 안보 문제를 해결하는 데도 긍정적인 영향을 끼칠 것이란 주장도 있다.

북한과의 협상은 어렵다. 북한의 특사단은 미국에 적대적인 자신들의 독재자를 만족시켜야만 하며, 그를 만족시키지 못할 경우 정부 내 자신의 입지와 특권은 물론 가족의 안녕과 생명까지도 잃을 수 있다. 만약 북한과의 교류에서 항상 어렵고 민감한 사안에 대한 논의만이 진행된다면, 관계 향상을 위한 신뢰 구축은 불가능하다. 만약 핵 안보보다 덜 민감한 보편적인 사안을 함께 논의한다면 신뢰 관계를 형성하기가 더욱 수월할 것이다.

한국과 일본, 미국 등의 국가를 향한 북한의 안보 위협을 줄이기 위해 대북제재는 필수적이다. 그러나 대북제재가 북한의 군사력 증강과 관련 없는 인도주의적 형태의 포용마저 배제하는 것은 아니다. 코로나19나 내성 강한 결핵 등 질병에 대처하기 위한 의료 지원은 모니터링 등을 통해 북한 전역에 올바르게 전달될 수 있다. 그러나 미국의 대북제재와 여행 제한 조치는 인도적 교류는 물론 문화나 교육 분야에서의 교류마저 불가능에 가깝게 만들었다. 여행 제한은 미국 시민들의 안녕을 우려해 시작됐지만, 인도주의적 지원은 미국의 '국익'에 부합하지 않는다는 판단과 함께 그 제약이 강화됐다.[24] 일각에선 미국인 방북 제한이 북한에 대한 추가적인 압력이라는 견해도 있지만, 이를 뒷받침하는 근거는 미비하다.

미국 핵 안보 전략의 약점은 북한에게 주요 군사력을 포기하라고 요구하는 데 반해, 비핵화 등의 안보 진전이 확보돼야만 수입 제재 및 통화 통제 등의 해제를 약속하는 등 부정적인 인센티브만을 사용한다는 점이다. 북한의 군사력 증강이나 안보 문제와는 무관한 분야에 대해 유익한 협력을 도모하고 긍정적인 인센티브를 선제적으로 제공할 필요가 있다. 여기서 고려해야 할 것은 북한을 어떻게 국제사회에 긍정적인 기여를 하는 일원으로 이끌 수 있을지, 그리고 그 과정에서

---

24 로버트 킹, "왜 미국의 비정부기구(NGO) 북한 여행 금지 조치가 잘못된 결정이며 또한 비생산적인가(Why U.S. Moves to Block NGO Travel to N. Korea Are Counterproductive—and Wrong) (영문)," NK 뉴스, 2018년 10월 14일, https://www.nknews.org/2018/10/why-u-s-moves-to-block-ngo-travel-to-n-korea-are-counterproductive-and-wrong/.

어떻게 안보와 인권 문제의 균형을 이룰 수 있는지에 대한 것이다.

　인권과 안보 간의 까다로운 관계는 아래 두 장에서 논의된다. 8장에서는 미국 하와이대학교 법학과 교수이자 한국학 연구소장인 백태웅 교수가 북한인권과 비핵화 간의 상호 관계를 살펴본다. 그는 북한인권 문제에 대한 논의가 늘 북한 정권의 외교 협상 거부로 이어지는 것은 아니며, 한반도의 영구적이고 안정적 평화 관계를 모색하기 위해 인권 개선 논의는 필수적이라고 설명한다. 조지타운대학교 정치학부 교수이자 미국전략국제문제연구소 한국 석좌인 빅터 차(Victor Cha) 교수는 9장에서 인권과 비핵화 문제를 이해 상충 관계로 보는 사고를 반박한다. 그는 미국이 북한과 인권 문제를 배제한 채 정치적 관계 정상화를 논의하는 것은 불가능하며, "우리(미국)의 전략에 인권을 통합하는 것은 선택이 아니라 필수"라고 주장한다.

　이 책은 마지막 두 장에서 경험적 비교를 논하며 끝을 맺는다. 10장에서는 Park Strategies의 수석고문이자 전 미국 해외상업서비스 아시아 담당 선임고문인 션 킹(Sean King)이 동독에서의 교훈을 통해 북한인권에 대한 접근 방식을 다룬다. 그는 아시아와 독일 문제에 관한 전문 지식과 경험을 바탕으로 한국이 30년 전의 독일 통일을 재현하고자 한다면, 북한 주민들의 권리와 그들의 외부 세계로의 접근을 우선해야 한다고 말한다.

　11장에서는 토머스 핑거(Thomas Fingar) 전 미국 국가정보국 부국장이자 쇼렌스타인 아시아 태평양 연구소 선임연구원이 인권과 외교정책의 상관관계를 다룬다. 그는 인권 문제를 전반적인 외교 정책에 통합하고자 하는 전략 수립 이전에 북한 정권과의 관계 형성의 목적이 협력 관계인지 적대 관계인지부터 분명하게 설정해야 한다고 말한다. 그렇지 않을 경우 인권 문제를 외교정책에 포함하는 데 필요한 지지를 확보하기 어려우며, 북한으로 하여금 한국, 미국, 그 외 국가들의 어떠한 제안도 정권을 약화시키기 위함이라는 의심을 갖게 할 것이란 지적이다.

　북한인권에 대한 문제 제기가 비핵화를 향한 노력을 저지하는 잘못된 전제조건인 것처럼 여겨져 북한인권에 대한 논의를 무시하거나 간과해서는 안 된다. 오히려 인권은 북한과의 협상을 다각화하는 데 중요한 요소로 다시금 재조명돼야 한다. 바이든 행정부는 북한과의 협상에서 인권 문제를 주목할 것으로 예상된다. 이러한 상황에서 이 책이 북한인권 상황에 주목하는 유엔, 미국, 한국은 물론 비정부기구들에게 유용한 정보를 제공할 수 있기를 바란다.

제 1부

유엔의 역할

2

유엔 인권조사위원회(COI) 북한인권보고서

기원, 필요성, 한계 그리고 전망

마이클 커비

유엔 북한인권조사위원회(COI)의 기원은 제2차 세계대전의 결과로 유엔이 탄생하고 유엔 헌장이 채택되는 시점까지 거슬러 올라간다.[1] 유엔 헌장의 서문에는 다음과 같이 유엔의 주요 목표가 명시돼 있다. 먼저 다음 세대를 "전쟁의 참화(the scourge of war)"에서 구하고 "기본적 인권, 인간의 존엄 및 가치, 강대국이나 약소국에 관계없는 남녀 평등에 대한 신념"을 지키는 것이 목표임을 재확인했다. 또한 "국제법이 계속 유지될 수 있는 조건을 확립해 더 많은 자유 속에서 사회적 진보와 생활 수준의 향상을 촉진할 것"을 명시했다.[2] 이와 함께 헌장은 유엔의 목적과 원칙[3], 회원국[4], 그리고 주요 기구[5]들을 밝히고 있다.

그러나 이렇듯 유엔 헌장이 '기본적 인권' 보호에 중점을 두고는 있지만 그 개념에 대한 정확한 정의가 이뤄지지 않았을 뿐만 아니라, 효과적인 이행을 위한 기구조차 설립되지 않은 상태였다. 이러한 상황에서 그저 이상적인 표현에 의미를 불어넣는 것은 프랭클린 D. 루스벨트 대통령의 아내인 엘리너 루스벨트가 의장을 지냈던 위원회의 몫으로 돌아갔다. 초안을 작성했던 이들은 세계 인권 선언

---

1   유엔 헌장, 1945.06.26 채택; 1945.10.24 발효
2   유엔 헌장, 서문
3   유엔 헌장, 1장
4   유엔 헌장, 2장
5   유엔 헌장, 3장

(UDHR) 채택을 권고했고, 이 문서는 1948년 12월 10일 파리에서 열린 유엔 총회에서 정식으로 채택됐다.[6]

세계 인권 선언은 국제 인권에 대한 유엔의 의지와 헌신을 다지는 초석이 됐다. 이는 유엔 총회에 의한 선언이었기 때문에 국가들이 동의하거나 거부할 수 있는 조약과는 상이한 성격을 가졌다. 1991년 남한과 북한의 선례와 마찬가지로, 한 국가가 유엔에 가입하면 해당 국가는 유엔 체제의 원리적 기반을 받아들인 것으로 간주된다. 세계 인권 선언의 이행을 위해 사법기관이나 그에 준하는 기관이 설립되지는 않았지만, 1945년 이후 당사국들의 비준을 통해 구속력을 갖게 하는 주요 유엔 조약들이 채택됐다. 또한 세계 인권 선언과 그 후속인 유엔 조약법의 준수 여부를 감시하는 기구들이 생겨났다. 그리고 개인적인 차원에서 발생하는 인권 침해 사례를 추적하기 위해 "특별보고관(Special rapporteurs)"의 임명과 "조사위원회(Commissions of Inquiry)" 발족 등 "특별 조치(Special procedures)"가 수립됐다. 후자의 경우, 인권 침해 혐의에 대한 조사와 보고가 더욱 상세하고 공식적인 방식으로 심화됐음을 의미했다.[7]

유엔 인권이사회에 의해 창설된 COI는 특별보고관이나 여타 공무원에 의한 조사에 비해 더 많은 지원과 다수의 인원이 투입된 채 엄중한 방식으로 진행됐다. 민감한 이슈를 다루면서도 자연스럽고 진중하며 심도 있는 진상 조사를 진행했으며, 이를 바탕으로 한 판단과 권고를 제시함에 따라 일반적으로 더욱 심도 있는 정치적 행위라고 인식됐다. 따라서 인권이사회가 COI를 창설하도록 하자는 제안은 인권이사회 내에서도 첨예한 대립을 야기했다. 정치적 분열의 위험성을 이유로 인권이사회 설립부터 반대했던 국가들은 (COI 설립 제안에도) 반대표와 기권표를 던졌고, 해당 국가들의 동맹국이나 역내 관련국들도 반대 의사나 의심스러운 눈치를 보였다. 자칫 자국이 조사 대상이 돼 비난을 받을 수 있다는 위험을 감지한 국가들도 비슷한 경향을 보였다. 특이하게도 COI 설립 과정에는 이사

---

6 국제연합총회, 결의안 217A, 세계 인권 선언 (1948년 12월 10일 채택)
7 크리스티안 헨더슨 외(Christian Henderson, Ed.), 인권 조사 위원회: 문제와 전망 (Commissions of Inquiry: Problems and Prospects) (영문) (Oxford: Hart Publishing, 2017), 11-14.

회 표결에 대한 요청이 없었는데, 북한의 경우는 시작부터 달랐다.

[유엔 COI의 임무]

1910년 한반도는 일본 제국주의에 의해 강제 병합됐고, 1945년까지 분단되지 않은 채 통치됐다. 세계 2차 대전이 막바지로 향할 무렵, 연합군 진영은 카이로에 모여, 전후(戰後) 한국을 각각 미국과 소련의 영향 아래로 분리한 채 통치할 것에 합의했다. 이 같은 조치는 남쪽에는 대한민국, 북쪽에는 조선민주주의인민공화국이라는 두 국가의 탄생을 초래했다. 각 진영은 서로가 한반도의 적법한 정부로서 인정받기 위해 경쟁했다. 두 국가 사이의 분단을 정당화하기 위한 민족자결권의 행사도 없었으며, 양측 모두 분단을 받아들이지 않았다. 결국 이러한 교착상태 속에서 한국전쟁이 발발했고 1953년에서야 정전협정이 체결됐다. 사실상 한국 전쟁으로 인해 지리적으로 한반도의 중간 지점이자 전쟁이 시작된 곳에서 남과 북이 분단됐다.

현재 한반도를 둘로 나누고 있는 비무장지대(DMZ)는 세계에서 가장 군사화된 국경이다. 한국전쟁은 여전히 끝나지 않았고, 양측에게 뼈아픈 상처로 남아있으며, 평화협정이나 공식적인 종전도 이뤄지지 않은 상태다.

정전 이후, 남과 북에는 모두 독재 정권이 들어섰다. 그러나 1990년대에 이르러 한국은 명실상부한 민주주의 국가로 부상했다. 보통선거로 정권을 재창출하고 법치주의를 따랐으며, 의무를 저버린 대통령을 끌어내릴 수 있을 만큼 강력한 사법권도 자리 잡았다. 또한 튼튼하고 창의적인 경제를 일궈 전 세계 경제력 10위권 내로 진입하는 기염을 토하기도 했다. 반면 북한은 장기적인 경제 침체와 기근을 겪으며 인권 침해 사례가 보고되는 상황이 계속돼 왔다. 이러한 상황에서 남북한은 각각 유엔에 가입을 신청했고, 1991년 9월 17일 유엔 공동 가입이 승인됐다. 한국과 마찬가지로 북한은 '시민적·정치적 권리에 관한 국제규약'(ICCPR)을 포함한 다수의 유엔 인권 조약을 비준했다. 후에 북한은 '시민적·정치적 권리에 관한 국제규약'에 따른 성가신 의무를 어떻게 종료할 수 있는지 물었지만, 비준을 철회하기 위한 그 어떠한 방법도 없다는 답변을 받을 수밖에 없었다. 이에 대해 북한은 별다른 저항을 하지 못했다.

2004년 유엔 인권이사회는 북한 내 심각한 인권 침해가 더욱 많이 보고됨에 따라 이에 대응하기 위해 특별보고관 임무를 신설했다. 초대 특별보고관이었던 태국의 비팃 문타폰(Vitit Muntarbhorn) 교수는 임무 수행을 위해 최선을 다했고, 유엔 인권이사회도 북한의 협조를 촉구하는 결의안을 채택했다. 그러나 상황은 순조롭게 흘러가지 않았다. 2013년 문타폰 교수의 후임자로 임명된 인도네시아의 마르주끼 다루스만(Marzuki Darusman)도 북한의 협력을 이끌어 내기엔 역부족이었고, 북한은 그의 입국조차 반복적으로 거절했다. 북한은 유엔 특별보고관의 업무 신설을 적대 행위라고 비난하기도 했다. 그러나 북한에서 중국을 거쳐 한국으로 들어오는 북한이탈주민 수가 증가함에 따라 북한 내 자행되는 인권 침해에 대한 문제제기는 지속됐고, 이에 다루스만 당시 북한인권 특별보고관은 유엔 인권이사회에 COI설립을 촉구했다.[8] 다루스만은 당시 작성한 특별보고관 보고서에서 "중대하고 체계적이며 광범위한 북한인권 침해에 대해 적절한 자원을 갖고 조사해야 하며, 보다 더 구체적으로 문서화할 수 있는 국제적이고 독립적이며 공정한 조사 기구가 필요하다"고 피력했다.[9]

이와 같은 다루스만의 권고를 통해 2013년 1월 나비 필레이(Navi Pillay) 당시 유엔 인권최고대표는 COI설립을 위한 제안을 검토하고 나섰다. 필레이 당시 유엔 인권최고대표는 수십 년간 이어져온 피해자들의 증언과 더불어 지진파 계측을 통해 밝혀진 북한의 핵무기 보유 사실의 심각성을 인권이사회에 보고했고, 이

---

8 유엔 총회, 유엔 인권이사회, 북한인권조사위원회의 구체적인 조사 결과(Report of the Detailed Findings of the Commission of Inquiry on Human Rights in the Democratic People's Republic of Korea) (영문), A/HRC/25/CRP.1 (2014년2월7일), 5, ¶7.

9 A/HRC/25/CRP.1, 5, ¶7.

제안은 유엔 인권이사회 의장(헨첼 당시 주 제네바 폴란드 대사)에게 전달됐다. 이러한 과정을 통해 COI설립 안건은 표결 없이 채택됐다. 이는 가용한 정보를 통해 알게 된 북한인권 실태와 유엔의 특별조치에 대한 북한의 협조 거부에 따라 갖게 된 염려에서 비롯된 것이었다. 북한의 비협조적인 태도는 2009년 북한이 첫 번째 UPR을 진행했을 당시에도 나타났다. 북한은 UPR 과정에는 참여했지만, 인권 개선을 위한 권고 방안은 단 한 개도 수용하지 않았다. 이는 유엔 회원국 중에서도 눈에 띄는 행보였고, 결국 유엔의 인내심은 바닥을 보이며 COI 설립으로 이어졌다. 다루스만 당시 특별보고관과 함께 세르비아 출신의 소냐 비세르코(Sonja Biserko)도 위원회에 임명됐고, 필자도 제3의 구성원이자 위원장으로 지명됐다.[10]

COI의 임무는 아홉 개의 주요 관심 영역에 대한 조사 및 보고와 함께 권고사항을 제공하는 것이다. 여기에는 북한의 식량권 침해, 정치범수용소 관련 모든 인권 침해 사항, 고문 및 비인간적 대우, 자의적 체포 및 구금, 각종 차별(특히 기본적 인권과 자유에 대한 조직적인 박탈 및 침해에 따른 차별), 표현의 자유 침해, 생명권 침해, 이동의 자유 침해, 일본인 등 외국인 납치를 포함한 강제실종이 포함됐다.

[COI의 방법론]

2013년 7월 1일 COI는 제네바에서 첫 회의를 열고 즉시 업무를 개시했다. 이 회의에서 구성원들은 북한과 관련된 국가들에 대한 지원, 공청회 개최, 국제 언론 접촉 등과 같은 방법론에 합의했다. COI는 제네바 주재 북한, 한국, 일본, 중국, 러시아, 유럽연합(EU), 프랑스, 영국, 미국 등 관련 외교 공관에 회동을 위한 초청을 보냈다. 한국과 일본, EU, 프랑스, 영국, 미국은 전적으로 협조를 보냈지

---

10   A/HRC/25/CRP.1, 5, ¶3.

만, 북한은 이러한 접근 방안을 철저히 무시했다.

러시아와 중국은 라오스나 태국 등 주변국들과 마찬가지로 COI 위원들이 자국에 방문하는 데 합의했다. 그러나 시작부터 러시아와 중국의 대응에는 차이점이 존재했다. 러시아 공관은 COI와 사무국원을 제네바 주재 유엔 대사와 동격으로 정중히 맞이했던 반면, 중국은 이들과의 만남에는 동의했지만 제네바 공관의 중간급 관리자를 보내 맞이했다. 이는 중국이 위원회의 임무에 대한 반감을 갖고 협조할 의지가 없으며, COI의 요청대로 북한 접경 지역 방문을 허가하거나 중국 당국자 또는 전문가와의 만남을 성사시킬 의지가 없다는 것을 보여주는 것이었다. 한편 러시아 대사는 몇 차례 교류 과정에서 COI에게 진솔하고 현실적인 방법으로 접근했다. 그는 소련이 1989년 붕괴 이전까지 북한의 주요 재정 지원국이었음을 설명했다. 북한인권 침해에 관한 보고서를 보며 소련의 잔재일 것이라고 여겼던 것들을 북한과 공유하는 역사에 기반해서 이해할 수 있었다. 러시아 대사는 위원회가 북한인권 상황이 개선됐다는 보고를 받게 되면, 이를 인정하고 칭찬과 격려를 표명할 필요가 있다고 지적했다. 이러한 요구는 북한이 2007년에 장애인권리협약을 비준했을 당시 받아들여졌다. 이후 뉴욕에서 유엔 사무소 구성원들을 초청해 아리아 브리핑(Arria briefing)[11]을 진행할 당시에는 안전보장이사회의 러시아 대사가 "피치 못할 사정"으로 인해 부대표를 대신 참석하게 한 점을 사과하면서 위원회에 대한 결례를 의도한 것은 아니었음을 피력하기도 했다.

반면 제네바나 뉴욕에 있는 중국과 그 대표단의 어느 직책에서도 이와 같은 정중한 태도는 찾아볼 수 없었다. 시작부터 중국의 태도는 적대적이었고 무례했다. COI 위원들은 그저 유엔 인권이사회에 의해 채택된 임무를 배정받아 수행하고 있을 뿐이었다. 위원회 소속 위원들은 중국이 취하는 입장이 기존에 수차례 반복했던 행동과 다를 바 없음을 인지했다. 러시아 외교관들이 전문적인 모습을 보여줬던 반면, 중국의 외교관들은 심술궂고 전문가답지 못했다. 중국 외교관들

---

11 마이클 D. 커비, "북한과 안전보장이사회에 관한 국제연합 보고서: 안보와 인권의 연관성 (The United Nations Report on North Korea and the Security Council: Interface of Security and Human Rights)" (영문), 호주 법 저널 (Australian Law Journa) 89(2015): 724.

이 일반적으로 초급 관료로 구성됐기 때문이라고 생각할 수도 있지만, 어쨌든 그 자체로도 COI에 대한 고의적인 무시라고 볼 수 있었다.

COI가 채택한 조사 방법은 유엔을 비롯한 넓은 영역에서 설득력 있고 효과적인 것이라고 입증됐다. 공청회를 통해 입수된 방대한 양의 구두 진술이 이뤄졌는데, 이와 같은 공개적인 조사는 영미권의 전통에 따라 진행됐다. COI 사무국원들에 의해 정리된 증언들은 위원회의 조사 임무에 포함되는 아홉 개의 인권 침해 유형에 대한 설명할 수 있는 것들이었다. 공청회는 녹화돼 인터넷에 게재됐고, 구두 진술은 녹취록의 형태로 영어와 한국어, 일본어로 제공됐다. 따라서 유엔과 국제사회, 특히 한국과 일본에서 해당 진술들에 수월하게 접근할 수 있었다. 북한에는 인터넷이 아닌 내부망(인트라넷)이 설치돼 있는 데다, 북한 정권의 엘리트 집단과 권력의 수혜자들에게만 인터넷 사용이 허용됐기 때문에 북한에서 해당 진술에 접근하는 것은 어려운 일이었다. 한편, 북한 측은 해당 증언들이 신뢰할 수 없다고 주장했고 이에 COI는 오류가 확인되면 수정하겠다는 제안과 함께 북한 내부로의 접근을 요청했지만, 북한은 이를 수용하지 않았다. 이 외에도 위원회는 서울에서 열린 공청회에 북한 대표들을 초청해 자신들만의 증거와 주장을 제시할 수 있는 자리까지 마련해주고자 했다. 한국 입장에선 법적인 측면에서 난처한 상황일 수도 있었지만, 북한이 그러한 자리를 요청한다면 수용할 의사가 있다는 점을 내비쳤다. 그러나 북한은 이와 같은 모든 접근 방법을 모조리 무시했다.

공청회와 심의가 끝날 무렵, COI는 제네바 주재 북한 대표단을 통해 북한 측에 보고서를 전달했지만 북한은 또 다시 이를 거절했다. 해당 보고서에는 COI 의장이 기존에 북한의 최고지도자 김정은에게 보냈던 서신도 첨부돼 있었다.[12] 유엔 관계자는 이런 형태로 서한을 발신하는 것이 유엔의 관행은 아니라며 의문을 표하기도 했다. 그러나 해당 보고서에는 북한에 이전에 제기하지 않았거나, 북

---

12 2014.01.20 최고지도자와의 서신. 국제연합총회, 인권이사회, 조선민주주의인민공화국 인권조사위원회 보고서, A/HRC/25/63 (2014. 02.07), 23-25

한이 답변하지 않았던 혐의들이 포함돼 있었기 때문에 COI는 북한의 최고 지도자를 포함해 즉각적인 영향을 받을 법한 사람들에게 해당 혐의의 세부사항을 고지할 의무가 있었다.

김정은에게 보낸 그 서한에는 반인도범죄 등 COI가 찾아낸 북한인권 침해 사례들에 대한 경고가 포함돼 있었는데, 여기에는 국제법상 "지휘 책임"의 원칙에 대한 명시적인 경고 또한 포함돼 있었다. "지휘 책임"이란 타인에 대한 지휘권을 갖고 있는 사람이 중대한 범죄가 일어나는 것을 알았거나 알아야 했음에도 불구하고 범죄발생을 방지하거나 혹은 이를 바로잡기 위해 필요한 합리적인 조치를 취하지 않았을 경우, 해당 위반 사실에 대해 책임이 있다는 점을 원칙으로 한다.[13] 또한 COI 보고서의 권고는 국제형사재판소(ICC)가 북한의 상황에 대해 예의주시하고 있다는 경고를 포함하고 있었다. 결과적으로 북한에 보낸 서한은 물론 함께 동봉된 보고서에 대해 위원회는 북한으로부터 그 어떠한 답신도 받지 못했다. 북한은 COI와 직접적으로 교류할 수 있는 기회를 거부했다. 대신 이후에 제네바 유엔 인권이사회와 뉴욕 유엔 총회에 보고서가 회부됐을 때, 모욕적 발언과 비난만이 서면과 구두로 돌아왔다.

제네바 주재 중국 대표단에게 전달된 질문들과 관련해서, COI는 중국의 난민 실태와 그 대응방안에 대한 답신을 받았다. 중국은 유엔 난민 협약 및 의정서의 당사국이다. COI의 질의에 대해 중국이 보낸 답변은 우 하이타오 (Wu, Haitao) 당시 주 유엔 중국 대표부 대사 직무 대행을 통해 전달됐다.[14] 서한에는 "북한 주민들은 경제적인 이유로 중국에 불법 입국하기 때문에 난민이 아니다"라는 분명한 입장이 표명돼 있었다.[15] 또한 그 서한에는 다음과 같은 내용이 있다:

---

13 A/HRC/25/63, 25.
14 A/HRC/25/63, 33.
15 A/HRC/25/63, 33-36.

> *…본인은 중국이 유엔 인권이사회의 COI 설립을 지지하지 않는다는 것을 천명한다. 중국은 COI가 입증되지 않은 정보로 인해 흔들리지 않고, 객관적이며 편향적이지 않은 방식으로 운영되길 희망한다. 중국은 본 서한이 유엔 인권이사회에 전달되는 COI 보고서에 첨부되기를 요청한다.*

중국(그리고 다른 국가들)은 반복적으로 원칙에 입각해 COI의 설립을 반대했다. COI 설립은 분열적인 성격을 가질 뿐만 아니라, 유엔을 통해 인권을 증진할 수 있는 방법에 해당하지 않는다는 주장을 펼쳤다. 중국은 오로지 자신들이 그렇게 생각한다는 이유만으로 COI가 확실성과 신뢰성을 판단할 만한 신중한 과정을 "증명하지 않았다"고 주장해왔던 것이다. 이는 독립적인 질의 과정에서 상충되는 증거들을 검토하는 적절한 방식이 아니었고, 이에 COI는 수용하지 않았다.

[인권 침해와 반인도범죄에 대한 조사 결과]

이 시점에서 COI 보고서가 북한인권 침해 혐의에 대한 많은 이의제기를 기각했다는 점을 짚고 넘어갈 필요가 있다. 여기에는 증언에 의해 입증된 집단 대량학살과 같은 국제범죄 혐의가 포함된다. 이에 대한 COI의 결론은 국적, 민족, 인종, 종교에 기초해 인구 집단들을 완전히 혹은 부분적으로 파괴하려는 의도적인 노력이 있었다는 증거가 부족하다는 점을 바탕으로 하고 있다.[16] 구체적으로, COI는 북한의 기독교 인구가 급격히 감소했다는 증거가 대량학살을 설명하기에는 부족한 것이라고 결론을 내렸다.[17] 또한 COI는 북한 화학 무기의 존재와 사용에 대해 입증되지 않은 혐의도 기각했다. COI는 북한에서 장애인에 대한 대우가 개선됐다는 점은 수용했다. COI는 동시에 "반인도범죄" 수준으로 심각해지는 인권 침해 사례들에 관한 증언들 대부분을 수용하기로 했다. 이에 관한 COI의 결

---

16 A/HRC/25/CRP.1, 350, ¶1156.
17 A/HRC/25/CRP.1, 351, ¶1159.

론은 다음과 같다:

> 조직적이고 광범위하며 중대한 인권 침해가 북한의 정부, 기관 및 당국자들에 의해 이뤄졌고 현재도 이뤄지고 있다. COI가 조사한 인권 침해 사례들 중 대다수가 반인도범죄를 구성한다. 이는 단순히 국가의 월권 수준이 아니라 정치 체제의 필수 요소로, 북한이 주장하는 설립 이상(ideals)과는 너무나도 동떨어져 있다. 북한에서 벌어지는 인권 침해의 심각성과 규모, 그리고 본질은 현대 사회의 그 어느 국가에서도 찾아볼 수 없다.
>
> 20세기의 정치학자들은 이러한 종류의 정치 조직을 전체주의국가라고 분류했다. 이러한 국가는 소수의 권력 집단이 권위적인 지배를 하는 것으로 만족하지 않고 주민들의 생활에 있어서 모든 부문을 장악해 정권에 대한 공포심을 주입시킨다.[18]

국제인권법에 반하는 범죄는 유엔 인권이사회가 COI에게 부여한 임무에 포함된 아홉 개의 구체적 사안에 기반을 둔 내용들이다. COI는 보고서의 결론에서 국제법이나 북한법상으로 증명할 수 있는 개인이나 기관의 범죄 사실에 대해 구체적인 조사 결과를 제시했다.[19]

COI 보고서는 결론에서 다수의 조사 결과와 권고사항을 명시함으로써 북한 인권 상황의 즉각적인 개선과 함께 유엔과 주변국, 특히 한국의 행동을 촉구했다. 또한 중국에게도 "강제송환 금지 원칙의 존중"을 촉구했는데, 이는 국제 인권 감시 기구에 의해 승인되기 전에는 그 어떠한 북한이탈주민도 북한으로 강제로 송환하지 못하도록 하는 원칙이다.[20] 또한 COI 보고서는 중국에게 유엔 난민최고대표사무소가 접촉이 요구되는 모든 북한 주민들에게 완전하고 제한 없이 접근할 수 있도록 할 것을 촉구했으며, 국제난민법상 부과된 의무를 이행하기 위해 유엔의 기술적 지원을 요청할 것을 독려했다. 중국인과 결혼하거나 아이를 가진

---

18 A/HRC/25/CRP.1, 365, ¶1211.
19 A/HRC/25/63, 16-18, ¶89, esp. (m), (n), (o), (p), (q), (r), (s).
20 A/HRC/25/63, 19, ¶90 (d).

북한 여성이 남성과 비교했을 때 사회적 차별을 받지 않도록 지위를 정상화하고, 중국 영토 내에서 북한 요원들이 자국민을 납치하지 못하도록 방지하는 것에 대한 구체적인 제안 또한 보고서에 기술됐다.[21]

지금까지 국제사회와 관련해 COI는 유엔 안전보장이사회가 북한인권 실태를 ICC에 회부하고, 반인도범죄에 가장 큰 책임이 있는 것으로 드러난 인물들을 겨냥한 제재를 채택하도록 권고했다.[22] 유엔 총회와 인권이사회의 지원을 받는 유엔 인권최고대표는 COI의 활동 종료 이후에도 반인도범죄에 해당할 정도의 심각한 북한인권 침해 사안들에 대해 지속적인 책임 규명이 이뤄질 수 있도록 지역조직을 설치하는 데 대한 요청을 받았다. 마침내 서울에 유엔 인권사무소가 설립됐고 현재까지도 운영되고 있다.[23] 사실상 서울 사무소가 COI에 의해 진행됐던 북한인권 실태 진상조사를 이어가고 있는 셈이다. 서울 사무소는 북한을 탈출한 뒤 그들이 북한에서 경험했거나 목격한 인권 침해 사례를 증언하고자 하는 사람들을 대상으로 면담 조사를 진행하고 있다.

COI의 조사 결과에 기반을 둔 수많은 권고들은 북한의 지도자와 정부 당국, 기관에게 전달됐다. 이들 중 일부는 북한과 역사적으로 친밀한 관계에 있는 국가에게도 전달됐다. 특히 대북 원조 공여국들과 여타 다른 국가들에게는 연락 그룹(Contact Group)을 만들어 북한인권 상황에 대한 관심을 제고하고 북한인권 개선안 제시를 지원할 것이 요구됐다.[24] 북한에 제공되는 인도적 지원에 대한 내용도 지적됐다.[25] 뿐만 아니라 "인권 및 기본적 자유에 대한 존중 등 유엔 헌장의 원칙 준수를 약속하는 최종적인 (한국) 전쟁의 평화적 해결 방안"에 비준하는 데 대한 고려도 필요하다는 점도 제기됐다.[26]

---

21 A/HRC/25/63, 19, ¶90 (e) and (f).
22 A/HRC/25/63, 20, ¶94 (a).
23 A/HRC/25/63, 20, ¶94 (c).
24 A/HRC/25/63, 21, ¶94 (h).
25 A/HRC/25/63, 21, ¶94 (i).
26 A/HRC/25/63, 21, ¶94 (j).

COI 보고서는 임무에 상응해 발표됐고, 제 시간에 만장일치로 예산 내에서 진행됐으며, 2014년 2월 7일에 처음으로 발간됐다. 한 달 후 열린 제네바 유엔 인권이사회 본회의에서도 COI 보고서가 발표됐고, 2014년 3월 말 해당 보고서는 EU와 일본이 발의한 결의안을 통해 유엔 인권이사회에서 강력한 지지를 얻어 채택됐다.[27]

COI의 권고에 따라, 유엔 인권이사회는 해당 보고서를 뉴욕 유엔 총회로 보내 통상적으로 그렇듯이 유엔 총회 제3위원회에 배정했다. 제3위원회에서는 동일한 공동 제안국들에 의해 강력한 결의안이 심의를 위해 준비됐다. 여기에는 ICC 회부에 대한 제안이 포함돼 있었으며, ICC의 설립 근거가 되는 로마 규정을 비준하지 않은 유엔 회원국의 경우 유엔 안전보장이사회의 안건 회부를 통해 ICC의 예외적 관할권을 발동시킬 수 있다는 제안도 부연됐다. 북한은 로마 규정의 당사국은 아니지만 유엔의 회원국이다.[28] 따라서 북한은 앞서 설명한 예외적인 비동의적 관할권의 대상인 것이다.

유엔 총회에서 COI의 권고사항을 지지하기 위해 상당수의 국가들이 모였다. 하지만 쿠바는 북한이 UPR에 참여함으로써 "새로운 협력 정신"을 분명히 한 점을 고려, 권고안을 지연시키기 위한 절차 개정에 들어갔다.[29] 이처럼 쿠바는 유엔 총회가 실질적인 결의를 연기할 것을 촉구했으나, 이는 제3위원회에서 부결됐다. 이로써 유엔 총회 본회의 최종표결에서 COI 보고서를 지지하는 결의안은 찬성 116표, 반대 20표, 기권 55표로 가결됐다.[30] 해당 보고서가 제시한 설득력 있는 조사 결과와 권고사항, 쿠바의 제안에 의한 연기 요청에 따른 혼란 속에서도 COI 보고서는 강력한 지지를 받았다. 이는 북한은 물론, 중심이 흔들리기 시작

---

27 제출된 결의안에 대한 인권이사회의 표결은 2014.02.17에 찬성 30, 반대 6, 기권 11로 채택됐다.
28 회부절차는 안전보장이사회의 표결에 의해 진행될 것이다. 로마규정은 1998.07.17에 채택됐다, 1998:2187 UNTS 90. 안전보장이사회에 의한 회부는 다푸르 건과 리비아 건, 두 차례의 전례가 있었다.
29 송한나, 제2차 보편적 정례검토 권고사항의 수용 및 실행에 대한 모니터링 (서울: 북한인권정보센터, 2019)
30 국제연합총회, 총회에서 채택된 결의안 2014.12.18, A/RES/69/188 (2015.01.21)

한 북한의 우방국들 즉 중국과 러시아에 대한 거부의 표시이기도 했다.

유엔 총회에서 표결이 진행되고 있던 시기 안전보장이사회 구성에도 변화가 있었는데, 그 중에는 호주의 비상임이사국 임기가 종료된 일도 있었다. 이 시기 프랑스와 미국(상임이사국), 호주의 주도로 유엔 안전보장이사회 이해당사국들을 위한 아리아 브리핑이 소집됐다. 이 국가들은 유엔 안전보장이사회가 북한 문제를 의제로 상정해야 하며, 이는 추후 표결에 의해 해당 의제가 제거될 때까지 계속돼야 한다고 주장했다.

결과적으로 이 결의안에 대해 유엔 안전보장이사회의 11개국이 찬성했고, 중국과 러시아 2개국이 반대했으며, 차드와 나이지리아 2개국은 기권했다. 이 결과는 안전보장이사회의 "절차적 동의안(procedural motion)"을 위한 필요 과반수, 즉 안전보장이사회의 15개국 중 10개국의 참석과 표결로 이뤄졌다.[31] 중국과 러시아는 안전보장이사회가 요청한 조치가 절차로서 제대로 분류되지 않았다고 여겼지만, 그러한 주장을 표결에 부치지는 않았다.[32] 결과적으로, 북한 문제(그 외 COI 보고서에 명시된 이슈들까지)는 유엔 안전보장이사회의 관심 의제로 추가됐으며, 이후 매년 반복돼 토의될 수 있는 기틀이 마련됐다.

같은 해 12월, 유엔 안전보장이사회는 북한인권 상황 진전 여부 등을 고민하기 위해 다시 모였다. 그러나 2019년 12월, 미국은 처음으로 절차적 결의안에 기권표를 던졌는데, 이는 트럼프 행정부의 지시에 따른 결과였다.[33] COI 보고서에 대한 미국 행정부의 대응 방식이 변화함에 따라 보편적인 인권, 특히 COI 보고서에 대

---

31 커비, "국제연합," 725-26
32 유엔 안전보장이사회의 비상임이사국 3개국은 해당 이슈에 관해 안전보장이사회에 요청하는 서신에 서명하지 않았는데, 중국과 러시아가 절차적 표결을 반대하기 위해 로비를 했던 국가들이다. 3개국 중, 아르헨티나는 궁극적으로 결의안을 위한 표결에 참여했고, 다른 2개국(차드와 나이지리아)은 기권했다. 중국은 이후 본안 결의안에 반대하기 위해 열성적인 로비를 진행했다. 그러나, 2014년 12월 22일, 유엔 안전보장이사회는 북한 문제를 안전보장이사회의 의제에 추가하기 위해 표결을 진행했고, 결과는 찬성 11, 반대 2(중국과 러시아), 기권 2 (차드와 나이지리아)였다.
33 콜럼 린치(Column Lynch), "미국, 외교 불씨 살리기 위해 북한의 재앙에 대한 유엔 회의 방해" (Desperate to Save Diplomacy, White House Blocks U.N. Meeting on North Korean Atrocities) (영문), 포린 폴리시, 2019.12.2, https://foreignpolicy.com/2019/12/09/white-house-blocks-un-meeting-north-korea-atrocities-trump-kim/.

한 접근에 있어서도 상당한 변화가 수반됐다. 이제 이에 대해 이야기할 차례다.

[변화 그리고 트럼프 행정부]

트럼프 행정부의 출범은 북한이 핵무기와 장거리미사일 개발 및 실험을 거듭해 위기감이 고조되던 시기와 맞물렸다. 2017년 8월 8일 트럼프 당시 대통령은 북한이 무력 도발을 멈추지 않는다면 "지금껏 전 세계가 보지 못한 화염과 분노에 직면하게 될 것"이라고 발언했다.[34] 또한 트럼프 대통령은 직접적인 거론은 피하면서도 북한을 지속적으로 지원하는 중국에 대한 비난의 목소리를 높였고[35] 이러한 양상은 계속해서 반복됐다.

하지만 미국은 돌연 트럼프 대통령과 북한 최고지도자 김정은의 만남을 주선했다. 2018년 6월 12일 트럼프 대통령과 김정은 위원장은 싱가포르에서 첫 번째 정상회담을 가졌다. 이 회담의 명시적인 목표는 "지속적이고 안정적인 한반도 평화 체제 구축"이었다. 일련의 회의 과정 중 트럼프 대통령은 북한의 체제 보장을 약속했고, 김정은 위원장은 한반도의 완전한 비핵화를 위한 확고한 약속을 재확인했다.[36]

---

34 피터 베이커, 최상훈, "트럼프, 북한에 미국 더 위협 말라… '화염과 분노'로 위협(Trump Threatens 'Fire and Fury' Against Korea if It Endangers U.S.)" (영문), 뉴욕 타임즈, 2017.08.08, https://www.nytimes.com/2017/08/08/world/asia/north-korea-un-sanctions-nuclear-missile-united-nations.html.

35 유엔 총회 발언 전에, 트럼프는 "일부 국가들이 그러한 정권과 무역을 할 뿐만 아니라 핵 갈등으로 세계를 위태롭게 하는 국가를 무장시키고, 공급하고, 재정적으로 지원한다는 것은 터무니없는 일이다."고 밝혔다. "트럼프 대통령72회 국제연합총회 발언" 참조, 2017.09.19, https://trumpwhitehouse.archives.gov/briefings-statements/remarks-president-trump-72nd-session-united-nations-general-assembly/.

36 "도널드 트럼프 미국 대통령과 김정은 북한 국무위원장의 싱가포르 정상회담 공동성명 (Joint Statement of President Donald J. Trump of the United States of America and Chairman Kim Jong Un of the Democratic People's Republic of Korea at the Singapore Summit)" (영문), 백악관, 2018.06.12, https://trumpwhitehouse.archives.gov/briefings-statements/joint-statement-president-donald-j-trump-united-states-america-chairman-kim-jong-un-democratic-peoples-republic-korea-singapore-summit/.

2019년 2월 27-28일, 두 정상의 두 번째 회담이 베트남 하노이에서 열렸다. 그런데 첫째 날 저녁 만찬 이후, 둘째 날 오전 회담은 급작스럽게 어긋나며 합의문이나 입장 발표 없이 결렬됐다.

두 정상의 세 번째 만남은 2019년 6월 30일 판문점 DMZ에서 짧게 이뤄졌다. 트럼프 대통령은 미국 대통령 역사상 처음으로 북한 영토에 발을 디뎠다. 세 번째 만남이 있기까지 김정은 위원장은 중국의 시진핑 주석도 세 차례 만났고, 러시아의 푸틴 대통령과는 블라디보스토크에서 한 차례 만남을 가졌다.

이후 2019년 말, 중국과 러시아 정부는 2006년부터 북한을 대상으로 실행돼온 제재를 광범위하게 완화하기 위해 유엔 안전보장이사회에 "인도적 차원"[37]의 제안서를 발표했다. 그러나 미국은 아직은 "시기상조"라며 중국과 러시아의 대북제재 완화 제안을 거절했다. 한 안전보장이사회 외교관은 "유엔 안전보장이사회는 대북제재를 완화해 북한의 지속적인 대량살상무기(WMD) 개발을 지원하는 결의안을 지지할 수는 없었던 것"이라고 밝혔다.[38]

한편 15년 연속으로 채택된 유엔 총회의 북한인권결의안은 최근이었던 2019년 들어 한 가지 중대한 변화를 맞이했다. 그동안 통상적으로 결의안을 지지해왔던 한국마저 공동제안국으로 참여하기 시작한 2008년 이후 처음으로 이에 불참한 것이다. 토마스 오헤아 퀸타나 유엔 북한인권 특별보고관은 성명을 내고, 한국의 결의안 공동제안 불참은 "북한과의 관계를 증진하는 한국의 노력에 있어서 인권, 특히 북한 주민의 인권 존중과 보호의 중요성이 후순위에 있다는 인상을 주

---

37 "중국과 러시아, 대북 제재 해제에 대한 유엔 회담 개최 예정; 대북정책 추진 - 북한의 민간 주민 생활 관련 민생 제재조치 완화 방안 제시 (China and Russia to Hold More UN Talks on Lifting Sanctions; Pitch for N. Korea - Proposal Would See DPRK Receive Relief from Sanction Measures Related to the Livelihood of the Civilian Population)" (영문), NK News, 2020.01.05
38 익명을 요구한 관계자의 발언. 미셸 니콜스 "러시아, 중국, 대북제재 해제에 대한 유엔 회담 개최 예정: 외교관 (Russia, China to Hold More U.N. Talks on Lifting North Korea Sanctions: Diplomats)"(영문), 로이터통신, 2019.12.29

는 것"이라고 지적했다.³⁹ 그럼에도 불구하고 60개국이 공동제안한 유엔 총회 북한인권결의안에 한국은 2008년 이래 처음으로 거부의사를 밝혔다. 이후 22개국과 76개 비정부기관이 합동 서한을 작성해 한국 문재인 대통령에게 북한인권 문제를 외면하지 말 것을 촉구하는 일이 벌어지기도 했다.⁴⁰ 그러나 이러한 노력에도 한국 정부의 반응을 이끌어내지는 못했다.

무엇이 이런 상황을 발생하게 했는가? 이것은 북한인권에 대해 새롭고 덜 고집스럽게 접근하겠다는 한국의 표시인가? 2019년 12월 한국과 미국이 유엔 안전보장이사회에서 이뤄진 북한에 관한 논의에 대해 지지를 철회한 것은 북한이 자주 되풀이하며 주장하는 것처럼 인권 문제가 "정치적"이고 "반생산적"일 수밖에 없다는 것을 인정하겠다는 의미인가?

[인권에 대한 한국의 모호한 태도]

한반도가 분단된 이후, 한국 정부는 북한 엘리트, 특히 김일성 일가의 권력 세습에 깊은 반감을 갖는 군부의 통치 또는 보수 정당이 집권하는 혼합된 형태를 보여왔다. 그러나 김대중 정부(1998-2003)는 예외적으로 "햇볕 정책"을 들고 나왔다. 이 기조는 남북관계에서의 데탕트(détente) 조치에 힘을 실었다. 김대중 대통령은 한국 안팎의 진보주의자들에게 진정한 인권 운동가이자 영웅으로 칭송받는 인물로, 그의 이름은 1980년대 말까지 이어진 한국의 권위주의적 정권 시절 많은 사람들에게 각인됐다. 2003년부터 2008년 사이에는 김대중 대통령의

---

39 "유엔 인권 전문가: 서울은 평양에 잘못된 메시지를 보냈다 (UN Human Rights Expert: Seoul Sent Wrong Message to Pyongyang)" (영문), 뉴델리 타임즈, 2019.12.20, www.newdelhitimes.com/un-human-rights-expert-seoul-sent-wrong-message-to-pyongyang/.

40 "대한민국 문재인 대통령에 보내는 북한인권에 관한 서신," 휴먼라이츠워치, 2019.12.16. 문 대통령은 또한 오토 웜비어(Otto Warmbier)의 부모의 방문도 거절했다. 오토 웜비어는 미국 청년으로, 북한은 수감된 웜비어를 학대했다는 혐의를 받고 있다. 웜비어는 북한에서 석방돼 미국으로 돌아온 후 사망했다.

뒤를 이어 노무현 대통령이 집권했다. 김 대통령과 노 대통령은 모두 북한과 접촉하고 방북까지 했던 인물로, 두 대통령은 한반도 통일을 우선순위에 둬야 함을 강조했으며, 북한이 궁극적으로 인권과 관련한 최소한의 변화를 수용할 것이라는 믿음을 갖고 있었다. 두 대통령은 인권에 대한 문제 제기가 국가 안보나 통일, 심지어는 인권 개선을 위해 그 어떠한 큰 이득도 얻지 못하게 할 것이며, 남북관계 개선과 대북 개입 방안마저 저해할 것이라고 우려했다. 그러한 맥락에서 두 대통령은 시민적·정치적 권리, 즉 자유권에 대한 문제 제기를 꺼려했다.

그러나 햇볕정책에 대한 북한의 대응은 정책 옹호자들과 지지자들에게는 실망스러운 결과를 안겨줬다. 김대중 대통령과 노무현 대통령의 상대였던 "보수진영"에서는 남북 간 적대관계의 현실을 강조하기 위해 북한인권 침해 실태를 지속적으로 부각시켰다. 그 결과, 2007년 말 노무현 대통령의 뒤를 이어 당선된 이명박 대통령은 대북정책에 있어 "보수주의적" 접근으로 회귀했다(2007-2013). 이 대통령은 대중의 시위에 적대적인 입장을 취한 것과 햇볕정책을 와해한 데 대한 비난을 받아야 했다. 후임 대통령으로는 박근혜 대통령이 당선됐다(2013-2017).

두 차례 집권한 "보수주의" 정부는 기존의 "진보주의" 정부와는 분명한 차이를 뒀다. 북한의 자유권을 강조하는 것이 다시금 대북정책의 지배적인 기조가 된 것이다. 이는 남북관계 진전에 있어 눈에 띄는 성과를 기대할 수 없는 상황으로 이어졌다. 뿐만 아니라 이러한 기조는 중국으로 하여금 북한의 변화를 이끌어내고 북한을 탈출한 주민들의 상황을 개선하기 위한 중재자로서 소임을 다하도록 하는 데 제약으로 작용한 것으로 보인다. 중국이 북한의 자유권을 강조하는 것을 반대한 데는 내부적인 이유가 있었다. 인권을 강조하는 것이라면 무엇이든지 중국 내 인권 상황, 특히 자유권에 대한 국제사회의 관심을 끄는 데 자명한 영향을 미칠 수밖에 없는 것이었기 때문이다.

김대중 대통령이 대선 바로 직전 호주를 방문했을 당시, 필자는 그를 맞이할 수 있는 영예를 가졌던 덕에 그의 "햇볕정책"을 면밀히 들여다볼 수 있었다. 그가 대통령으로서의 임기를 마치고 여생을 마무리한 뒤 한참 뒤인 2013년 필자가

COI 위원장으로 임명됐을 당시, 필자는 김대중 대통령의 인생과 헌신을 기념하기 위해 만들어진 서울 소재 김대중평화센터를 방문해 김대중 대통령의 부인인 이희호 여사를 만나 존경을 표한 바 있다. COI를 운영하면서도 필자는 김대중 대통령의 정책을 계승한 한국의 당시 야당 인사들과 접촉할 기회를 넓히겠다는 의지를 반복해서 표명하기도 했다. 그들은 COI와 교류하는 한국의 기관들과 접점이 많지 않아 보였기 때문이다.

뜻밖에도 COI의 방한 시기, 당시 박근혜 대통령은 COI와 여러차례 교류했다. 박근혜 대통령과는 청와대에서 두 차례 만남을 가졌는데, 그는 남북한 통일에 강한 열망을 갖고 있다고 강조했다. 그러면서 그는 자유와 인권, 번영에 기초한 통일 목표를 주장했다.[41] 또한 한중, 한러 간 유대를 강화하는 데 주력하려고도 했다. 박 대통령은 선거에서 근소한 차이로 당선된 직후, 독일 해외순방을 계기로 분단된 남북한에 상호 유익한 실용적인 접근과 합동 프로젝트가 필요하다고 촉구하기도 했다.[42]

2016년 12월 박근혜 대통령은 불법적인 영향력 행사 혐의를 받게 됐다. 한국 국회의 결정에 따른 탄핵소추 후, 2017년 3월 10일 한국 헌법재판소는 만장일치로 박 대통령의 탄핵을 결정했다. 그는 대통령직에서 물러났으며 이후 대선이 진행됐다. 선거 결과, 문재인 후보가 당선되면서 "진보주의" 대통령이 2017년 5월부터 임기를 시작했다. 문 대통령은 김대중, 노무현 대통령의 정책을 재정립하고, 구체적으로는 북한의 최고지도자 김정은과 2018년 4월과 5월 그리고 9월 남북정상회담을 개최했다. 뿐만 아니라 문 대통령은 2019년 6월 30일 DMZ에서 트럼프 대통령과 김정은 간에 이뤄진 짧고도 상징적인 회동에도 참석했다.

문재인 대통령은 그가 존경했던 김대중, 노무현 전 대통령과 마찬가지로 2017년 5월 대통령에 당선된 이후 북한과의 관계를 개선하려는 시도에 즉각 착수했

41　"대한민국 박근혜 대통령의 대북 전략 (South Korea's President Park Geun-hye's North Korean Strategy)"(영문), 헤리티지 재단, 2015.10.16 마지막 검색

42　김태규, "朴 대통령 '드레스덴 선언'… 대북 3大 제안발표," 코리아 타임즈, 2014.03.28, http://www.koreatimes.co.kr/www/nation/2014/03/113_154283.html.

다. 2017년 7월, 문 대통령은 그의 전임자들과 마찬가지로 남북한의 장기적 목표인 평화통일에 대한 공약을 천명할 장소로 베를린을 선택했다. 그러나 그의 대북정책에 북한 주민의 자유권은 물론, 인권에 대한 강조(사실상 언급조차)는 없다. 그의 주된 관심 사항은 무력 충돌 위험 감소, 최대 노동시간 단축, 최저 임금 인상, 그리고 노동계 지도자들에 대한 정책이었다. 문 대통령은 코로나19 방역에도 성공적이었다. 하지만 그는 북한이탈주민의 권리와 DMZ 부근에서 대북전단 풍선을 날려 보내는 사람들에 대한 정책에 있어서는 비난을 받았다.[43]

한 가지 주지해야 하는 사실은 문재인 정부 이전 10년간 진행됐던 북한인권, 특히 자유권에 관한 강경한 정책이 북한 주민의 인권이나 비핵화, 여러 안보 이슈에 있어 이렇다 할 진전을 이끌어내지는 못했다는 점이다. 실제로 북한에 영향을 미친 요인을 꼽는다면 유엔 안전보장이사회 결의안으로 부과된 유엔의 대북제재 강화였다.

보고된 바에 따르면, 김정은이 최고 지도자로서 자리매김한 후 자신의 고모부 장성택에 대한 재판과 처형을 집행한 가장 주요한 배경은 장성택이 북한을 중국의 개혁개방 노선으로 이끌고자 하는 의지를 우려했기 때문이었다.[44] 장성택 처형에 이어 2017년 2월 말레이시아 쿠알라룸푸르 공항에서 김정은의 이복형 김정남이 암살된 사건은 COI 보고서에도 상세히 기술된 바와 같이 북한 정치의 폭력적인 특성을 생생하게 보여준다.[45] 북한에서 인권 침해와 같은 무법성이 묵인되는 것은 김정은 통치 하에서 그러한 방식이 효과적이고, 또 그렇게 하도록 하는 명령이 있기 때문이다. 그리고 이러한 상황이 발생하는 이유는 북한 정권에 무법성에 대한 책임이 부과되지 않았기 때문이다. 그러한 행위들은 북한의 국내법마저

---

43 "자유 북한 운동 협회와 근샘의 운동가 들에 대하여," 북한 자유 연합, 2020.07.15, www.nkfreedom.org/2020/07/15/regarding-fighters-for-a-free-north-korea-and-keunsaem/.

44 COI 보고서에 기재된 2013년 12월 장성택 처형, A/HRC/25/CRP.1, 43, ¶57.

45 결과적으로, 말레이시아는 북한과의 외교적 관계를 정지했다. 하지만 이는 은밀히 재개됐고, 주 북한 말레이시아 대사관은 2020년 1월 다시 운영을 시작했다. Prashanth Parameswaran, "북한의 말레이시아 대사관 재개 선언의 함의는 무엇인가? (What's Behind Malaysia's North Korea Embassy Reopening Announcement?)" (영문), 더 디플로맷, 2020.01.07, https://thediplomat.com/2020/01/whats-behind-malaysias-north-korea-embassy-reopening-announcement/.

크게 벗어난다. 심지어 북한은 국경 밖에서 이뤄지는 대응에도 별다른 책임을 갖지 않는 것처럼 보인다. 가장 최근 북한의 이러한 면을 보여주는 사건이 바로 북한 최고 지도자의 여동생 김여정의 지시에 따른 개성 공동 연락사무소 폭파 사례다. 이와 같이 심술궂고 파괴적인 행위는 북한의 최고 지도자는 규칙과 제한에 얽매이지 않음을 보여주는 또 하나의 행보다.

북한이 유일하게 반응을 보이는 조치는 유엔 안전보장이사회가 부과한 일련의 대북제재다. 인권이나 법치주의에 입각한 제약에 익숙하지 않은 북한은 반복적으로 열정을 다해 유엔의 대북제재 철폐를 요구하고 있다. 일부 인도주의적 차원에서의 부담이 유엔 제재로 인해 가중된 것도 사실이다. 그러나 북한 내부에서 인권 개선의 여지가 없고 핵무기와 미사일 능력이 지속 확장되는 가운데, 현재로서는 대북제재 조치들이 완화될 수 있다고 결론을 내리기는 어려워 보인다.

[원칙과 현실의 접점]

2014년 발표된 COI 보고서는 공개적으로 접수된 방대하고 확실한 진술들을 면밀하게 조사한 결과다. 해당 증언들은 많은 경험을 쌓은 COI 조사위원들에 의해 검증됐으며, 이후 고위급 국제관계자들에게 발표되고 출간됐다.

국제사회가 제 2차 세계대전 종결 이후 유엔을 창설했을 때, 이는 인류 역사에 있어서도 중대한 순간이었다. 국제사회는 국제연맹(League of Nations)[46]이 실패한지 20년도 채 되지 않은 시기에 다시 한 번 전 세계 차원의 잔혹한 분쟁이 야기됐다는 사실을 주지해야 했다. 두 번째 전쟁은 결과적으로 민간인, 군인, 그리고 특히 소수자들에 더 끔찍한 고통을 안겨줬다. 이 전쟁은 집단 학살과 홀로코스트라는 기억을 남겼고, 이로 인해 집단 학살과 새로운 국제 전쟁범죄, 그리

---

46   프레데릭 폴락 경 (Sir Frederick Pollock), 국제 연맹(League of Nations) (London: Stevens and Sons, 1920).

고 "반인도범죄"에 대한 국제조약법이 탄생했다. 이러한 범죄들은 "인류의 양심에 충격을 주는" 국가와 개인의 폭력 행위에 해당한다.[47]

반인도범죄에 대응해야 함을 인식한 것을 계기로, 국제사회는 피해자들에게 치유와 보상을 제공하기 위한 긴 여정을 시작했다. 그 대상은 범죄 피해로 고통받는 사람들, 희생자들에 대한 기억으로 고통받는 가족들, 그리고 엄청난 만행들로 인해 잊히지 않는 슬픔을 안게 돼 그에 따른 보상을 요구하는 지역사회와 국가들이었다. 결과적으로, 국제군사재판소와 국제형사재판소와 같은 법정이 설립됐다. 해당 기관들이 설립된 이유는 과거와 같이 중대한 범죄들이 고려되지 않고 처벌받지 않는 일을 방지하고, 인류 전체가 1930년대와 1940년대의 비극으로 돌아가지 않기 위함이었다. 일련의 과정을 거쳐 사람들은 조사를 통해 중대한 사실을 밝혀낼 것이고, 그에 합당한 결과를 이끌어 낼 것이다. 또한 확실한 증거에 기반해 행동할 것이며, 주어진 권고를 충실히 이행할 것이다.

국제사회는 법령 제정, 국내 형사재판소 및 국제재판소 설립을 넘어 "보호책임(Responsibility to Protect)"이라는 단순하고도 강력한 개념을 받아들이게 됐다.[48] "보호책임"은 2005년 세계 정상회의에서 유엔 총회에 의해 만장일치로 채택됐다. 이 개념은 국제사회가 단순히 손을 부여잡고 과거의 비극이 "다시는 반복되지 말아야 한다"고 소리치는 것만으로 끝나서는 안 되며, 아무리 어렵고 위험한 길이더라도 행동하고 조치를 취해야 한다는 의미를 포함했다.

물론 국제사회는 핵무기와 대륙 간 탄도미사일의 위협을 감소시키고 제거하는 데 필요한 관심과 조치를 제공하기까지 여러가지 주요한 문제들을 마주하고 있다.

---

47 필립 샌즈 (Philip Sands), 인간의 정의는 어떻게 탄생했는가: '제노사이드'와 '인도에 반하는 죄'의 기원 (더봄, 2019).
48 가레스 에반스 (Gareth Evans), 보호책임: 대규모의 잔혹 범죄의 최종적인 종결(The Responsibility to Protect: Ending Mass Atrocity Crimes Once and for All) (영문) (워싱턴 DC: 브루킹스 연구소 출판, 2008). 유엔 총회 "2005 세계 정상회담 결과" 참조, A/Res/60/1 (200510.24), https://www.un.org/en/development/desa/population/migration/generalassembly/docs/globalcompact/A_RES_60_1.pdf.

인류의 범죄를 밝혀내는 것이 "적대감"의 결과라고 치부하거나, 그러한 적대감이 없었다면 범죄 또한 일어나지 않았을 것이란 주장을 묵인하는 것 역시 설득력이나 합리성이 결여된 반응이다. 국제사회가 행동에 나서야 한다고 주창하는 것이 "정치적" 편견이나 증오, 적대감의 근거라고 여기는 것 역시 합리적인 방안은 아니다. 유엔 헌장이 채택되고 세계 인권 선언과 유엔 인권조약이 제정되면서 국제사회는 묵인 혹은 무능의 늪을 넘어설 수 있었다.

한국 또는 국제사회의 "진보"와 "보수"가 주창하는 대안들이 북한의 변화를 앞당길 것이라는 설득력 있는 (또는 낙관적인) 증거는 없다. 북한에 대한 우호적인 입장과 햇볕 정책은 효과가 없었다. 북한을 고립시키고 따돌리는 전략도 실패했다. 북한의 보복 위험을 감안할 때 위협이란 전략은 공허한 선택지로 보인다. 북한에 실질적인 압력을 가할 것으로 보이는 유일한 전략은 유엔 안전보장이사회 표결을 거쳐 부과된 경제제재 조치이며, COI와 같은 증거 기반의 보고서가 갖는 설득력 또한 (유효한 전략으로) 거듭 강조된다.

북한을 상대로 아무것도 하지 않은 채 변화를 바라는 것은 용납할 수 있는 전략이 아니다. 이는 북한 주민들의 계속되는 고통은 물론, 인구가 밀집돼 있는 곳에서 감정적으로 격앙돼 발생할 수 있는 분쟁의 위험성을 감안해야 하기 때문이다.

북한과의 군사적 충돌은 너무 위험하다. 6자회담을 재개하고, 경제적 유인과 진솔하고도 신뢰할 수 있는 소통 방법을 혼합하는 것이 지금으로서는 최선책인 것으로 보인다. 제 2차 세계대전 이후 마셜 플랜은 많은 나라들을 경쟁적 이데올로기의 악순환에서 구해냈다. 트럼프 대통령이 북한과의 협상 당시 상상력을 동원해 개진했던 이미지는 아마도 트럼프 호텔, 골프 클럽, 리조트, 경제 발전, 관광과 같은 이미지들이었을 것이다. 만약 그런 일이 일어난다면, 북한은 1991년 이후 캄보디아의 훈 센(Hun Sen) 정권이 밟았던 모든 과실의 전철을 밟을지도 모른다. 서구 사회(스위스)에서 성장해 외국 대학과 영어권 기관들이 젊은이들에게 끝없는 매력을 제공할 수 있다는 것을 알고 있는 북한의 최고 지도자는 그러한 이미지에 현혹될지도 모른다.

지금의 접근법은 위험으로 가득 차 있다. 더 이상 인권에 대한 침묵을 용인해선 안 된다. 한국에는 이미 많은 북한이탈주민들이 있고, 그들과의 교류와 상담이 절실하게 필요하다. 그들은 어떤 조치가 필요한지, 어떤 방안이 효과적일지 많은 지식과 경험을 갖고 있을 것이다. 그저 통일을 꿈꾸는 것만으로는 통일을 실현할 수 없다. 이제는 상상력을 더한 새로운 전략이 필요하다. 그러나 인권 개선, 무기 감축, 안보 달성을 위한 확실한 대안이 없는 상태에서 대북제재를 해제하는 것은 결코 우리가 나아가야 할 방향이 될 수 없다.

합리적인 사고와 역사에 대한 지식을 통해 우리는 북한에 변화가 올 것이라는 것을 내다볼 수 있다. 한국을 비롯해 전 세계를 위해 북한의 변화를 이끌 수 있는 사안들에 더 큰 긴박감과 현실감이 발휘돼야 한다. 그렇지 않으면, 우리는 또 한 번 아무것도 모른 채 거대한 위험을 향해 걸어가게 될 것이다.

3

북한인권 진전을 위한 독려

유엔과 한국의 역할

오 준

20세기 두 차례의 세계대전을 통해 전쟁이 훑고 지나간 뒤의 잔혹한 참상을 겪은 국제사회는 유엔으로 하여금 전 세계 모든 사람들에 대한 인권 증진과 보호책임을 지도록 했다.[1] 그러나 1948년 유엔 총회에 의해 채택된 세계 인권 선언은 유엔의 첫 인권 선언이라는 역사적인 중요성에도 불구하고, 각 국가에 구속력을 부여하는 국제적인 조약은 아니었다. 1966년 기나긴 협상 끝에 인권에 관한 일반 조약 두 가지, 즉 시민적·정치적 권리에 관한 국제 규약과 경제적·사회적 및 문화적 권리에 관한 국제 규약이 채택됐다.

단일 협약이 아닌 두 가지의 국제 협약을 맺은 것은 서로 다른 이념 체제를 가진 사회주의와 서방 국가들 간의 정치 관계를 반영한 결과였다. 경제적, 사회적, 문화적 권리가 소련 연방에서 내세우는 공산주의 신념과 맞물리면서 공산주의권은 이를 더욱 강하게 주창했다. 반면 서방 국가들은 시민적·정치적 권리에 중점을 두고 이를 보호하는 데 노력을 기울였다. 오늘날까지도 경제적, 사회적, 문화적 권리는 공공 자원을 기반으로 성취되는 반면, 시민적·정치적 권리는 민주 정권 하에서 견고하게 추구된다는 것이 일반적인 상식이다. 그러나 이와는 별개로, 두 권리 모두 국가가 인권을 보호할 책임이 있다는 점을 전제로 하고 있다.

---

1 인권 등이 포함된 3대 축을 기반으로, 유엔이 어떻게 형성됐는지에 대해서는 이 책의 제 2장을 참조.

지난 75년간, 유엔은 위의 두 협약 외에도 7개의 인권 협약을 추가 채택했다.[2] 이들 협약의 주 쟁점은 여성과 어린이, 소수 인종, 이주 노동자, 장애인을 포함한 사회 소수자 및 취약 계층이다. 즉 유엔의 인권 개선 노력은 (1) 국가적 인권 침해로부터 시민의 인권 보호와 (2) 사회적 소수자의 인권 증진, 이 두 가지 방법으로 이뤄져 왔다고 할 수 있다.

[유엔에서의 북한인권 문제]

오늘날 유엔이 국가에 의한 인권 침해 상황에서 취할 수 있는 조치로는 세 가지 방안이 거론된다. (1) 인권 및 기술 협력 논의에 해당 정부가 참여하도록 유도하거나, (2) 국가별 인권 결의안 채택 등을 통해 공개적으로 만행을 폭로하거나, (3) 보호책임(R2P) 인용 및 국제형사재판소(ICC) 회부 등 보다 새롭고 강압적인 제재 부과 등이 그것이다. 동 조치들은 북한의 사례에 있어서도 적용됐다.[3]

이전부터 북한인권 침해 상황과 관련한 인권 옹호 단체들의 보고가 종종 있었으나,[4] 북한의 폐쇄성으로 인해 그 실태는 1990년대에 이르러서야 국제사회에 공개됐다. 1994년 당시 북한 내 심각한 식량난으로 인해 수 천 명의 북한 주민들이 탈북을 감행했는데, 이들 중 대부분은 중국을 거쳐 험난한 과정 끝에 한국 땅을 밟았다. 이들 북한이탈주민들은 한국과 국제사회에 자신들이 북한에서 경험한 바를 알렸다. 이 과정에서 새롭게 밝혀진 정보들을 바탕으로 시민 사회는 물

2　이들은 유엔인권최고대표사무소(OHCHR)에서 정의한 9개의 핵심 국제인권기구를 구성한다. 유엔인권최고대표사무소 "핵심 국제인권기구 및 그 모니터링 기관" 참조. https://www.ohchr.org/EN/ProfessionalInterest/Pages/CoreInstruments.aspx.
3　이 장에서는 한국과 북한과, 대한민국과 조선민주주의인민공화국이라는 각 일반적-공식적 국가 명칭을 혼용한다.
4　국제앰네스티는 1997년부터 북한에 대한 기본 보고서를 발행하기 시작했다. 국제앰네스티 보고서 1977 (Amnesty International Report 1977)(영문)(런던, 영국: 국제 앰네스티 출판사(Amnesty International Publications, 1977) 참조, https://www.amnesty.org/download/Documents/POL100061977ENGLISH.PDF. .

론 국제기구에서도 북한 정권이 자행하는 인권 침해에 대한 논쟁이 촉발된 것이다. 이에 유엔 인권위원회와 유엔 총회는 각각 2003년, 2005년부터 북한인권 상황을 의제의 일부로서 다루기 시작했다.

[인권 대화]

현재까지 북한과의 상호 인권 대화가 잘 이뤄졌다고 평가되는 사례는 2001년과 2002년에 열린 유럽연합(EU)과 북한 간의 인권 대화다. 이 대화에서 EU는 정치범수용소의 존재, 고문, 표현 및 기타 정치적 자유의 결여 등의 인권 문제를 제기했다. 그러나 2003년 북한은 유럽의 북한인권결의안이 유엔 인권위원회에 제기되자 회담을 중단했다.[5]

이후 유엔 인권이사회의 보편적 정례 검토(UPR) 차원에서 폭 넓은 다자회담이 시행됐다. 2006년 인권 논의의 효과를 향상시키기 위해 유엔 인권위원회가 인권이사회로 대체됐다. UPR은 모든 유엔 회원국의 인권 기록에 대한 정기 평가제로, 인권이사회의 주요 구성 요소 중 하나다. 북한 역시 유엔 회원국으로서 2009년부터 2019년까지 약 10년 동안 세 차례의 UPR에 참여했다.

북한은 이러한 상호 평가 구조에 대해 비교적 긍정적인 인식을 보여 왔다. 가장 최근 열린 2019년 UPR에서 참여 회원국들은 북한에 262개의 권고안을 제시했다.[6] 북한은 그 중 132개를 수용, 74개를 거부했으며 56개 권고안에 대해서는 주목할 것이라고 답했다. 한 사례로 북한은 당시까지 응하지 않았던 인권 협약 가

---

5   유엔인권위원회, "조선민주주의인민공화국 인권상황 (Situation of Human Rights in the Democratic People's Republic of Korea) (영문)," 2003/10결의안 (2003년 4월 16일) 참조, https://ap.ohchr.org/documents/sdpage_e.aspx?b=1&c=50&t=11. .

6   유엔인권이사회, "국가별 정례 인권검토 - 조선민주주의인민공화국(Universal Periodic Review—Democratic People's Republic of Korea) (영문)," https://www.ohchr.org/EN/HRBodies/UPR/Pages/KPindex.aspx.

입을 고려하라는 권고 사안을 수용했으나, 정치범수용소 폐쇄 요구 등의 권고는 거부하는 등의 반응을 보였다.[7]

인권 대화는 9개의 주요 인권 기구에 의해 구성된 전문가 위원회를 통해 이뤄지기도 한다. 통칭 "조약 기구"라고 불리는 이들 위원회는 각 조약에 따르는 의무 이행에 대한 당사국들의 정기 보고서를 검토한다. 검토 이후, 이들은 조약 의무를 보다 더 바르게 이행할 수 있는 권고안을 각 당사국들에게 제시한다.[8]

비록 시민적·정치적 권리에 관한 협약(ICCPR)과 경제적·사회적 및 문화적 권리에 관한 협약(ICESCR) 등에 제출해야 하는 북한의 국가 보고서는 10년 이상 연기돼 왔지만, 현재까지 북한이 공식적으로 비준한 인권 조약은 아동권리협약(CRC), 여성차별철폐협약(CEDAW), 장애인권리협약(CRPD), 시민적·정치적 권리에 관한 협약(ICCPR) 등의 다섯 개에 이른다.

[공개적 만행 폭로(Naming and Shaming)]

유엔 헌장 제2조 7항은 유엔이 기본적으로 "국가의 관할권 내 근본적인 문제에 개입할 권한"은 없다고 명시하고 있으나, 이 점이 "유엔 헌장 제 7장에 따른 시행 조치 적용과 상충해서는 안 된다"고 언급하고 있다. 쉽게 설명하자면, '집단 안전 보장을 위한 행동'에 대해 규정한 제 7장을 제외하고는 모든 사안에 대해 불개입 원칙을 적용한다는 것이다. 이에 따라 유엔은 각 나라의 인권 침해 행태에 대해 유엔 총회나 인권위원회가 채택하는 국가별 결의안 형식과 같이 "공개적인 만행 폭로" 방식으로 제재를 가할 수밖에 없었다.

---

7 국제사회는 수년간 북한에게 수용소를 폐쇄하고 해당 시설에 수감된 약 8-12만명의 정치범을 석방하라고 촉구해 왔다. 그러나 북한은 이를 "허위 선전"이라고 일축하며 그러한 수용소의 존재를 현재까지 부인하고 있다.

8 당사국들의 보고서 평가 시, 조약기구는 시민단체 및 국가 인권 기구가 제출한 "그림자 보고서(대체 보고서)"에 포함된 정보 또한 고려할 수 있다.

국제적 인권 개선에 있어 "공개적 폭로"의 효과에 대해선 의견이 분분하다. 하지만 어느 국가든지 국제사회에서의 위상을 고려할 수밖에 없기 때문에, 국가의 인권 침해에 대한 정보를 수집하고 공표하는 것만으로도 분명한 차이가 발생한다는 점이 중요하게 지적된다. 제 아무리 인권 침해를 빈번하게 발생시키는 정부일지라도 국제 여론을 의식해야 한다는 인식을 갖고 있다. 자국의 인권 침해 상황이 국제적 지위에 영향을 미칠 수 있음을 해당 국가의 정부가 인지하는 것은 인권 침해의 정도와 심각성을 줄이는 데 가장 중요한 요인이다.[9]

2003년부터 북한인권 실태에 대한 유엔의 "공개적인 만행 폭로"가 시작됐으나, 외부로부터의 비판을 전면 거부하는 북한의 특수성으로 인해 비교적 그 효과는 미미했다고 평가됐다. 하지만 북한인권에 있어 역사적인 해로 인식되는 2014년 2월 유엔 북한인권 조사위원회(COI) 보고서가 발간되면서 북한인권 침해가 반인도범죄라고 명명되자 기존의 회의적인 입장에도 전환이 있었다.[10]

COI 보고서를 기반으로 유엔 총회는 2014년 12월 새로운 북한인권결의안을 채택했다. 이 결의안에는 북한인권 침해 실태의 국제형사재판소(ICC) 회부 및 반인도범죄의 책임 소재가 있는 자에 대한 표적제재 등 유엔 안전보장이사회로 하여금 책임 규명을 위한 적절한 조치를 취할 것을 촉구하는 내용이 담겼다. 과거 유엔의 결의안을 무시해 왔던 북한 당국은 방향을 바꿔 유엔 총회 북한인권결의안에 영향력을 행사하고자 했지만 이는 소용없는 일이었다. 마루즈키 다루스만 당시 COI 위원은 북한 정권이 후일 김정은의 국제형사재판소 회부 가능성을 우려해 결의안 내 김정은의 이름 삭제를 요구하고, 그 대신 평양에 방문할 것을 제안했다고 증언했다. 북한의 입장에서도 이는 최초의 제안이었으나 다루스만은

---

9   공개적 만행 폭로" 접근법에 대한 인권이사회의 연구에 따르면, 신체적 폭행을 폭로하는 행위는 신체적 폭행 범죄 감소 및 타 인권 침해 범죄 증가와 연관성이 있다.
10 "유엔 인권이사회, "북한인권조사위원회(COI)," https://www.ohchr.org/EN/HRBodies/HRC/CoIDPRK/Pages/CommissionInquiryonHRinDPRK.aspx.

수용하지 않았다.[11] 유엔 안전보장이사회는 총회의 권고에 따라 북한인권 범죄를 의제로 상정하고 2014년 12월 22일 공식 회의를 통해 이에 대해 논의했다.

이후 국제사회는 북한 당국으로 하여금 유엔 인권 메커니즘에 참여하고 2014년 COI 보고서 결과를 수용, 권고사항을 실천하도록 지속적인 압박을 가하고 있다. 2018년 유엔 인권이사회 결의안은 반인도범죄에 연루된 북한 공직자들에게 책임을 묻기 위한 메커니즘을 발전시켜야 한다고 강조했다. 그러나 북한은 토마스 오헤아 퀸타나 유엔 북한인권 특별보고관과의 협력마저 지속적으로 거부하고 있다. 지난 10월, 퀸타나 특별보고관은 지난 3년간 북한인권이 개선된 상황을 목격한 바 없다고 밝혔다.[12]

북한인권 문제가 2014년 이후 4년 연속 유엔 안전보장이사회의 연례 논의로 상정됐던 반면, 2018년과 2019년에는 의제에 포함되지 못한 점도 실망스러운 대목이다. 이는 2018년과 2019년 당시 다소 불리했던 이사회 구성과 더불어 미국과 북한 간 대화를 성사시키고자 했던 트럼프 행정부의 정치적 입김이 작용했기 때문이었다고 예상할 수 있다.

[보호책임(R2P)과 국제형사재판소 (ICC)]

지난 20년간 국제사회는 심각한 인권 침해 문제를 해결하는 방법에 있어서 공개적인 폭로 등의 전통적인 방식에서 벗어나 새로운 접근법을 찾으려 노력해왔

---

[11] 2015년 1월 23일자 워싱턴 포스트, "유엔 핵심 인물, 북한의 김정은에 대한 지속적 주의 촉구 (UN point man on North Korea urges continued focus on Kim Jong-un) (영문)," 라는 제목의 온라인 보도를 참조. https://www.washingtonpost.com/world/asia_pacific/un-point-man-on-north-korea-urges-continued-focus-on-kim-jong-un/2015/01/23/dc922c32-cc5d-471a-8986-7f613392479b_story.html.

[12] "유엔 조사관: 1100만 명의 북한 사람들이 영양실조에 시달리고 있다(UN Investigator: 11 million North Koreans Are Undernourished) (영문)," 알자지라, 2019년 10월 22일, https://www.aljazeera.com/news/2019/10/investigator-11-million-north-koreans-undernourished-191023005305009.html.

다. 이와 같은 새로운 접근법에는 보호 책임 (R2P), 국제형사재판소(ICC), 그리고 다소 논란의 소지가 있지만 인도적 개입이 포함된다.

보호책임 (R2P). "보호책임"은 2005년 세계 정상회의에서 대량학살, 전쟁 범죄, 인종 청소, 반인도범죄의 네 가지 주요 문제를 해결하기 위해 유엔이 승인한 국제적 약속이다.[13] 보호책임은 이러한 잔혹한 범죄에 대응해 해당 국가의 정부가 보호자 역할을 하지 못할 시 국제사회가 이를 대신할 것을 촉구한다. 만약 보호책임을 위해 무력을 사용해야 하는 상황이 온다면, 안전보장이사회의 허용을 받아야만 가능하다.[14]

북한인권 침해 상황이 보호책임이 다루는 4가지 잔혹행위 중 하나인 "반인도범죄"에 해당한다는 점을 이미 유엔 결의안을 통해 확인한 바 있다. 그러므로 북한인권 상황은 엄밀히 말해 보호책임 조치의 대상이라고 볼 수 있다. 하지만 실질적으로 외부인들이 북한 내 자행되는 반인도범죄 사건에 개입하는 것은 불가능에 가깝다. 무엇보다도 안전보장이사회에서 중국과 러시아가 가진 지위나 핵무장국인 북한과의 군사적 충돌 위험성 등을 고려하면 북한인권 개선을 위한 무력 사용의 가능성은 매우 낮다.

국제형사재판소(ICC). ICC는 2002년 네덜란드 헤이그에 문을 열었다. ICC는 대량학살, 반인도범죄, 전쟁 범죄, 침략 범죄에 대해 개인을 기소할 수 있는 사법권을 갖고 있다. 그러나 이는 국가의 사법 제도를 보완한다는 기존 목적에 따라 안전보장이사회나 개별 국가가 법원에 사건을 회부하는 등 특정 조건이 충족될 경우에만 행사할 수 있다. 실제로 재판소를 통해 세계 각지의 국가 원수를 포

---

13 유엔 총회, 2005년 세계 정상회의 결과, A/RES/60/1, ¶138-40 (2005년 10월 24일) 참조, https://www.un.org/en/development/desa/population/migration/generalassembly/docs/globalcompact/A_RES_60_1.pdf.
14 일례로, 안보리는 2011년 리비아 비행금지구역 조치 시 보호책임(R2P)을 인용했다.

함한 고위 관리들에게 심각한 인권 침해에 대한 책임을 물었던 몇 가지 사례가 이미 존재한다. 그러나 북한은 아직 ICC의 회원국이 아닌 탓에 오직 안전보장이사회의 결정에 의해서만 법원에 회부될 수 있다. 2014년 COI 보고서 이후 유엔 총회 결의안이 안전보장이사회에게 북한인권 실태의 ICC 회부 검토를 처음으로 권고하자, 북한이 그토록 심각하게 반응했던 것도 이 때문이다.

인도주의적 개입. 인도주의적 개입은 보통 특정 국가의 인권 유린을 막기 위해 제3자가 공인되지 않은 무력을 사용하는 것을 말한다. 인도주의적 개입의 지지자들은 패권 국가들이 전 세계의 무고한 시민들을 보호할 책임을 진다고 주장한다. 그러나 반대론자들은 군사적 개입에 대해 주권 침해이자 서방의 지배력을 가리는 술수에 불과하다고 비판한다. 이처럼 인도주의적 개입은 여전히 다양한 논의가 이뤄지는 단계에 머무르고 있다. 그러나 국제법의 원천은 국제적으로 통용되는 관습이다. 따라서 인도주의적 개입의 관념이 폭넓게 받아들여지고 실천된다면, 북한을 포함한 전 세계 인권에 보다 더 장기적이고 광범위한 영향을 미칠 수 있을 것이다.

[유엔에서 한국이 북한인권 문제를 다뤄온 방식]

1990년대 중반 북한인권 실태에 대한 북한이탈주민의 증언이 다수 등장하기 시작한 이후, 한국 정부도 북한인권 문제에 관심을 갖기 시작했다. 그 전에도 한국에서 북한을 예의주시하던 이들은 북한의 독재 정권이 주민들에 대한 억압을 통해 권력을 유지하고 있음을 알고 있었을 것이다. 그러나 한국 역시도 인권 침해로 비난을 받던 시기였기 때문에 1980년대 후반 민주화가 이뤄지기 전까지는 국제적으로 또는 남북한 상호적으로 인권 문제를 제기하는 데 관심이 크지 않았을 것이다.

　김영삼 정부(1993-1998)가 들어선 후에야 비로소 한국도 북한인권 상황에 대한 우려를 표명하기 시작했다. 1995년 공로명 당시 외교통상부 장관이 유엔 총회 연설에서 처음으로 북한인권 문제를 언급했다. 하지만 그 당시 남북관계가 경색돼 있던 탓에 그러한 활동들은 종종 인권을 옹호하는 것이 아닌, 한국이 북한을 공격하는 것처럼 비춰졌다. 김영삼의 뒤를 이은 김대중 대통령은 북한과의 협력을 위해 "햇볕정책"을 추진했다. 이에 따라 김대중 정부는 북한인권에 대한 공개적인 압력을 꺼려 했다. 다만 당시 북한인권 문제는 여전히 국제적 의제 사항이 아니었기 때문에, 이러한 점이 크게 가시화되지는 않았다.

　그러나 2003년 유엔 인권위원회가 북한인권 문제를 공론화 함에 따라 이는 곧 골치 아픈 문제가 됐다. 이 시기는 진보 정당의 후보였던 노무현 대통령의 취임과도 맞아 떨어졌다. 북한인권에 관한 노무현 정부의 입장은 그 이전 정권들보다 훨씬 진보적이었다. 그는 남북 대화를 통해 북한에게 국제사회의 우려를 전달할 뿐만 아니라, 기술 협력을 통해 북한인권 상황을 개선하겠다고 약속했다. 또한 생계 유지를 위한 기반이 마련되지 않은 상태에서 인권 문제를 논할 수는 없다며, 북한에 대한 쌀과 비료 등의 인도적 지원을 정당화하기도 했다.

　노무현 정부는 유엔 북한인권결의안 표결에 각각 불참(2003년), 기권(2004년, 2005년), 찬성(2006년), 기권(2007년) 표를 던졌다.[15] 한국 대표부는 기권표를 던져야 했던 이유로 남북관계를 거론하면서 북한인권 침해에 대한 국제사회의 우려에 대해서는 깊이 공감하고 있다고 밝혔다. 그간 북한인권결의안에 대해 한국 정부가 보였던 비일관적인 태도는 2008년 이후 결의안에 지속적으로 찬성표를 던지는 것으로 종지부를 찍었다.

　2008년에서 2016년 사이 이명박 및 박근혜 대통령의 보수 정권이 이어짐에 따라 북한인권 문제는 한국에서 더 크게 주목을 받았다. 이 시기는 북한의 핵무

15　2003년과 2004년에는 유엔인권위원회에서 결의안이 채택되었고, 2005-07년에는 총회에서 결의안이 채택되었다.

기 개발로 인한 긴장이 고조되던 상황과 맞물리면서 북한인권 침해 실태에 대해 한국은 물론 국제사회의 강도 높은 비판을 자아내곤 했다. 박근혜 정부는 미국 오바마 정부와 나란히 북한인권 문제에 대한 국제사회의 인식을 높이기 위해 노력했다. 이러한 노력은 2014년 유엔 COI 보고서가 발표되면서 가속이 붙기 시작했다. 한국에서는 2016년 박근혜 정부가 국회에서 10년 여간 계류 중이던 북한인권법을 통과시킬 수 있었다.[16]

2014년 처음으로 유엔 안전보장이사회에서 북한인권 문제를 상정했을 때, 필자는 당시 비상임이사국이었던 한국을 대표했다. 2014년 12월 22일 회의에서 필자가 발표한 8분짜리의 성명서 중 마지막 3분 동안의 발언은 녹화 영상으로 제작돼 한국에서도 널리 시청됐고, 대중의 긍정적인 반응을 얻었다.[17]

> **"** 의장님,
>
> 이 회의에서의 발표가 유엔 안보리에서 제가 맡을 마지막 책무인 듯합니다. 2년 전 한국이 유엔 안전보장이사회의 비상임 이사국으로서 처음 회의에 참여했을 때 북한의 미사일과 핵 문제를 논의했습니다. 유엔 안전보장이사회에서 제 조국은 최선의 노력을 다해 기여를 하고자 가입하지 않은 의제들까지도 다뤄 왔습니다. 그리고 처음에 이어 오늘 이 마지막 회의에서도 북한인권을 이야기하고 있습니다.
>
> 단지 우연의 일치일 수도 있지만 제 마음은 무겁기만 합니다. 왜냐하면 대한민국 사람들에게 북한 주민은 그저 아무나가 아니기 때문입니다. 수백만 명의 대한민국 이산 가족에겐 아직 북쪽에 남아있는 그들의 가족이 있습니다. 비록 그들의 목소리를 직접 들을 수 없고 분단의 고통은 엄연한 현실이지만 우리는 알고 있습니다. 겨우 수백 킬로미터 떨어진 그곳에 그들

---

16 영문은 국가법령정보센터의 "북한인권법"을 참조, https://www.law.go.kr/eng/engLsSc.do?menuId=2&query=NORTH%20KOREAN%20HUMAN%20RIGHTS%20ACT#liBgcolor1.
17 전문은 유엔 안전 보장 이사회의 조선민주주의인민공화국의 상황, S/PV.7353 (2014년 12월 22일) 참조, https://undocs.org/en/S/PV.7353.

> 이 살고 있다는 걸 말입니다. 북한 인권조사위원회(COI) 보고서에 적힌 인권 침해의 참상을 읽으면서 우리의 가슴도 찢어지고, 탈북자들의 증언을 들으면서 마치 우리가 그러한 비극을 당한 것처럼 같이 울지 않을 수 없고, 공감하지 않을 수 없습니다.
>
> 우리는 북한인권 문제를 논하는 이사회를 떠나지만, 간절한 염원만은 전하고자 합니다. 북한 주민들의 삶이 나아지길 바라는 간절한 염원 말입니다. 길거리, 시골, 수용소에서 이유 없이 고통받고 있는 우리의 무고한 형제 자매들의 삶이 나아질 수 있기를 진심으로 바랍니다. 먼 훗날 오늘 우리가 한 일을 돌아볼 때, 우리와 똑같이 인간다운 삶을 살 자격이 있는 북한 주민을 위해 '옳은 일을 했다'고 말할 수 있게 되길 진심으로 기원합니다. 감사합니다. "

2017년 새로운 진보 정권인 문재인 정권 집권기에 들어서면서는, 북한과의 평화 구축 및 포용 정책이 우선시됐다. 문재인 정부는 공개적 인권 옹호 활동이나 책임 규명보다는 경제 협력과 인도적 지원을 통한 북한인권 개선 방식에 집중하고 있다. 어떠한 이유에서인지는 모르겠지만, 북한인권 문제에 대한 문재인 정부의 태도는 인권 문제를 공개적으로 폭로하는 행위에는 무관심했던 미국 트럼프 행정부의 소극적인 접근법과 유사한 것처럼 보인다.

[북한인권을 위한 한국의 역할]

북한인권 상황은 국제사회의 큰 관심사다. 한반도 분단선 그 반대편에 위치한 한국은 북한인권에 대해 더욱 큰 관심을 가져야만 한다. 이는 북한 주민의 고통을 한 개인으로서 공감할 수 있어야 하기 때문이기도 하지만, 북한인권 보호 조치가 선행되지 않은 한반도의 평화와 안보는 완전하지 못할 것이기 때문이다.

2018년 이후 남북관계는 어느 정도 진전이 있었다. 문재인 정부는 남북간 평화 관계를 오래 지속시킬 수 있기를 열망하고 있고, 그런 시점에 북한에 인권 문제를 제기할 경우 어렵게 얻어낸 돌파구를 망쳐버릴 위험이 크다고 믿는 듯하다.

북한과의 협력을 추구하면서도 마찰을 최소화하고자 하는 한국 정부의 입장을 감안할 때, (1) 비정치적 접근, (2) 제도적 접근 그리고 (3) 비정부적 접근이라는 세 가지 방식을 제안해볼 수 있다.

[비정치적 접근 방식]

인권 문제는 민주화와 관련성이 높은 탓에 종종 정치적인 문제처럼 여겨지곤 한다. 특히나 북한인권 문제는 한국에서 오랜 기간 정치적 논쟁의 대상이 돼 왔다. 그러나 북한인권 논의를 가능한 한 비정치적이고 기술적인 방향으로 이끌 수는 있다. 지나친 단순화일 수도 있지만, 인권 문제를 김정은 체제를 비난하는 수단으로 사용하는 것이나 북한의 분노가 두려워 인권 문제를 외면하는 것이나 둘 다 마찬가지로 정치적인 행위와 다를 바 없다.

독재 정권의 입장에서 보더라도, 시민적·정치적 권리는 민주화와 밀접하게 결부돼 있는 반면 경제적·사회적 권리 증진은 정치 체제의 급격한 변화 없이도 촉진될 수 있다. 그러므로 북한에서 유의미한 민주화 과정이 시작될 때까지 기술 협력과 인도적 지원을 통해 북한 주민들의 경제적·사회적 권리가 증진되도록 충분히 도울 수 있다. 물론 이러한 협력과 지원은 북한의 대량살상무기에 대한 대응으로 가해진 국제사회의 대북제재 범위 내에서만 이뤄져야 한다. 그에 따라 인도주의적 지원의 선택권도 사실상 줄어들 수밖에 없다.

이와 함께 한국은 북한인권 실태를 국제사회에 공개적으로 폭로하는 것을 멈추지 말아야 한다. 2019년 한국 정부는 북한인권 상황에 대한 유엔 총회 결의안 공동 제안국가로 참여하는 것을 중단했다. 2019년 12월 많은 인권 단체들이 공동 서한을 통해 한국 정부의 입장 변화를 비판했다.[18] 이에 한국 외교부는 "현 한반도 정세 등 전반적인 상황을 종합적으로 고려해" 이 같은 결정을 내렸다고 설명했으나,[19] 이런 방식의 정치적 접근은 바람직하지 않다. 이는 대북관계나 국제관계에 있어서 한국의 입장을 약화시킬 뿐이며, 결과적으로 북한을 상대로 비정치적인 인권 기반의 접근 방식을 추진하는 데도 제한이 생길 수 있기 때문이다.

[제도적·법적 접근 방식]

한국에서 2016년 제정된 북한인권법(NKHRA)은 세계 인권 선언에 따라 북한 주민의 인권 보호와 발전을 위한 기준을 명시하고 있다. 이는 한국 정부로 하여금 COI 보고서의 권고 사항을 이행하고, 북한이탈주민을 지원함과 동시에 북한인권 상황에 대한 조사 및 현황 보고서를 발간할 것을 명시했다. 북한인권법은 한국 여야의 합의와 시민사회의 환영을 받으며 채택됐다. 법안에 따르면, (1) 북한인권증진자문위원회, (2) 통일부 북한인권기록센터, (3) 법무부 북한인권기록보존소, (4) 북한인권재단 등 4개 기구가 설치될 예정이었다. 2017년 이후 북한인권재단을 제외한 나머지 기구들은 모두 설립돼 다양한 기능을 수행하고 있으나, 북한인권재단은 아직까지 공식적으로 설립되지 못했다. 국내외를 막론하고 이와 같이 미비한 조치가 계속되는 데 대한 비판이 나오고 있다. 미국 국무부의 인권 보고서는 북한인권재단설립의 지연이 한국의 정치적 의지 부족 때문이라고 지적

---

18 문재인 대통령에게 보내는 서한: 북한 인권에 대한 대한민국의 입장과 관련하여 (Letter to President Moon Jae-in Re: ROK's Stance on Human Rights in North Korea) (영문)," 휴먼라이츠 워치(Human Rights Watch), 2019년 12월 16일, https://www.hrw.org/news/2019/12/16/letter-president-moon-jae-re-roks-stance-human-rights-north-korea
19 대한민국 외교부, "제3차 유엔 총회 북한인권결의안 채택," 언론자료, 2019년 11월 15일, https://www.mofa.go.kr/eng/brd/m_5676/view.do?seq=320829.

했다.[20] 퀸타나 특별보고관 역시 북한인권 시민단체들을 지원하기 위한 북한인권재단의 조속한 설립을 촉구했다.[21]

한국 정부가 북한인권법에 구체적으로 명시된 조치를 이행하고 그에 따라 설립된 기관을 활용한다면, 남북관계를 저하시키지 않으면서도 인권 문제를 해소할 수 있다. 설령 북한이 반발을 하더라도 한국은 국가의 법률 시행 및 법치 집행 의무를 근거로 대응할 수 있고, 이러한 접근 방식은 정당성을 확보한 것으로 비춰질 수 있을 것이다. 더불어 한국 정부는 북한인권법을 둘러싼 정치 세력 간의 합의를 재확인하고, 인권과 민주주의를 향한 오랜 지지를 다시 북돋을 수 있을 것이다.

[비정부적 접근 방식]

정부 차원의 교류가 화해에 초점을 맞출수록 남북 대화에서 인권과 같이 불편한 문제를 제기하기가 어려워지는 것도 사실이다. 그러나 한국에는 북한인권에 대한 인식을 높이고 이를 개선시키기 위해 헌신하는 많은 시민사회 단체들이 존재한다. 이들 기관이 북한인권 문제에 대한 한국 정부의 역할을 보완할 수 있을 것이다. 한국 정부는 이들을 지원함으로써 간접적으로 북한인권 개선을 도울 수 있다. 2019년 12월 인권 단체들은 정부를 향한 공동 서한에서 "북한이 인권 개선을 약속해 놓고도 이를 이행하지 않는 한, 국제사회는 북한을 환영하지 않을 것이라는 메시지를 지속적으로 보내면서 북한 당국에게 변화의 필요성을 일

---

20 미 (美) 국무부, "2019 국가 인권 보고서: 대한민국(2019 Country Reports on Human Rights Practices: Republic of Korea) (영문)," https://www.state.gov/reports/2019-country-reports-on-human-rights-practices/south-korea/.
21 토마스 오헤아 퀸타나, "조선민주주의인민공화국 인권 특별보고관 성명, 토마스 오헤아 퀸타나, 2019년 6월 17일부터 21일까지의 방한 일정 중, 유엔인권최고대표사무소 (2019년 6월 21일), https://www.ohchr.org/EN/NewsEvents/Pages/DisplayNews.aspx?NewsID=24718&LangID=E.

깨워야 할 것이며 그것 만이 장기적으로 북한인권 개선을 위한 유일한 방법"이라고 주장했다.[22]

[최종 제언]

다만 북한인권 실태를 비롯해 현재 북한에 관해 논의되는 모든 안건은 북핵 문제와 함께 검토돼야 한다는 '오랜 딜레마'를 마주하고 있다. 이와 더불어 북한에 가해지는 국제사회의 제재는 북한 주민들의 삶의 질 개선은 물론, 북한 사회가 나아갈 수 있는 긍정적인 길목 앞에 심각한 장애물이 되고 있다. 이러한 상황에서 한국 정부의 의지만으로는 북한과의 대화나 교류에서 유의미한 성과를 거두기 어려울 것이다. 남북관계는 인적 교류나 인도적 지원 수준에 한해서는 앞으로도 유지될 것으로 보이지만, 개성공단의 재개 등 실질적인 경제 협력의 가능성은 2017년 이후 시행된 유엔 대북제재로 인해 현재까지 차단된 상태다. 이러한 현실은 남북 간 진정한 협력과 통일 논의를 위해선 심각한 걸림돌이 되고 있는 북핵 문제가 선제적으로 해결돼야 함을 보여준다.

북한은 현재 중대한 기로에 서 있다. 핵무력을 통해서는 김정은이 원하는 안보를 이룩할 수 없다. 김정은과 집권 세력이 권력을 유지하기 위해 필요한 것은 무기가 아니라 거리로 내몰린 북한 주민들을 위한 음식과 옷, 자동차, 스마트폰 등의 물품들과 이를 마음껏 향유할 수 있는 자유다. 변화의 물결에 휩쓸리기보다 먼저 나서서 변화를 추구하는 것이 앞으로 북한 정권에게도 더 이로운 방향일 것이다. 북한이 올바른 선택을 통해 새롭게 거듭난 국가로 변화할 수 있기를 바란다. 그러한 변화는 북한 주민들로 하여금 인간의 존엄성과 권리가 보장된 삶으로 나아가게 하는 최선의 방법이 될 것이다.

---

22 "문재인 대통령에게 보내는 서한(Letter to President Moon Jae-in) (영문)," 휴먼라이츠워치(Human Rights Watch)

4

유엔 무대에서의 북한인권

필수적인 미국의 리더십

피터 여 그리고 라이언 카민스키

75년 전 유엔이 샌프란시스코에서 첫 발을 뗄 때부터 인권 증진은 핵심 강령이었다. 1945년 6월 26일 샌프란시스코 전쟁 기념관에서 서명된 유엔 헌장은 모든 회원국들에게 의무적으로 "인권에 대한 보편적 존중과 준수"를 장려하고, "개별 그리고 공동의 행동"을 취하도록 하고 있다. 1948년 유엔 총회에서 만장일치로 채택된 세계인권선언(UDHR)도 "모든 인간은 인권 앞에 자유롭고 평등하게 태어났다"고 주창한다. 물론 유엔 회원국들의 정치적인 행동으로 인해 주요 유엔 기구들이 국제적·국내적 인권 침해 문제에 개입하는 데 종종 제한이 있었던 것도 사실이다. 하지만 미국 공화당과 민주당 행정부 모두 추진하고자 했던 유엔 연정 수립은 국제 규범에 맞는 인권 추구 등 국제적 가치를 생성할 수 있을 것이다.

유엔 인권이사회는 정부 간 국제기구 중 유일하게 인권에 주안점을 둔 채 인권 침해에 대한 책임 규명의 핵심 축으로 자리해 왔다. 유엔 북한인권조사위원회(COI)를 창설하는 등 유엔 인권이사회가 북한인권에 취한 조치는 유엔 회원국들이 유엔 기구를 통해 인권 침해국들에게 정치적·시민적·경제적·사회적 권리 증진을 위한 압력을 가할 수 있음을 보여준다.

그러나 유엔 차원에서 인권 개선을 이룩하는 것은 사실상 미국 정부의 리더십 여하에 달려 있다고 해도 과언이 아니다. 미국은 유엔 안전보장이사회를 비롯한 국제 외교 무대에서 상당한 영향력을 행사해오는 동시에 오랜 기간 인권 개선에도 강한 의지를 보여왔다. 이를 통해 미국은 유의미한 행동을 위해 다른 국가들을 공식적으로든 비공식적으로든 동원할 수 있는 힘을 확보했다.[1] 여타 유엔 회원국들도 북한 사례를 포함한 주요 인권 문제를 우려하는 상황이지만, 모든 외교의 장에서 이 안건들을 다루겠다는 미국 정부의 약속을 받아내거나 효과적인 국제 연정을 수립할 수 있는 자원이나 사명은 부족한 실정이다. 2013년 유엔 인권위원회에서 유엔 COI의 권한 확립을 위한 결의안이 통과되자 인권 문제에 있어 미국의 역할이 더욱 명확하게 드러났다.

하지만 미국의 외교력과 인권 증진을 위한 역할은 굳이 유엔에서 북한인권 문제 해결을 위해 자국의 패를 사용하진 않고자 했던 트럼프 행정부의 의지와 상충했다. 북한의 핵과 미사일, 기타 정치적 문제와 더불어 북한 주민들의 기본적인 자유를 생각할 때, 유엔에서 미국의 리더십 회복이 절실하다.

[미국 리더십의 발자취]

미국 공화당과 민주당 정권 모두가 유엔 차원에서 북한인권을 중시하는 데는 몇 가지 요인들이 있다. 특히 미국이 북한을 세계로부터 버림받은 불안정한 국가로 간주하던 인식은 북한인권을 비롯해 북한 안팎의 정세에 대한 국제사회의 높은 관심을 이끌어냈다. 인권에 대한 논의는 양국 간 무역이나 외교 관계를 다룰 때 제외되기 십상인데, 북핵 문제를 둘러싼 회담 기간을 제외하고는 북미 간 인권에 관한 논의가 도외시된 적은 없었다. 게다가 2004년 미국에서 북한인권법이 통과됨에 따라 북한인권 실태는 미국 외교 정책의 최우선으로 자리잡게 됐다. 이 법안은 북한인권 개선에 있어 유엔이 막중한 역할을 맡고 있음을 명시하고, 북한

---

1 마크 P. 라곤 과 라이언 카민스키, 유엔 인권이사회의 실효성 강화(Bolstering the UN Human Rights Council's Effectiveness) (영문), 미국외교협회(CFR), 2017년 1월 3일, https://www.cfr.org/report/bolstering-un-human-rights-councils-effectiveness를 예시로 참조

인권특사 직책의 신설, 양자 및 다자적 차원의 국제적 관심의 필요성을 조명하고 있다.[2] 미국 행정부 차원에서 특정 국가의 인권 상황에만 초점을 맞춘 특사직을 마련한 것은 매우 이례적인 일이다. 이는 미국이 북한의 핵-미사일 프로그램으로 야기되는 안보 위협 해소는 물론 북한인권 개선에도 힘쓸 것을 분명히 법제화했다는 의미가 있다.

2006년 다사다난했던 유엔 인권위원회가 유엔 인권이사회로 대체됐다. 미국 외교부는 유엔 인권이사회 등 전반적인 유엔 인권 메커니즘 내에서 북한인권 개선을 위한 중요한 역할을 수행할 수 있게 됐다. 조지 W. 부시 행정부가 유엔 인권이사회 불참 결정을 내린 데 이어, 유엔 인권이사회는 반(反) 이스라엘 경향과 지역 편향적 투표 행태로 인해 최악의 상태로 치닫고 있었다.[3] 그러나 이 같은 상황은 미국이 방침을 바꿔 본부에 가입을 신청한 이후 오바마 행정부 기간을 거치며 눈에 띄게 변화하기 시작했다.

미국외교협회(CFR)가 2012년과 2017년 진행한 연구에 따르면, 미국의 유엔 인권이사회 가입은 유엔의 성과 향상에 여러모로 큰 도움이 된 것으로 나타났다. 미국은 유엔 인권이사회 회원국으로서 두 차례 3년 임기 연임과 1년의 임기 제한에 따른 휴식기를 가졌다. 그 기간 동안 미국의 리더십은 유엔 인권이사회에 국가 차원 행동에 대한 이사회의 지지 강화, 기본적 자유 보장을 위한 규범 강화, 위험에 처한 시민 지원, 지정학적 한계를 넘어선 연립 정부 수립 참여, 유엔 인권이사회 내 시민사회 참여 독려 등의 발자취를 남겼다.[4]

2004년 구 유엔 인권위원회에서 미국과 유럽연합은 유엔 북한인권 특별보고관의 첫 공식 권한 확립을 위해 협력했고, 이는 유엔 인권이사회 출범 시기에 최

---

2 2004 미국 북한인권법, 미공법 108-333번, 법령118 제 1287조 (2004), https://www.congress.gov/108/plaws/publ333/PLAW-108publ333.pdf.
3 수잔 노셀, "유엔 체제에서의 인권 증진(Advancing Human Rights in the UN system) (영문)," 미국외교협회(CFR), 2012년 5월, https://cdn.cfr.org/sites/default/files/pdf/2012/05/IIGG_WorkingPaper8.pdf, 참조
4 수잔 노셀, "유엔 체제에서의 인권증진(Advancing Human Rights) (영문)"

종 이양됐다.[5] 2013년 COI 설립을 위한 노력은 과거 북한인권 실태를 전반적으로 조사하고 기록하는 데 그쳤던 수준에서부터 진일보한 것이었다. COI 설립을 위한 결의안 초안 작성은 일본과 EU가 주도했으나, 에일린 도나호 유엔 인권이사회 초대 미국 대사는 이를 미국의 주도 하에 일궈낸 성공적인 역할 분담 사례라고 추켜세웠다. 유엔 인권이사회 내 협상과 투표 준비 기간 내내 COI 설립과 관련해 고위급 외교적 지원을 약속하는 등 동맹국들을 안심시킨 것이 미국이었기 때문이다. 이와 같은 미국의 지지는 뚜렷한 결과로 이어졌다. 중국이 회원국으로 속해 있었음에도 불구하고, 유엔 인권이사회는 합의를 통해 COI 설립 결의안을 채택할 수 있었다.

COI의 설립에는 북한의 현상유지를 바라는 북한의 주요 동맹국들이 COI의 설립을 지지하게끔 이끌 미국의 정치적·외교적 리더십이 필요했다. 물론 미국뿐만 아니라 북한인권에 대한 인식과 조사 및 책임규명의 필요성 등을 전 세계에 환기시킨 북한인권운동가들, 그리고 북한이탈주민들의 증언도 COI 설립에 대한 동조를 이끌어내는 데 일조했다. 이는 미국의 지지에 힘 입어 북한인권 사안에 더욱 주목하고 있던 유엔에 의해 도미노 효과를 일으켰다.

하지만 북한인권, 특히 유엔 인권이사회의 COI 설립에 관한 미국의 태도가 늘 변함없이 유지되는 것은 아니다. 북한의 인접국들은 북한과 불필요한 대립을 피하고자 인권 문제에 있어서도 때때로 보수적인 입장을 취할 수 있다. 특히 일본인 납북과 북한의 송환 거부 등의 문제를 안고 있는 일본 정부는 해당 사안과 관련해 북한인권 실태를 강조해왔다. 하지만 일본의 대북정책은 전통적으로 북일관계 정상화, 양국의 경제관계가 가진 잠재성, 북한의 거듭된 핵실험과 미사일 시험 발사에 따른 안보 위협 감소에 초점을 맞춰왔다. 한국의 경우, 북한이탈주민 지원, COI 권고 이행, 북한인권 실태 조사 등 북한인권 상황을 조명하는 활동

---

5 로베르타 코헨, "유엔 인권최고대표사무소(The High Commissioner for Human Rights and North Korea) (영문)," 유엔 인권최고대표사무소, 세상에 대한 양심, 펠리스 D. 개어, 크리스틴 브로커 엮음 (보스톤: 마르티누스 니호프 출판, 2014), 293-310, https://www.brookings.edu/wp-content/uploads/2016/06/UNHCR-and-North-Korea-RCohen.pdf, 참조

을 과거부터 현 정부에 이르기까지 추진해왔다. 그러나 문재인 정부는 한반도 비핵화와 남북 간 평화 증진을 목표로 둔 채 남북 협력과 발전에 관한 논의로 한반도 긴장을 완화하는 데만 열중하고 있다. 중국은 북한인권 문제를 논의하는 데 큰 장애물이 되진 않았지만, 북한과의 복잡하고도 폭 넓게 형성된 경제적·정치적 관계로 인해 적극적인 참여를 주저해온 것도 사실이다. 이와 달리 북한의 이웃 국가들이 겪는 문제를 갖지 않는 데다 오랫동안 인권 개선에 대한 의지를 보여 온 미국은 유엔 회원국들을 결집시키는 동시에 북한인권 문제에 도전하는 독특한 입장을 고수했다.

북한과 인접하지 않은 유엔 회원국들도 북한 문제를 우선시하고 다자 간 포럼에서 기꺼이 목소리를 높이고자 했다. EU회원국들과 호주, 뉴질랜드, 그 외 국가의 외교관들은 유엔 인권이사회와 유엔 총회, 유엔 안보리 등 다자 간 포럼에서 북한인권을 옹호하고 이에 대한 적절한 조치가 이뤄질 수 있도록 투표해왔다. 이들의 적극적인 지원이 없었다면 유엔 차원에서 북한인권 실태를 조명하고 상황을 진전시키기란 불가능했을 것이다. 그럼에도 불구하고 북한인권을 위한 외교 연대를 결성하는 데 가장 중요했던 것은 역시 미국의 역할이었다.

주요 협력 주체들과 북한인권 문제를 논의해온 대사급 외교관들, 뉴욕과 제네바에 파견된 외교 사절단 그리고 북한인권을 증진시키겠다는 강한 신념을 바탕으로 미국은 다른 국가들이 평양은 물론 북한의 인접국들도 다소 꺼릴 만한 조치들을 지지하도록 설득해왔다. 미국은 각국 정부에 외교적으로 접근하며 필요시 물밑 접촉을 진행했으며, 동시에 적절한 시기에는 북한인권에 대해 강도 높은 발언을 함으로써 조용하면서도 강력한 역할을 수행했다.

[COI 이후 미국의 리더십]

COI가 북한인권 전반에 대한 200여 건 이상의 인터뷰를 바탕으로 400p에 달하는 보고서를 발간한 뒤, 전 세계는 북한인권 실태에 충격을 금하지 못했고 각국 언론들도 이목을 집중했다. COI 보고서가 일으킨 반향은 2014년 12월 유엔 안보리에서 정점을 찍었다. 러시아와 중국의 반대에도 불구하고, 북한인권 실태에 관한 논의가 미국의 강력한 지지와 외교적 기량을 발판 삼아 사상 처음으로 유엔 안보리 절차상 의제로 추가된 것이다. 유엔 안보리에서 북한인권 문제를 의제로 정식 추가하기 위해선 최소 9개 국가의 찬성표가 필요했는데, 결과를 알기 전까지는 그 무엇도 확신할 수 없는 상황이었다. 그러나 최종 개표 결과, 북한인권 의제 회부는 총 11표를 획득하며 안보리의 공식 의제로 추가됐다.[6]

유엔 안보리 회의에서는 서맨사 파워 당시 유엔 주재 미국 대사가 북한인권 문제에 정면으로 대응했다. 그는 북한에서의 삶을 "살아있는 악몽"이라고 부르며 "벌을 받지 않는 현 상황이 영원할 것이라 생각하지 말라. 우리는 당신들의 학대를 체계적으로 기록하고 있다. 당신들이 공개적으로 책임져야 할 그 날에 우리가 기다리고 있을 것"이라고 목소리를 높였다.[7] 이반 시모노비치 당시 유엔 인권담당 사무차장도 "국제범죄에 대한 방대한 기록이 안보리의 주목을 받게 된 것은 극히 드문 일"이라면서 COI의 행적을 높이 평가했다.[8] 중국과 러시아는 예상대로 회의 소집에 반대 의사를 표명했으나, 수세에 몰린 것이 분명해 보였다.

---

[6] 유엔, "유엔 안전보장이사회, 형언할 수 없는 인권침해 적발에 따른 조선민주주의인민공화국의 상황을 의제에 의결하다(Security Council, in Divided Vote, Puts Democratic People's Republic of Korea's Situation on Agenda following Findings of Unspeakable Human Rights Abuses) (영문)," SC/11720, 2014년 12월 22일, https://www.un.org/press/en/2014/sc11720.doc.htm..

[7] 미셸 니콜스, "유엔이사회, 중국 반대에도 북한인권 논의(UN Council Meets on North Korea Human Rights Despite China Opposition) (영문)," 로이터, 2016년 12월 9일, https://www.reuters.com/article/us-northkorea-rights-un-idUSKBN13Y2BH..

[8] 유엔, "유엔 안전보장이사회, 형언할 수 없는 인권침해 적발에 따른 조선민주주의인민공화국의 상황을 의제에 의결하다 (Security Council, in Divided Vote) (영문)"

2016년 유엔 인권이사회는 북한에 추가적인 조치를 취했다. 북한인권 특별보고관의 권한을 갱신하는 것 외에도 북한 반인도범죄에 대한 책임 규명의 기회와 전반적인 관계를 분석할 전문가 패널을 신설하는 등 매우 예외적인 조치를 내린 것이다. 유엔 인권이사회 회원국이었던 미국은 또 한 번 두 조치를 모두 지지했다. 유엔 인권이사회가 위임한 "책임규명 독립 전문가 그룹"의 보고서는 이후 2017년 3월에 유엔 인권이사회에 제출됐다.[9]

그림 4.1 북한에 대한 세 차례 회기별 국가별 인권 정례 검토 (UPR) 권고안

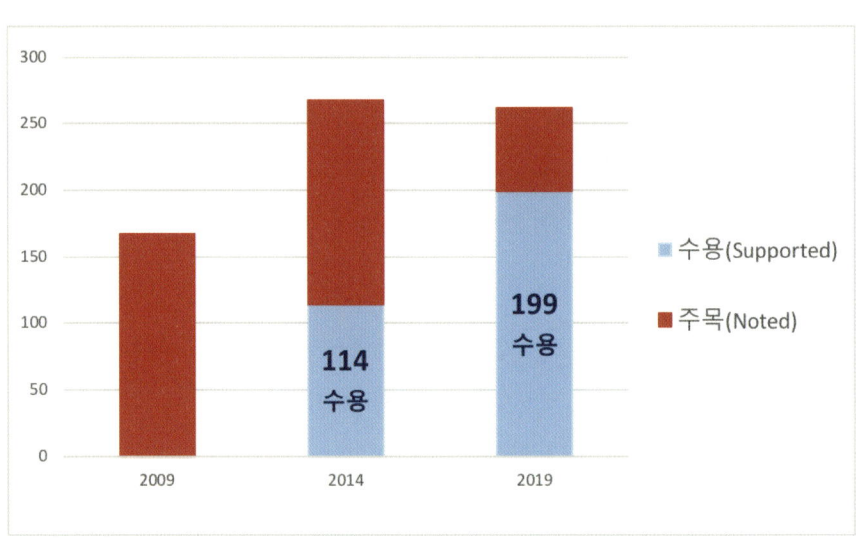

물론 이번 장의 초점은 북한인권 개선을 위한 유엔 내 미국 지도부의 영향력과 리더십이지만, 그 외에도 위와 같은 압박 조치가 북한 지도부로 하여금 기본적인 수준에서나마 인권 개선에 노력할 수밖에 없도록 이끌었다는 점에도 주목할 필요가 있다. 이는 유엔 인권이사회에서 4년마다 열리는 국가별 정례인권검토(UPR)에서 북한이 다른 유엔 회원국들로부터 수용하는 권고안 수가 점차 증가하고 있다는 점으로도 알 수 있다. 2009년 UPR 첫 회기 당시, 북한은 회원국들

---

9 유엔 인권최고대표사무소, "조선민주주의인민공화국의 인권 상황에 관한 인권이사회 결의 31/18에 의거한 책임 규명 독립 전문가 그룹(Group of Independent Experts on Accountability Pursuant to Human Rights Council Resolution 31/18 on the Situation of Human Rights in the Democratic People's Republic of Korea) (영문)", 2017년 3월 13일, https://www.ohchr.org/en/hrbodies/sp/countriesmandates/kp/pages/groupofindependentexpertsonaccountability.aspx.

이 제시한 권고안들 중 단 한 가지도 수용하지 않았다. 그러나 2014년과 2019년 열린 제2차, 제3차 UPR 회기 동안 북한의 권고안 수용율이 증가해 북한의 국내 문제를 점차 폭넓게 다룰 수 있었다. 물론 권고안을 수용한다고 해서 실제 이행으로 이어지는 것은 아니지만, UPR에서 수용된 권고안은 다른 유엔 인권 및 개발 메커니즘은 물론 추후에 있을 UPR의 기반이 될 것이란 점에서 의미가 있다.

2017년 북한은 사상 처음으로 유엔 장애인 인권 특별보고관의 방북을 허용했다. 그러나 재차 강조하듯이 이와 같은 북한의 조치는 국제사회가 요구하는 최소한의 기준을 충족한 것일 뿐, 이를 실질적인 권리 향상의 증거라고 이해해서는 안 될 것이다.

같은 해 유엔 안보리는 북한인권 회담을 재차 개최했다. 여기서 니키 헤일리 당시 유엔 주재 미국 대사는 김정은 정권의 심각한 인권 유린 실태를 폭로하며 미국이 여기에 강경한 태도를 유지하고 있음을 드러냈다

> 우리는 전 세계가 북한이라는 블랙박스 안에서 무슨 일이 벌어지고 있는지 깨달을 때까지 탈북자들의 경험담을 전파하고 또 전파해야 합니다.
> 우리는 안보리 안팎의 모든 국가 정상들이 무지를 변명으로 내세울 수 없을 때까지 탈북자들의 경험담을 전파하고 또 전파해야 합니다. 우리가 행동을 주저할 만한 변명의 여지는 어디에도 없습니다….
> 북한의 위기는 인권과 평화 그리고 안보에서 초래되고 있습니다.
> 우리가 이에 어떻게 대응했는지는 훗날 역사가 평가할 것입니다[10]

---

10 유엔 주재 미국 대표부,"헤일리 대사, 유엔 안전보장이사회에서 북한 인권 상황에 대한 연설(Ambassador Haley Delivers Remarks to the UN Security Council on the Human Rights Situation in North Korea) (영문)", 2017년 12월 11일, https://usun.usmission.gov/ambassador-haley-delivers-remarks-to-the-un-security-council-on-the-human-rights-situation-in-north-korea/

[진전을 막는 상황들]

이러한 성과에도 불구하고 트럼프 행정부 이후 유엔에서 미국의 리더십은 퇴보했고, 이는 북한의 열악한 인권 상황을 매개로 평양을 압박해가며 얻었던 과거의 성취마저 위협하기에 이르렀다. 전 세계 인권 문제에 대한 트럼프 행정부의 접근 방식을 생각하면 이 같은 행보가 그다지 놀랄 일도 아니었다. 미국 국경 지역의 이주아동들의 가족을 강제 추방한 조치부터, 미국의 인권 사안을 정치적으로 편협하게 다룰 수 있도록 고안된 양도 불가능한 권리위원회(the Commission on Unalienable Rights) 출범에 이르기까지 트럼프 행정부는 세계 인권 선언에도 포함돼 있는 인권 규범의 증진은 커녕 그것을 준수하는 것조차 꺼리고 있음을 여실히 드러냈다. 이 외에도 미국은 고질적인 인종 차별 실태를 직시하지 않은 채 광범위한 경찰 개혁의 필요성마저 외면하면서 국제사회의 신뢰를 더욱 잃게 됐다. 그럼에도 불구하고, 유엔 회원국들은 트럼프 행정부 기간 중 추진된 연례 국가인권보고서와 국제 종교자유보고서 발행, 미국 대사관 및 외교관들의 인권 증진 노력과 이를 위한 다자 간 회담까지 세계 인권 개선에 있어 미국의 리더십이 여전히 구심점으로 자리했음을 인정했다. 트럼프 행정부 임기 동안 미국에 대한 신뢰가 추락했다고는 해도, 북한인권 개선이라는 대의를 실현하기 위해서는 국제무대에서 미국을 제외시키는 것보다는 그 전까지 미국이 구축해온 기반을 활용하는 것이 더 나았기 때문이다.

그렇기에 2018년 12월 미국이 논의의 진전을 위해 필요로 했던 9표를 확보하는 데 실패해 북한인권 문제가 유엔 안보리 의제에서 제외된 것은 유감스러운 일이었다.[11] 이에 대해 한 미국 정부 인사는 "이 중요한 회의를 이번 달에 개최하는

---

11 로버트 킹은 이에 대하여 당시 유엔 안전보장이사회 회원국들의 불리한 입장 등의 여러 가지 이유를 자세히 설명한다. 그는 북한 핵 협상 및 수행력에 대해서도 언급한다. 자세한 내용은 그의 논평 참조 "새로운 유엔 주재 미국 대사, 안보리 북한인권 논의 촉구해야", 전략국제연구센터(CSIS), 2019년 9월 5일, https://www.csis.org/analysis/new-us-ambassador-un-should-press-security-council-discussion-north-korean-human-rights.

데 실패한다면 부디 새 해에는 다시 열 수 있기를 바란다… 미국은 여전히 북한 인권 실태에 대해 깊은 우려를 표하고 있다"고 말했다.[12] 로버트 킹 당시 전략국 제연구센터(CSIS) 선임보좌관이자 전 미국 국무부 북한인권특사는 유엔 안보리가 북한인권 회의 재개에 유리한 조합으로 구성된다는 전제 하에 미국도 신년에 재도전을 하려 했다면서 "2019년 미국은 안보리에서 이러한 논의를 재개하기 위한 그 어떠한 노력도 하지 않았다"[13] 고 주장했다. 결국 그 해 북한인권 사안은 유엔 안보리 의제에 또 다시 포함되지 못했을 뿐만 아니라 미국의 입장 변화로 인한 혼란마저 가중됐다.

미국이 유엔 안보리 의장직을 수행하던 2019년 12월, 북한인권 회의 추진과 관련한 미국의 입장이 눈에 띄게 변화했다. 2주 간에 걸쳐 미국의 입장은 세 가지 방향으로 전개됐다. 이는 신뢰할 수 있는 안보리 비상임 이사국으로 하여금 북한 인권 기록에 관한 안보리 회의가 이뤄지도록 서명 운동을 전개하게 하는 것[14], 이 논의에 대해 양면적 입장을 취하는 것, 그리고 종국에는 회의 개최 지지 입장을 철회하는 것이었다. 2019년 말 유엔 주재 북한 고위 외교관은 유엔 안보리 이사 국들을 향해 이와 같은 잠재적인 논의가 "심각한 도발"이자 "적대적인 정책"이라고 비난하는 서한을 발표했다.[15] 그로부터 6일 후인 세계 인권의 날 켈리 크래프트 유엔 주재 미국 대사는 유엔 안보리에서 북한인권 회담에 관한 계획을 묻는 질문을 회피했다. 대신 그는 "미국 대사로서 또 미국인으로서 저는 전 세계 인권

---

12 미셸 니콜스의 인용, "미국, 12월 유엔 북한인권 유린 회의 유치 포기(U.S. Drops Bid for December UN Meeting on North Korea Abuses: Diplomats) (영문)," 로이터, 2018년 12월 7일, https://www.reuters.com/article/us-northkorea-rights-un/us-drops-bid-for-december-un-meeting-on-north-korea-abuses-diplomats-idUSKBN1O6281.

13 로버트 킹, "새로운 유엔 주재 미국 대사, 안보리 북한 인권 논의 촉구해야"

14 콜럼 린치와 로비 그레이머, "외교 관계를 위해 필사적인 백악관, 북한의 만행에 관한 유엔 회의 차단(Desperate to Save Diplomacy, White House Blocks UN Meeting on North Korean Atrocities) (영문)," 2019년 12월 9일, 포린폴리시, 온라인 https://foreignpolicy.com/2019/12/09/white-house-blocks-un-meeting-north-korea-atrocities-trump-kim/. .

15 미셸 니콜스의 인용, 북한, 유엔 안전보장이사회에 국가인권 논의 금지 경고(North Korea Warns UN Security Council Against Discussing Country's Human Rights) (영문)," 로이터, 2019년 12월 4일, https://www.reuters.com/article/us-northkorea-usa-un/north-korea-warns-u-n-security-council-against-discussing-countrys-human-rights-idUSKBN1Y82PV.

에 대해 매우 걱정하고 있습니다만, 12월 10일 회의 개최 여부는 아직 미정"이라고 답했다.[16]

이후 15개 이사국들 중 8개 국가가 북한에 관한 유엔 안보리 회의 개최를 지지하는 서한에 서명했다는 보도가 나왔다. 그러나 이는 북한인권 문제를 유엔 안보리 공식 의제로 상정하기에 표 1개가 모자란 수였다. 미국이 서명을 보류하면서 미국의 주도로 지난 두 번의 미국 행정부 기간 동안 북한인권에 대한 논의를 진행하며 유엔 안보리 상임 이사 국가와 비상임이사 국가들에게 북한인권 문제에 대한 압력을 가하도록 했던 유엔 안보리에서의 활동은 그 힘을 잃기 시작했다. 같은 달 미국은 북한의 비핵화 문제에 초점을 맞춘 안보리 회의를 개최하고자 했다. 이와 관련한 크래프트(Craft) 대사의 구두 성명에서 북한인권에 대한 언급은 없었다. 포린 폴리시(Foreign Policy)의 콜럼 린치(Colum Lynch)의 기사에 따르면 북한인권 문제에 대한 유엔 안보리 회의를 보류한 것은 김정은과의 핵무기 프로그램 관련 회담에 장애물이 될까 우려한 트럼프 행정부로부터 시작된 것으로 보인다.

유엔 안보리에서 논의될 북한인권 사안의 중요성을 이해하는 것이 중요하다. 로버트 킹이 지적한 바는 이렇다.

> 유엔 안보리가 유엔 기구들 중 가장 많은 관심을 모으고 큰 영향력을 지니고 있음은 분명하다. 북한이 이들에 큰 관심을 기울이는 것 역시도 분명한 사실이다. 북한은 유엔 안보리가 개입했을 때 자국 정책을 변호하는 데 있어 그동안 세심하고 기탄 없는 태도를 보여왔다. 또한 장애인 치료 등과 같은 북한인권 상황의 개선은 북한에 대한 인권 개선을 촉구하는 것이 얼마나 중요한지 증명한다.[17]

---

16 유엔 주재 미국 대표부, "켈리 크래프트 대사의 유엔 안전보장이사회 의장직 수행에 관한 유엔 기자 회견 발언(Remarks by Ambassador Kelly Craft at a UN Press Conference on the U.S. Program of Work for the December Security Council Presidency) (영문)," 2019년 12월 6일, https://usun.usmission.gov/remarks-by-ambassador-kelly-craft-at-a-un-press-conference-on-the-u-s-program-of-work-for-the-december-security-council-presidency/..

17 로버트 킹, "새로운 유엔 주재 미국 대사, 안보리 북한 인권 논의 촉구해야(New U.S. Ambassador) (영문)"

주요 인권 커뮤니티는 북한인권 논의가 유엔 안보리 의제에서 제외된 상황에 대해 거세게 반응했다. 또한 미국의 회의 취소로 인해 추후 문제의 소지가 될 수 있는 사안들을 집중 조명했다. 루이 샤르노보 휴먼라이츠워치(HRW) 유엔 담당 국장은 "김정은을 포함한 북한 고위 공직자들은 자국의 인권 문제에 대한 미국의 비난이 올해에도 없을 것이라는 사실에 신바람이 나 있을 게 분명하다"고 말했다.[18]

미국의 정치적 행보로 인해 북한을 둘러싼 사안에 있어 미국의 리더십이 약화되는 현상은 유엔 안보리 외의 다른 분야에서도 나타났다. 2018년 6월 미국이 자진 탈퇴했던 유엔 인권이사회의 기록으로 볼 때 다소 평가가 갈릴 만한 측면이 존재한다. 우선 긍정적인 부분으로는, 미국이 UPR 메커니즘에 지속적으로 참여했다는 점을 들 수 있다. 2019년 북한을 대상으로 한 검토 시기에 미국은 세 가지의 강력한 권고안을 제출했는데, 여기에는 종교의 자유를 보장하도록 형법을 개정할 것과 모든 정치범수용소를 폐쇄할 것, 그리고 인도적 지원을 제공하는 활동가들이 북한 내에 제약 없이 접근할 수 있도록 허용하라는 내용이 포함됐다.[19] 비록 북한이 미국의 권고를 수용하지는 않았으나, UPR은 과정 그 자체로 이러한 문제들을 국제사회에 환기시키고 더 나아가 북한에게서 서면으로 된 공식 입장을 받아내는 데 기여했다.

그러나 유엔 인권이사회 회의실 내 미국의 의석은 비워진 상태다. 그러한 상황에서 미국 정부의 도덕적 권위나 목소리가 세계 최대의 다자 간 인권 기구에 미치는 파급력은 미미할 수밖에 없다. 이에 반해 미국에 적대적인 국가들과 유엔 회원국들 간의 연합은 유엔 인권이사회가 국가별로 인권 침해 실태를 조사할 수 있는 권한을 약화시킬 수 있다. 미국의 부재를 메우는 동시에 이러한 기회를 역

---

18 루이 샤르보노, "누가 북한의 인권 유린에 관심이 있는가?(Who Cares About North Korea's Human Rights Abuses?) (영문)," 휴먼라이츠워치(HRW), 2019년 12월 10일, https://www.hrw.org/news/2019/12/10/who-cares-about-north-koreas-human-rights-abuses#.
19 주 제네바 미국 대표부, "미국의 북한 국가별 정례인권검토(UPR) 성명서(U.S. Statement at the Universal Periodic Review of North Korea) (영문)," 2019년 5월 9일, https://geneva.usmission.gov/2019/05/09/u-s-statement-at-the-universal-periodic-review-of-north-korea/..

으로 활용해 유엔의 가치에 반하는 규범을 조장하고 보편적 인권 규범으로 간주돼 왔던 것들을 재형성하려는 것이다.[20]

COI 설립에 대한 지지를 얻고자 이뤄졌던 정교한 정치적, 외교적 노력으로 비춰볼 때, 미국이 지지할 것이란 뚜렷한 "신호"가 없는 한 북한 문제와 관련된 사절단으로서는 기회를 상실하는 것을 넘어 해를 입을 수도 있는 상황이다. 이와 관련해 유엔 인권이사회에서 있었던 북한인권 특별보고관의 권한 갱신이나 북한 전문가들의 연구 결과 논의를 위한 표결 당시에도 미국의 보이콧은 이를 지지하거나 국제적 관심을 촉구하는 데 도움을 주겠다는 표현과는 거리가 먼 것이었다. 그러나 미국은 뉴욕에서 열린 유엔 총회 제3위원회에서 나온 북한인권에 관한 조치에 대해서는 지속적인 참여 의지와 지지를 표명했다. 참고로, 유엔 총회 제3위원회는 매년 북한인권결의안을 통과시키고 있다.

또 다른 문제는 북한 내 경제적 기본권과 존엄성을 증진하기 위해 활동하는 유엔 기구 및 메커니즘에 대한 미국의 자금 지원 여부다. 트럼프 행정부는 2019년 예산 편성에서 유엔 인권최고대표사무소(OHCHR), 유니세프, 유엔개발계획(UNDP)에 대한 자금 지원을 완전히 끊으려고 시도한 데 이어, 유엔에 대한 전반적인 자금 지원 규모를 전면 삭감할 것을 요구했다. 그러나 트럼프 행정부의 이러한 접근은 여야를 막론한 압도적인 거부에 부딪혀 무마됐다. 트럼프 행정부는 이에 그치지 않고 이미 승인돼 법적인 서명까지 마친 유엔 OHCHR에 대한 기금 전달을 지연시키거나 일방적으로 보류하는 움직임을 보였다. 미첼 바첼레트 유엔 인권최고대표는 2019년 미국과 여타 회원국들의 회비 체불 및 미납으로 인한 자금 문제가 심각하다고 강력히 경고했다. 그러나 이와 같은 일련의 사건에도 굴하지 않고, 유엔 OHCHR은 2017~2018년 사이에 실시한 214건의 북한 생존자 인터뷰에 근거해 "권리의 대가(代價): 조선민주주의인민공화국 내 적합한 생활 수

---

20 제프리 로버츠, "미국이 유엔에서 중국과 러시아의 침략을 허용한 방법(How the US Enabled Aggressions by China and Russia at the UN) (영문)," 패스블루, 2020년 12월 24일, https://www.passblue.com/2020/02/24/how-the-us-enabled-aggressions-by-china-and-russia-at-the-un/ , 참조

준을 누릴 권리의 침해"를 발간했다. [21]

[바이든 행정부를 위한 권고 및 결론]

    유엔은 열악한 북한인권 상황을 국제사회에 환기시키는 데 필수적인 장이다. 그러나 이는 미국을 비롯한 여타 국가들이 유엔을 매개로 활용하고자 하는 의지를 보일 때 가능하다. 오바마 행정부와 트럼프 행정부의 첫 해에는 유엔이 북한의 현실을 알리는 데 주요한 역할을 했다. 유엔 덕분에 전 세계 정치 지도자들과 인권 운동가들, 세계 정세에 관심 있는 시민들은 물론 언론들까지 북한 주민들이 시민적·정치적 자유를 심각하게 탄압받고 있다는 사실과 북한이 여전히 세계에서 가장 억압적인 정권이라는 것을 이해하게 됐다. 하지만 유엔 등 국제 무대에서 북한인권 문제를 다루는 데 소극적이었던 트럼프 행정부로 인해 결과적으로 북한 정권에게만 득이 됐던 논의의 공백이 발생하고 말았다. 2013년 COI 창설 이후, 북한인권 실태에 대한 미국의 주도적인 리더십은 유엔 안보리와 유엔 인권위원회 등 다양한 유엔 포럼에서 이를 의제화하는 원동력이었다. 그렇기에 이러한 리더십의 회복은 중대한 목표임에 틀림없다. 미국의 리더십에 대한 강조가 그간 북한인권 문제를 최우선 과제로 여기며 이에 헌신했던 몇몇 유럽과 아시아 국가들의 외교적 노력을 폄훼하는 것으로 비춰지지 않길 바란다. 다만 미국이 북한에 관한 외교 정책의 우선순위를 재조정하는 것이 북한인권 문제를 유엔 전면에 내세우는 데 중요한 촉매제가 될 수 있음을 강조하려 한다.

    바이든 행정부는 유엔에서 북한인권에 관한 미국의 리더십을 새롭게 다져 상황을 바로 잡을 기회를 얻은 셈이다. 유엔 인권이사회 불참을 끝내고 재가입을

---

21 유엔 인권최고대표사무소(OHCHR), "권리의 대가(代價): 조선민주주의인민공화국 내 적합한 생활 수준을 누릴 권리의 침해 (The Price is Rights: The Violation of the Right to an Adequate Standard of Living in the Democratic People's Republic of Korea) (영문)," 2019년 5월, https://www.ohchr.org/Documents/Countries/KP/ThePriceIsRights_EN.pdf.

서두르려는 바이든 행정부의 정책이 그 첫 단계일 것이다. 또한 미국은 실질적이고 신뢰성 있는 북한인권특사 임명을 추진해야 한다. 이를 통해 자국 정부 부처의 중점 사안을 회복하고 기존과 같이 유엔 내에서 북한인권 연합을 복원하기 위한 외교력을 강화할 수 있을 것이다. 끝으로 북한인권 실상에 관한 논의를 정기적으로 이어갈 수 있도록 안보리 내의 동맹국 및 파트너들과의 관계에서도 적극적인 리더십을 발휘해야 한다.

인권 옹호자들은 트럼프 행정부 시절처럼 핵과 미사일 문제의 협상 진전을 위해 인권 문제를 등한시해서는 안 된다는 점을 미국 국무부와 국가안전보장회의에게 강하게 피력해야 한다. 북한인권법 제정과 북한인권 문제 진전에 관해 미국 내 초당적 합의를 이룬 데서 멈출 게 아니라, 인권은 결코 "2차적 문제"가 아님을 미국 민주당과 공화당 의원 모두에게 상기시켜야 한다. 안보 문제의 해결이 결코 인권보다 선행될 수 없다는 것이다. 미국과 북한 그리고 여타 국가들 간 민간 교류 활성화를 비롯해 정치, 종교, 사회적 자유에 관한 대화의 창구를 형성한다면, 오히려 안보 문제를 둘러싼 협상이나 과거의 합의들을 이행하는 데 필요한 신뢰와 이해를 제고하는 데도 도움이 될 수 있다. 북한인권 문제에 대한 진전은 북한의 핵과 미사일 실험으로 야기되는 안보 우려를 낮추는 동시에, 유엔 회원국들과 북한 간의 관계를 정상화하기 위해 요구되는 어려운 선택들에 보다 더 용이하게 접근하도록 하는 분위기를 조성할 것이다.

제 2부

외부 정보의 역할

5

북한 주민을 향한 한국 NGO의 노력

과거와 현재 그리고 도전 과제

김민정

북한 정권은 여전히 건재하다. 북한의 열악한 식량 사정이 주민들의 생존을 위협하는 동안에도 정권은 별다른 타격을 입지 않았다. 이를 설명할 수 있는 많은 요소들이 존재하지만, 그 중 가장 설득력 있는 이유는 인민에 대한 탄압이다. 정권의 생존에는 기본적으로 대내외적 위협이 있기 마련이다. 북한의 경우, 검열과 같은 탄압을 통해 내부로부터의 위협을 효과적으로 억제해왔다. 북한의 검열 체계는 오늘날 그 어느 현대 국가에서도 찾아보기 힘든 수준이다. 북한의 검열은 외부 정보의 유입을 차단하는 데 주된 목적을 두고 있는데, 바로 이 지점에서 비정부기구(NGO)의 역할이 중요하게 대두된다.

외부 정보를 제공할 수 있는 주체는 크게 정부 기관과 NGO로 나눌 수 있다. 북한인권 문제에 있어서는 한국의 NGO들이 복잡하고, 도전적이며, 필수적인 역할을 선도해오고 있다. 한국 NGO의 역할이 북한인권 정책에 미치는 영향에 대해 올바른 이해가 요구되는 이유도 이 때문이다. 그러한 이해가 바탕이 될 때 효과적인 정책 결정과 실용적인 성과 도출이 가능해지는 것이다.

이 장의 집필에 귀중한 조언을 해주신 신기욱님, Robert King님, 문유미님, 이영석님, George Krompacky님, Heather Ahn님, Victor Cha님, Keith Luse님, 이정훈님, 오준님, Greg Scarlatoiu님, Nat Kretchun님,

*Matryn Williams*님, 백태웅님, *Sean King*님, *Sandra Fahy*님, 김범수님께 감사드린다.

이 장에서는 북한인권에 관한 한국 NGO들의 역할에 대해 고찰한다. 구체적인 논의를 위해 부연하자면, 한국 NGO들은 외부 정보를 북한에 유입하는 역할을 통해 평가받고 있다. 이는 상당히 효과적인 접근인데, 실제 북한이탈주민들과의 면담 조사에 따르면 개인적인 요인이나 사회경제적 지위와 상관없이 탈북을 결심하게끔 하는 가장 중요한 요소가 바로 외부 정보라고 증언되고 있기 때문이다. 북한인권운동가들의 활동에 대한 제약이 커지는 추세 속에서 이러한 조사 결과는 한국 NGO들이 갖는 역할의 중요성을 여실히 보여준다.

이 장에서는 우선 정보 유입 실태에 관해 논한 후, 과거와 현재, 미래에 이르기까지 북한인권 분야 한국 NGO들의 활동을 살펴본다. 그리고 북한인권 문제를 해결하기 위해 나아가야 할 방향을 제언하며 마무리할 것이다.

[한국의 NGO와 북한인권]

1990년대 초반만 해도 한국에서 북한인권운동을 하는 단체는 단 한 곳이었다.[1] 북한의 현실을 한국 사람들에게 소개하는 데 공헌했던 1세대 인권 단체들은 1990년 후반에 비로소 등장하기 시작했다. 공교롭게도 이 시기는 김대중 대통령의 재임 기간이었고, 따라서 북한인권의 공론화는 북한 정권과의 교류를 시도하던 김 전 대통령을 당혹스럽게 하기에 충분했다.

이 시기 초반에 중요한 역할을 수행했던 대표적인 NGO들 중 하나는 1996년 설

---

1 보안상의 이유로 단체의 이름은 여기에서 공개하지 않는다.

립된 북한인권시민연합(NKHR)이다. NKHR은 북한인권 실태와 북한 주민 보호에 주목한 한국 내 첫 단체로, "북한인권 문제의 초국가화(transnationalization)"를 시작한 곳이기도 하다.² NKHR 창립자인 故 윤현 이사장은 국제사면위원회(Amnesty International) 한국 지부 이사장과 한국민권투쟁위원회 부의장을 역임하는 등 1969년 이래 인권 운동에 앞장서 왔다. 윤 이사장은 "대한민국이 민주화를 거치며 1990년대에 비로소 인권이 비약적으로 개선되는 등 상황이 반전돼" 자신의 인권 운동도 전환점을 맞게 됐다고 밝힌 바 있다.³ NKHR은 전 세계를 돌며 국제회의를 개최하고 언론 및 예술 분야 종사자들과 협업하며 북한인권 실상에 대한 경각심을 높이고자 했고, 그 결과 정부의 정책 결정자들과 유엔에게 영향력을 행사할 수 있는 국제적인 수준의 NGO 네트워크를 구축했다.⁴

세이브엔케이(SNK)는 또 하나의 선구자적인 북한인권 NGO로, 1999년 3월 전 서울 시장이자 인권 변호사로서 명성을 떨친 바 있는 故 김상철 변호사에 의해 북한난민운동본부(CNKR)이라는 이름으로 설립됐다. SNK는 1991년부터 2001년 사이 탈북 난민 보호를 위해 11,800,495명의 서명을 받아 유엔을 비롯한 국제기구 및 타국 정부들에게 청원서를 전달했고, 이러한 노력은 2003년 유엔 북한인권결의안 채택이란 결과를 이끌어냈다. 이 청원 캠페인은 북한인권 문제에 대한 국제적인 관심을 불러 모으는 데 크게 이바지했으며, 이후 미국 상·하원에도 소개돼 2002년 미국에서 북한인권법을 통과시키는 데 밑거름을 제공했다.

SNK는 중파 AM 주파수로 대북 라디오 방송을 제작, 전송하는 유일한 NGO다. SNK는 또한 설립 이래로 북한이탈주민 구출 사업을 지원해왔으며, 다양한 포럼을 개최하고 문화예술 및 교육 프로젝트를 추진함으로써 북한이탈주민의 한국 정착을 도와왔다. 특히 2004년 베트남에서 468명의 탈북자를 구출해

---

2   요안나 호사냑(Joanna Hosaniak), "유엔과 그 너머에서 촉매제로서의 NGO (NGOs as Discusive Catalysts at the UN and the Beyond)"(영문), 앤드류 여(Andrew Yeo) 외 저 북한 인권(North Korean Human Rights) (Cambridge: Cambridge University Press, 2019), 131-53

3   호사냑, "촉매제로서의 NGO (NGOs as Discrusive Catalysts)" (영문), 133

4   북한인권시민연합, http://eng.nkhumanrights.or.kr/eng/info/about.php.

낸 전례 없는 프로젝트를 수행했을 당시, SNK는 북한이탈주민을 위한 안전한 경로 확보와 한국 및 베트남 정부 대상 로비에 있어 주도적인 역할을 맡았다.[5] 이후 2002년 故 김상철 변호사는 북한으로 보낼 더욱 전문적인 콘텐츠를 생산하고자 북한인권과 민주주의, 법치주의를 강조하는 신문사 「미래한국」을 설립했다.

[북한인권운동의 부흥기]

북한이탈주민 출신 인권 운동가들이 등장하기 시작한 때는 2000년대 초반으로, 먼저 함경북도 회령 소재 정치범수용소에서 경비병으로 근무하던 중 1994년 북한을 탈출한 안명철 씨가 2003년 엔케이워치(NK Watch)를 설립했다. 또한 함경남도 요덕 소재 정치범수용소 수감자였던 강철환 씨는 2007년부터 북한전략센터 대표를 역임하고 있다. 또한 최근 한국에 정착한 일부 젊은 북한이탈주민들은 남한과 북한에서의 삶을 비교하는 영상을 제작해 공유하고 있다. 이와 같은 시도들은 유튜브(YouTube) 스타를 만들며 특히 젊은 세대 사이에서 큰 인기를 끌고 있는 1인 미디어 형태로 부각되고 있다.

한국의 다양한 NGO들은 북한 주민의 인권과 자유를 증진하기 위해 여러 방면으로 노력해왔다. 1990년대 후반까지 한국 NGO는 북한의 기근 구제, 공중 보건 및 의료 지원과 같이 특화된 영역에서 두드러진 헌신을 보였다.[6] 1999년 기준으로 31개의 인도주의 NGO가 통일부에 등록되어 북한에 대한 일반적인 구제와 농업 증진, 공중 보건 및 의료 지원[7]을 위해 일하였는데, 그 중 인권 분야에 집중

---

5 이는 사상 최대 규모의 북한이탈주민이 집단 탈출해 목적지에 안전하게 도착한 사례로 기록돼 있다. 당시 베트남 정부는 이 대담한 구조 공수작전이 비밀리에 진행될 수 있도록 해줄 것을 요청했지만, 유감스럽게도 작전 마지막 즈음에 언론에 의해 보도된 바 있다.

6 김혁래, 한국의 국가주도식으로부터 경쟁적 사회 지배구조: 권력의 이양(State-centric to Contested Social Governance in South Korea: Shifting Power) (영문) (Abingdon: Routledge, 2013), 149.

7 김혁래, 한국의 국가주도식으로부터 경쟁적 사회 지배구조 (State-centric to Contested Social Governance in South Korea) (영문), 148.

하고 있던 기관은 단 한 곳도 없었다. 하지만 2020년 현재 표 5.1에 나와 있듯이 한국 내 북한 관련 NGO들은 430개에 육박하며, 이 중 북한인권 NGO는 43개까지 크게 증가한 것을 볼 수 있다.[8]

			NGO 수
인도주의 단체	개발 원조 및 협력	4	163
	인도적 지원	25	
	개성공단	3	
	사회문화 협력	43	
	이산가족 지원	5	
인권 단체	북한이탈주민 정착	12	34
	국군포로 지원	3	
	북한인권 개선	19	
미분류	현안 분석	1	233
	통일 문화	1	
	통일 교육	12	
	학술 연구	43	
	통일 운동	103	
	기타	74	
계			430

표 5.1 통일부에 등록된 북한 관련 NGO (2020년 1월까지)

출처: 통일부 홈페이지

---

[8] 부록 표 A.1에 나온 Helping Hands Korea 와 "A"단체를 포함한 다수의 NGO도 인도주의적 사업을 추진하였다.

[한국 NGO의 유형]

한국 NGO에 관해 김혁래 교수는 북한인권 관련 NGO를 다음과 같이 세 개 집단으로 분류하고 있다. 첫 번째 집단은 정치적 중립을 지킨 채 인권과 인도주의적 사안을 옹호하는 데 주력하는 단체들이다. 두 번째 집단은 종교 및 신앙에 기반을 둔 단체들이다. 세 번째 집단은 1980년대 주체사상의 영향을 받았지만 북한인권 실태를 보고 회의를 느껴 전향한 운동권 출신 활동가들로 구성돼 있다.[9] 이는 정확한 분류지만, 이 세 분류가 상호 배타적이거나 전체적으로 완벽한 것은 아니라는 점도 간과해선 안 된다. 예컨대, SNK는 故 김상철 변호사(前 서울시장)의 종교적 동기에 의해 한국기독교총연합회 산하 기관으로 설립됐다. 그는 민주화 운동의 상징적인 지도자였고, 한 평생 反 공산주의자였으며 당연히 주체사상을 추종했을 리도 만무하다. 그는 법과 질서, 인권의 중요성을 꾸준히 강조했고, 진보적 민주화 운동을 이끌던 지도자들 중 주체사상에 물들지 않은 -그래서 친북 활동으로부터 무고한- 사람들은 김 변호사가 남긴 업적을 옹호하고 지지하며 계승했다.

일반적으로 북한인권 분야는 정치적으로 보수 집단에 의해 주도돼 왔다는 인식이 만연해 있다. 이러한 인식은 -의도했든 아니든- 북한인권 단체와 관련 기관의 활동을 왜곡되거나 소외되도록 했고, 현실을 반영하지 못하는 결과를 초래했다. 물론 보수 진영이 북한인권 활동에 더 적극적이라고 알려져 있지만, 실상은 보수나 진보 진영에 관계없이 다양한 한국 단체들이 이러한 활동에 참여하고 있다. 예를 들어, SNK가 2001년 1,180만개의 청원 서명을 유엔 본부와 미국 의회에 제출하자 황우여 당시 한나라당 의원과 김영진 당시 새천년민주당 의원이 대표 청원 단체에 참여한 바 있다. 무엇보다 전체 인구의 ¼에 달하는 1,100만명 이상의 대한민국 국민이 이 청원 운동에 참여한 셈인데, 이는 여러 국가에서 국회

---

9 김혁래, 한국의 국가주도식으로부터 경쟁적 사회 지배구조 (State-centric to Contested Social Governance in South Korea) (영문), 149-50.

의원들의 참여를 독려했고 결과적으로 북한자유이주민 인권을 위한 국제의원연맹(International Parliamentarians' Coalition for North Korean Refugees and Human Rights)을 출범시켰다. 비록 이 연맹이 보수 성향을 띠고 있다는 점을 부정하긴 어렵지만, 지난 16년 동안 여야가 함께 자발적으로 연맹에 참여해 오고 있다.

이러한 사례는 북한인권이란 의제가 한국에서 정치적으로 보수적인 집단 -혹은 보수주의로 전향한 사람들- 에게만 국한돼 있지 않다는 것을 보여준다. 정치적 파벌에 좌우되지 않고 건전한 진보적 사상을 갖고 있는 진보 진영도 북한인권 문제에 적극적으로 참여해온 것이다.

[한국 NGO의 북한 인권 활동]

북한인권운동은 정보 유입, 탈북 지원 그리고 국제사회에 대한 압력 등 다양한 활동을 통해 전개돼 왔다. 부록에 수록돼 있는 표 A.1은 주요 북한인권 NGO들의 활동들을 전반적으로 보여주고 있는데, 이들은 큰 틀에서 북한의 변화를 촉진하고 북한 주민들의 자유를 옹호하는 활동을 전개해왔다. 물론 "변화"와 "자유"는 부연설명이 필요한 개념들이다. 대부분의 활동들은 북한 주민들이 가난과 궁핍에서 벗어나 경제적·사회적·문화적 권리를 향유할 기회를 갖도록 하는 데 초점을 맞추고 있다. 하지만 많은 NGO들과 활동가들이 경제적 권리 부문에서는 큰 부담을 느끼지 않는데, 이는 장마당이라고 불리는 "자유 시장"[10]형태의 시장화가 북한 주민의 경제적·사회적·문화적 권리를 향상하는 데 결정적인 역할을 해

---

10 비록 장마당이 북한 정권에 의해 암묵적으로 용인되고 있긴 하지만 여전히 암시장이기 때문에, 여기서는 "자유"라는 용어는 제한적인 의미를 갖는다. 김일성조차 "비록 장마당은 현실에서 원칙적으로 존재하지 않지만 모든 것을 당국이 공급할 수 없기에 장마당은 일부 장점이 있다"고 밝힌 바 있다. "북한 농민시장", 21세기 정치학회보, https://terms.naver.com/entry.nhn?docId=727483&cid=42140&category Id=42140.

오고 있기 때문이다. 하지만 이는 사회적 부작용을 초래하기도 했다. 지난 20년 간 장마당 시대가 들어선 후 북한 사회에는 물질주의가 더욱 만연해졌다. 경제적 풍요는 북한인권운동가들의 궁극적인 목표라기 보다는 북한이탈주민들의 목표라고 해야 할 것이다. 다만 북한인권운동가들이 장마당에 관심을 갖는 이유는 바로 장마당이 정보 유입에 효과적인 매개로 기능할 수 있기 때문인데, 실제 북한이탈주민들과의 설문조사 결과들은 탈북을 결심하도록 한 가장 큰 요인이 바로 자유에 대한 열망이었음을 보여준다. 이에 따라 대북 정보 유입에 관여하고 있는 인권운동가들은 경제적 풍요보다는 시민적·정치적 권리 증진에 더욱 무게를 두고 활동하고 있다. 이러한 활동들은 북한 정권의 변화를 추구하고 탈북을 독려하는 측면이 있기 때문에 본질적으로 북한 정권에 대해 비판적인 내용을 포함할 수밖에 없다.

태영호 前 주 영국 북한대사관 공사를 비롯한 대부분의 북한 고위직 출신의 북한이탈주민들은 북한으로 유입되는 외부 문화와 사상이 북한을 변화시키는 가장 결정적인 요인이 될 것이라 내다보고 있다. 북한 정권이 정보를 차단하기 위해 세운 장벽은 북한 체제를 견고하게 보호하고 있다. 이 장벽을 허물 수 있는 유일한 방법은 북한 밖에서 안으로 정보를 지속 유입시키는 노력뿐이다. 미국의 대북제재와 국제사회의 압박에도 불구하고, 북한 정권이 외부 정보에 대항해 세워 둔 장벽은 큰 영향을 받지 않고 있다. 특히 대북제재가 중요한 정책 도구임은 분명하지만, 북한 정권은 엘리트 그룹의 요구를 충족시킬 수 있는 정도의 여력만 있다면 큰 어려움 없이 생존할 수 있을 것이다.

이처럼 김정은 정권이 엘리트 특권층을 만족시키는 데 오랫동안 심혈을 기울였던 반면, 북한 주민들의 기본적인 권리를 보호하는 데 투입되는 예산은 전 세계적으로 가장 낮은 수준이다. 허울 뿐인 무상 교육과 보건 체계를 제외하고 대중에게 돌아가는 혜택은 거의 또는 전혀 없다.

근본적으로 엘리트에 속하지 않는 북한 주민들은 자신들 스스로를 부양해야 한다. 정권을 향한 그들의 충성심은 그들에게 제공되는 가시적인 이익보다는 강요된 무지의 결과라 할 수 있다. 따라서 북한 정권으로서는 외부 문화와 사상의 유입을 차단하는 것이 전체주의적 체제를 유지하는 데 가장 우선적인 과제일 수밖에 없었을 것이다. 북한 정권은 외부 정보 유입을 선제적으로 차단하기 위해 "그들만의 사상과 문화를 발전"시키며 다양한 미디어 콘텐츠를 생산하고 있다. [11] 공포정치와 선전선동을 바탕으로 생존을 모색해온 동시에 막대한 인적·기술적·재정적 자원을 투입해 외부 정보를 차단하고 있는 것이다. 국제사회가 인권의 여러 측면 중에서도 정보의 차단이 갖는 무게를 체감해야 하는 이유도 여기에 있다.

[한국 NGO의 활동]

한국의 NGO는 북한 주민들에게 민주주의 목표의 중요성과 함께 그들의 정치적·사회적 실태에 대한 이해를 도모하고자 다양한 접근 방식을 취하고 있다. 북한의 폭정으로 인해 고통받는 사람들과 다행히도 도망쳐 나온 사람들에 대한 지원에 있어서 USB 밀반입부터 북한이탈주민 구출, 청년 북한이탈주민 교육 등 여러 방면의 노력이 요구되는 것이다.

그동안 북한 주민에게 닿기 위해 DVD, 태블릿 PC, USB, 휴대전화, 라디오 방송, 심지어 쌀병에 넣어 둔 쪽지 등 다양한 방법이 고안돼 왔다. 대략적으로 약 10%의 북한 가구가 컴퓨터를 소유하고 있고, 도시 가구의 절반이 중국산 휴대용 미디어 플레이어인 노트텔을 보유하고 있는 것으로 나타났다.[12] 정보 유입 수단들 중 USB가 북한의 젊은 세대 가운데서 가장 효과적인 수단으로 선호되고 있는데, 이는 다수의 북한 주민이 USB 인식이 가능한 DVD 플레이어를 통해 해

---

[11] 박주연, "태영호 공사에게 듣는다 '베트남식 북한 개혁 개방은 불가능,'" 미래한국, 2018년 10월 26일, http://www.futurekorea.co.kr/news/articleView.html?idxno=111955
[12] 유리 프리드만(Uri Friedman), "Coming of Age in North Korea (북한의 성년기)"(영문), The Atlantic, 2016년 8월 26일

외 콘텐츠를 시청하기 때문이다.[13] 아마도 USB 특성상 필요시 제거하거나 숨기기에 용이해 해외 콘텐츠를 시청하는 북한 주민들 사이에서 그 인기가 상승했을 것으로 보인다. 몇몇 NGO들은 대북전단 혹은 USB로 채워진 봉투를 수소 풍선에 부착해 북풍이 불 때 북한으로 날려보내는 다소 원시적인 방식을 사용하는데, 이는 분단 독일 시절부터 사용되던 방법이다. 또한 외부에서 북한에 정보를 전달하는 다양한 물리적 방법 중 최근 북한 당국이 가장 높은 강도로 비난하는 방식이 바로 이 대북전단 살포이기도 하다.

한국의 일부 NGO들은 북한이탈주민을 지원하고 힘을 실어주기 위해 또 다른 방식을 택하고 있다. 이 NGO들은 주로 중국 북동부 국경 마을에 있는 북한 주민들에게 음식과 은신처를 제공하고, 그들이 한국으로 입국하도록 도움으로써 사실상의 망명 기회를 제공해왔다. 또한 다수의 NGO들은 북한이탈주민에게 교육과 자립을 위한 지원, 법률 자문, 정착을 도울 수 있는 다양한 프로그램을 제공해왔다. 아직까지 여러 한계가 존재하긴 하지만, 일부 NGO들은 북한 내 종교 지도자 육성과 같은 프로그램을 진행해 북한 주민들을 지원하며 힘을 싣고 있다. 이와 같이 "안으로부터의 진전"은 다른 접근 방식에 비해 더 느리고 덜 두드러질지라도, 성공하기만 한다면 이전의 상태로 쉽게 되돌아가지 않는다는 특징이 있다.

또 다른 NGO는 북한 정권이 민주주의 사상과 가치를 수용하도록 압력을 가하려는 목적으로 북한 주민이 처한 곤경에 대한 국제사회의 인식을 제고하는 데 주력해왔다. 그 중 일부는 북한이탈주민의 경험을 토대로 북한인권 침해 사례집을 발간하기도 했다. 예를 들어, 북한인권정보센터(NKDB)는 북한 주민에 대한 북한 정권의 가혹한 통제를 보여주는 사례집을 다수 발간한 바 있다. 외부에 잘 알려지지 않았으나, 북한 정권은 북한 주민들을 핵시설에 몰아넣고 강제노동을 시키며 그들의 인권을 반복적으로 침해하고 있는 것으로 확인된다. 그 어떠한 비판도 허용되지 않는 폐쇄적인 정권 아래, 북한 곳곳에 위치한 강제수용소에 수감

---

13 제레미 수(Jeremy Hsu), "USB가 북한에게 가르쳐준 K-Pop을 사랑하는 방법 (How the USB Taught North Korea to Love K-Pop)"(영문), 디스커버 (Discover), 2018년 8월 6일 https://www.discovermagazine.com/technology/how-the-usb-taught-north-korea-to-love-k-pop.

된 무임금 노동자들에 의해 핵무기들이 건설되고 있는 것이다. 노동자들의 신체는 방사선에 심각하게 노출되었으며, 핵무기들은 그들의 생명과 맞바꾸며 만들어지고 있는 셈이다.[14] 지구상 그 어디에서도 이와 같이 암울한 환경에서 핵개발이 이뤄지고 있진 않을 것이다.

아래 면담 조사에서도 알 수 있듯, 라디오는 정보 유입의 다양한 방식 중에 북한 주민이 외부 정보에 접근할 수 있는 가장 중요한 원천 중 하나다. 북한 내 청취자들에게 정보를 보내기 위해 가장 중요한 것은 신호의 종류와 세기다. 중파(AM) 라디오 프로그램은 단파 주파수 프로그램에 비해 청취자에게 더 정확하게 들린다. 이론상으로도 라디오 방송 내용이 확실하게 수신되기 위해서는 적어도 100kW의 출력 전력 송신기가 필요하다.[15] 북한에서 듣기 어려운 단파(3-30MHz)와 달리, 중파(300-3000kHZ)는 강한 출력을 제공해 북한에서도 잘 들리기 때문에 상당히 높은 청취율을 기록하고 있다. 반면 상대적으로 열악한 신호 때문에 단파 라디오 방송은 많은 북한 청취자에게 전달되진 못하는 것으로 보인다.[16]

DVD, USB, 노트텔과 같은 매체의 중요성은 점점 더 커지고 있다(본 책의 6장과 7장 참조). 미국 정부는 2022년까지 북한인권법을 5년 더 연장하고, 보다 더 발전된 기술을 도입해 외부 매체와 디지털 형식을 아우르는 등 대북 정보 유입의 내용과 도구들을 다양화하는 조항을 신설했다.

USB를 통한 정보 유입의 장점은 외부 정보를 소비하는 이들의 필요와 관심을 충족하는 기회를 제공한다는 데 있다. 북한의 "자유 시장"인 장마당에서는 수요-공급 법칙에 따라 상품과 서비스, 정보가 거래되는데, 이를 통해 어떤 종류의 콘텐츠가 주민들 사이에서 가장 큰 인기를 끄는지 측정할 수 있다. 이러한 일종

---

14 NKDB 기자회견, 한국 프레스 센터, 2018년 5월 24일
15 김가영, "중파 대북방송, 100만 北 청취자 모을 것…金 정권 붕괴시작", 데일리 NK, 2015년 9월 14일, http://www.dailynk.com/korean/read.php?num=106988&cataId=nk01500.
16 세이브엔케이는 NGO 중 유일하게 중파 라디오를 송출하는 단체로 중파 방송사의 시설을 통해 전파 프로그램을 내보내고 있다. 다만 중파 방송은 세이브엔케이 외에 라디오 사업자와의 제휴가 어렵고, 한국 정부는 중파 주파수를 NGO에 할당하지 않고 있어 사용에 제약이 크다.

의 "시장 조사"는 라디오 방송사들에 의해서도 일정 수준 가능하다. 예를 들어, 라디오 프로그램을 진행하는 북한이탈주민들이 북한에 거주 중인 친척이나 친구들의 피드백을 통해 은밀하게 조사를 진행할 수 있는 것이다.

북한이 장마당의 존재보다도 대북전단, 휴대전화, 해외 라디오 방송에 더욱 강경하게 대응하는 이유는 북한 정권이 두 영역을 각기 다르게 인식하고 있기 때문이다. 이는 통제 능력의 문제이기 보다는 북한 정권의 자발적인 의지와 관련이 있다. 대북전단, 휴대전화 그리고 해외 라디오 방송이 더욱 위협적인 이유는 이러한 매체가 북한 정권에게 불리하기만 한 시민적·정치적 권리 증진에 대해 인민의 갈망을 고조시킬 수 있기 때문이다. 다른 한편으로 북한 정권은 정보 유입의 통로로써 기능하는 장마당이 정권에 주는 경제적 이익도 무시할 수 없다. 장마당을 통해 북한 정권은 인민을 먹여 살려야 한다는 부담을 덜게 되었고, 관료들에게 상당한 뇌물을 제공하는 창구로서 장마당을 활용하게 됐다. 이처럼 장마당은 북한 정권이 공직자들에게 급여를 충분하게 지급하지 못하더라도 그들의 불만을 잠재울 수 있는 역할을 해왔다. 이러한 점들로 미뤄 볼 때 북한 정권이 장마당보다 휴대전화, 라디오, 대북전단을 통한 정보 유입에 더욱 민감하게 반응하는 것을 어느 정도 이해할 수 있다. 게다가 북한 정권은 비용과 전력난으로 인해 외부에서 들어오는 라디오 신호를 완벽하게 교란시킬 수도 없다. 북한이 대북전단을 보내는 NGO에게 강경한 태도를 보이는 것은 이와 같이 외부 정보를 통제할 수 있는 능력이 제한돼 있기 때문이다. 결과적으로 북한은 한국에 대한 불평과 압박을 할 수밖에 없는 여건인 것이다.

[정보 유입의 실효성: 면접조사 결과]

북한인권 NGO 활동의 실효성을 평가하기 위해서 필자는 북한이탈주민을 대상으로 면접조사를 진행했다.[17] 응답자들은 평양 거주자, 북한 외교관, 노동당 및 기타 행정관료 출신, 예술가 등을 비롯한 다양한 배경을 가진 북한이탈주민들로 구성됐다. 응답자의 다양성을 확보하기 위해 일반적인 북한이탈주민 인구 분포를 대표하고자 노력했다. 다수의 국내외 북한이탈주민 단체의 구성원들 중 고향과 관계없이 서로 다른 시점에 탈북해 다양한 장소에 최종 정착한 북한이탈주민을 선별한 뒤 조사를 진행했다.[18] 성비(性比) 또한 고려 대상이었다. 한국에 입국한 북한이탈주민의 72%는 여성이나, 본 조사는 관점의 다각화를 위해 응답자의 46.1%를 남성으로 구성했다.

그림 5.1 탈북 연도

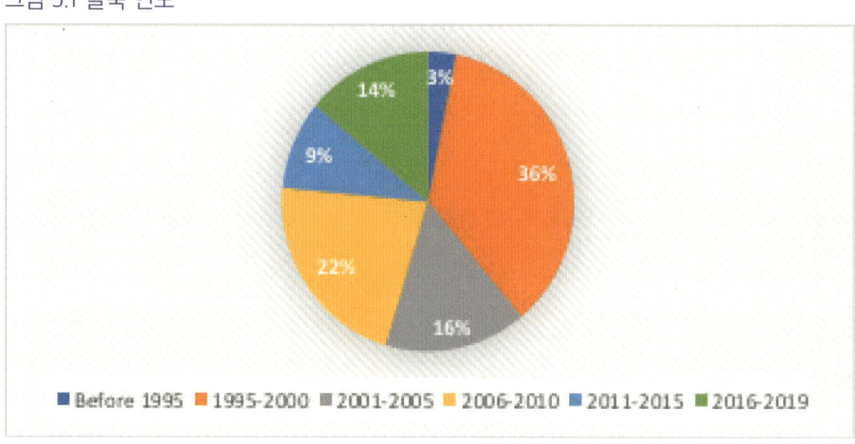

참고: 북한이탈주민에게 "북한을 언제 탈출하셨습니까?"라고 질문한 결과
출처: 필자

---

17 면접조사는 115명의 응답자를 대상으로 2019년 12월부터 2020년 1월까지 온라인으로 진행됐다.
18 개인적 친분으로 인한 편견을 최소화하기 위해 필자와 개인적인 관계를 맺고 있는 북한이탈주민 대부분은 조사 대상에서 제외했다.

아래는 추리통계(inferential statistics)를 통해 도출한 모집단 결과 대신 기술통계(descriptive statistics) 결과를 제시하고 있다. 따라서 사회적 계층, 지역, 나이 등 인구 집단별 정보 유입 효과에 대한 구체적인 분석은 생략돼 있다. 필자는 정보 유입 효과에 대한 평가에 주목하기 보다는 북한인권 활동을 소개하고, 한국 정부의 역할을 분석하며, 한국 NGO의 생태계와 그들이 가진 딜레마를 살펴보는 데 집중했다. 면접조사의 목적은 탈북 인구에 대한 결론 도출이 아닌 북한인권 활동에 대한 이해 증진에 있기 때문이다.

그림 5.1에 나타나 있듯, 전체 응답자 중 대략 1/4(23.5%)은 2011년 이후 탈북했으며 이는 북한 내 최근 동향을 조사하기에 자료의 적합성을 확보했음을 보여준다. 앞서 언급한 바와 같이, 본 연구는 북한이탈주민 전체 인구 중 여성이 다수를 차지하는 데서 기인하는 선택편의(selection bias)를 최소화하는 데 집중했기 때문에 면접조사의 결과가 선행 조사 결과와는 다소 차이를 보이고 있다. 예를 들어, 기존 조사에서는 자유에 대한 열망이 처벌이나 박해 등 긴급한 위협의 존재에 비해 탈북하는 데 덜 직접적인 영향을 미치는 것으로 나타났다. 그러나 그림 5.2에서 나타나듯, 이번 면접조사에서는 북한이탈주민 응답자 중 다수(52.2%)가 "자유 그 자체 혹은 폭정으로부터의 자유를 찾기 위해" 탈북을 감행했다고 증언했다. 비판적인 관점이 탈북을 결심하는 데 더 크게 작용했다는 것을 보여준다. 한편 응답자의 33%는 "경제적 어려움 혹은 더 나은 삶을 살기 위해" 탈북했다고 밝혔다. 아울러 그림 5.3과 같이 선행 조사 결과와 마찬가지로 응답자의 과반(54.8%)은 재북 당시 월 10달러보다 적은 월급을 받았던 일반 주민이었다.

그림 5.4, 그림 5.5, 그림 5.6으로 나타낸 면접조사 결과는 정보의 확산 방식에 따라 그 파급 효과에도 상당한 차이가 발생할 수 있음을 시사한다. 북한 주민이 라디오 방송을 청취한다는 점은 조사 결과를 통해 명확하게 확인할 수 있다. 재북 당시 라디오 방송을 청취했던 응답자들 중 다수(51.2%)는 한 두 사람(32.2%) 혹은 세 명 이상(19.1%)의 지인과 함께 라디오 콘텐츠를 공유했다고 밝혔다. 또한 라디오 방송을 정기적으로 청취하지 않았다고 응답한 9명의 북한이탈주민들

도 북한을 변화하는 가장 효과적인 수단이 라디오라고 답했다.

표 5.2는 라디오가 외부 정보에 접근하기에 가장 효과적이고 선호되는 매체임을 보여준다(9명의 북한이탈주민은 정기적으로 라디오를 청취하지 않았음에도 라디오가 가장 효과적인 수단이라고 밝혔다). 뿐만 아니라, 라디오를 청취했다는 응답자들 중 대부분(51.2%)은 지인들과 방송에서 얻은 정보를 공유했고, 20%에 가까운 청취자들이 세 명 이상의 지인들과 해당 정보들을 공유한 것으로 조사됐는데(그림 5.4 참조), 이는 라디오 방송이 북한 내에서 상당한 파급 효과를 가져올 수 있음을 시사한다.

그림 5.2 탈북 계기

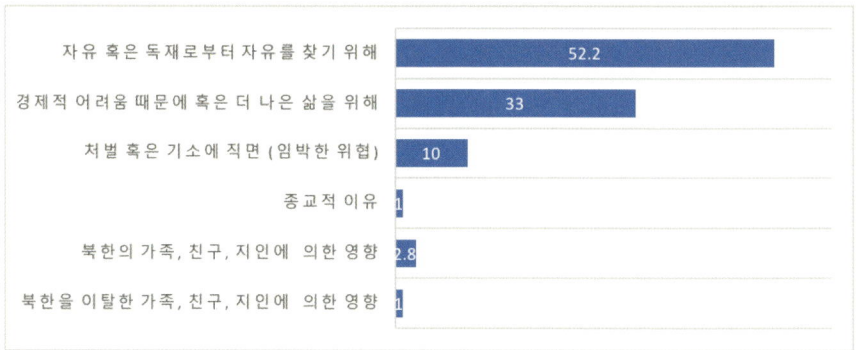

참고: 북한이탈주민에게 "탈북을 결심한 이유는 무엇이었습니까?"라고 질문한 결과
출처: 필자

그림 5.3 북한이탈주민의 재북 당시 사회적 계층 및 수입

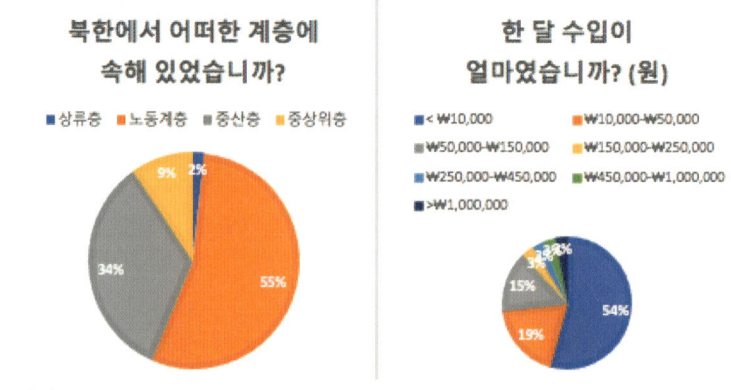

출처: 필자

그림 5.4 라디오 방송의 파급 효과

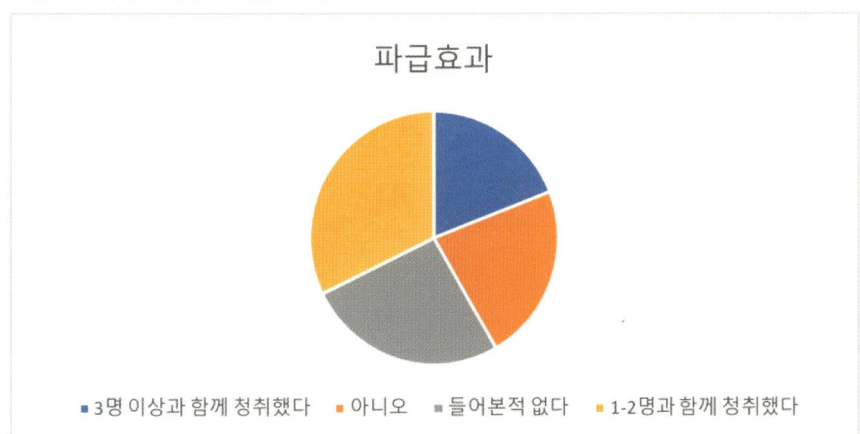

참고: 북한이탈주민에게 "친구나 가족과 라디오 프로그램 내용을 공유한 적이 있습니까?"라고 질문한 결과
출처: 필자

표 5.2 정보 유입 수단 선호

	외부 정보를 어떻게 접하셨습니까? (다중응답)	어떤 방법이 가장 효과적이라고 생각하십니까? (복수응답)
텔레비전	30.4	36.5
DVD	28.7	29.6
MP3/MP4	5.2	13.9
라디오	43.5	51.3
휴대전화 (북한망)	0.9	5.2
휴대전화 (중국망)	11.3	25.2
노트텔 혹은 유사 장비	3.6	15.7
컴퓨터 혹은 태블릿	2.6	13.9
전단	30.4	38.3
모든 방법이 동일하게 중요	-	28.7
외부정보를 접해보지 못함	20.0	-

출처: 필자

가족 혹은 친구의 영향(48.7%)에 이어 응답자의 34.8%는 라디오 방송으로 얻은 정보가 탈북을 결심하는 데 가장 중요한 요인이었다고 밝혔다(그림 5.5 참조). 인터넷 혹은 위성TV 네트워크에 접속하기 어려운 환경으로 인해 북한 주민들은 라디오에 더욱 의존하고 있으며, 북한 정권의 감시 속에서도 청취자 수는 점점 더 증가하고 있다.[19]

북한 주민들이 어떤 라디오 방송을 듣는지는 그들이 수신할 수 있는 라디오 신호에 의해 결정된다. 그림 5.6과 같이, BBC(2017년부터 대북 방송 개시)를 제외하고 청취자 수가 낮은 방송국들 -국민통일방송, 열린북한방송, 자유조선방송, 북한개혁방송- 모두 단파 라디오 방송만을 송출하고 있다. 미국의 자유아시아방송(RFA)과 미국의소리(VOA)[20]와 더불어 한국의 극동방송과 KBS한민족방송은 중파방송 혹은 중파 및 단파 방송을 동시에 송출하고 있다. SNK 또한 기존의 중파방송국과 업무 협약을 통해 중파 라디오 방송을 제작해 오고 있다.[21]

그림 5.5 탈북을 결심하게 한 요인

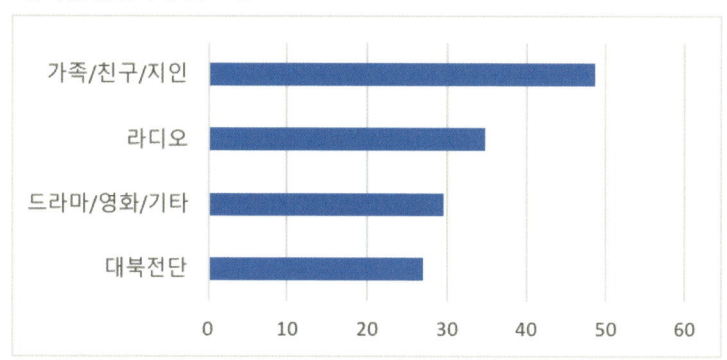

참고: 북한이탈주민에게 탈북을 결심하는 데 영향을 준 두 가지를 선택하도록 질문한 결과
출처: 필자

---

19 이재준, "일본 대북 라디오 '시오카제' 중파방송 5월 송출 중단", 뉴시스, 2018년 10월 4일, http://www.newsis.com/view/?id=NISX20181004_0000434177&cID=10101&pID=10100.
20 VOA와 RFA는 미 국무부 산하 미국 글로벌미디어국(옛 BBG)에 소속돼 있으며 북한에 중파방송을 진행해왔다. VOA는 제2차 세계대전 중이던 1942년 설립된 국영방송사이며, RFA는 미국 의회가 제정한 국제방송법에 따라 1996년 설립된 국제방송사다.
21 황야의 소리(Sound from Wilderness)(CMI), 순교자의 소리(VOM), 북방선교방송(TWR),재림월드 라디오(AWR)와 더불어 국민통일방송과 자유북한방송 등의 NGO는 중앙아시아를 비롯한 타 지역에서 단파 방송을 송출한다.

그림 5.6 중파 vs. 단파 방송

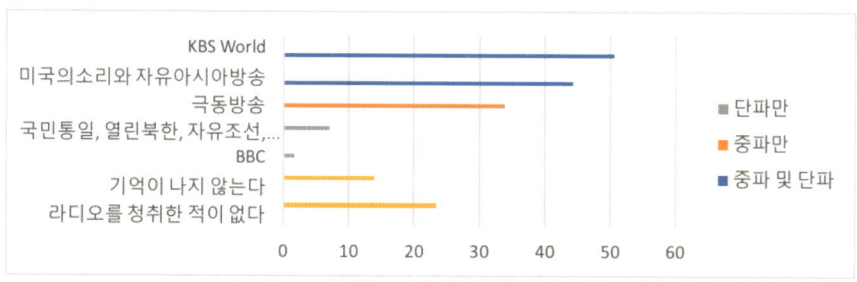

그림 5.7 가장 효과적인 정보 콘텐츠

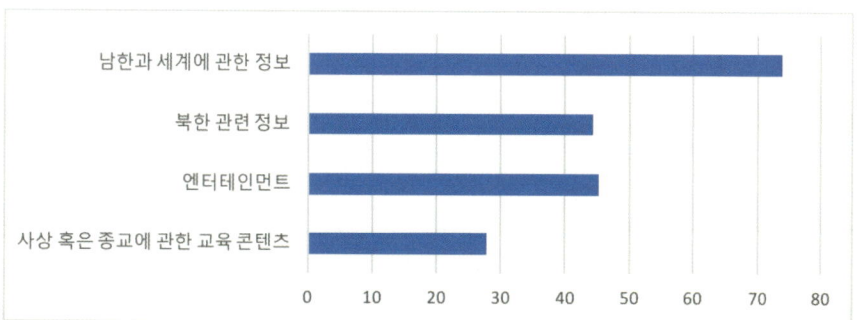

참고: 북한의 변화를 촉진하는 데 가장 효과적인 정보 콘텐츠 종류를 질문한 결과 (복수응답)
출처: 필자

북한의 라디오 청취자들 대부분은 정권의 감시를 피하기 위해 자정부터 새벽 6시까지 송출되는 방송을 듣는다. 북한 청취자들이 가장 좋아하는 내용은 뉴스 중에서도 특히 한반도와 관련된 소식, 북한이탈주민과의 인터뷰, 북한 내부에서 벌어지는 사건에 대한 국제사회의 논평 등인 것으로 나타난다.[22] 이는 북한 정권에 의해 조작되고 위조된 정보를 넘어 북한 주민들로 하여금 자신들의 삶과 북한 체제에 대해 보다 더 정확하게 이해하도록 해주기 때문일 것이다. 이러한 분석은 정보의 내용에 관한 조사 결과(그림 5.7)를 통해서도 뒷받침되는데, 북한이탈주민들은 외부 세계에 대한 뉴스 혹은 실생활 정보(73.9%)가 영화 혹은 유명 드라

---

22 Broadcasting Board of Governors, Fiscal Year 2008 Budget Request: Executive Summary, n.d., https://www.usagm.gov/wp-content/media/2011/12/bbg_fy08_budget_request.pdf.
미 방송이사회, 2008 회계연도 예산 요청: 요약 (Fiscal Year 2008 Budget Request: Executive Summary) (영문), https://www.usagm.gov/wp-content/media/2011/12/bbg_fy08_budget_request.pdf.

마(45.2%)보다 북한의 변화를 이끌어내는 데 더 중요한 요인이라고 응답했다.

아울러 필자는 수년간 북한이탈주민과 개인적으로 나눈 대화를 통해 북한 라디오 청취자들의 인구 특성을 세밀하게 밝혀낼 수 있었다. 우선 라디오 청취자들은 USB와 노트텔 사용자보다 연령대가 높다는 것을 알 수 있었는데, 이러한 특성은 비단 북한 청취자에만 국한되는 것은 아니다. 그러나 20-30대 라디오 청취자들 중 대다수는 라디오 프로그램이 중독성이 있어서 한 번 듣기 시작하면 장기적인 애청자가 될 수밖에 없다고 증언했다. 또한 라디오 방송 내용이 북한 현실에 관한 맞춤형 정보를 전달하고 있기 때문에, 북한 청년층과 엘리트층에게 영향을 주는 그 어떤 매체보다도 더 매력적이라고 증언하기도 했다.

20-30대의 젊은 청취자들은 일반적으로 가벼운 주제를 선호하기 마련이다. 많은 북한이탈주민들은 음악을 듣기 위해 라디오를 청취한다고 응답했다. 하지만 라디오 방송이 젊은 남성 청취자들에게 매력적인 내용을 송출하기도 하는 것으로 나타난다. 예를 들어, 20대 후반 중파 라디오 방송을 듣고 탈북했다는 한 남성 북한이탈주민은 재북 당시 소위 "방청 요원"으로 근무했는데 그의 임무는 해외 라디오를 듣고 북한 정권에게 그 내용을 보고하는 것이었다. 당연히 이 직책은 노동당의 특권층 구성원에게만 부여됐다. 그러나 그는 그동안 자신이 엄격하게 받아온 사상 교육과는 상반되는 정보가 라디오 방송을 통해 들려오는 것에 큰 충격을 받았다고 했다. 그는 탈북 후 현재 한국의 정보 기관에서 근무 중이다. 그의 사례처럼 높은 수준의 교육을 받은 젊은 특권층 노동당원이 라디오 방송을 직접 듣는 경우는 매우 드물 것이다. 하지만 북한 엘리트들에 대한 접근이 북한의 변화를 이끌어내는 데 매우 중요한 발걸음이란 점은 자명하다. 따라서 북한 내부를 개혁하기까지 셀 수 없이 많은 장애물들이 놓여 있더라도, 북한 엘리트층의 사상 변화가 가진 영향력을 과소평가해서는 안 될 것이다.

[문재인 정부 아래 북한인권 증진을 위한 도전과제]

한국의 NGO는 대북 정보 유입과 관련해 다양한 접근 방식을 강구해오고 있다. 그러나 NGO가 가용할 수 있는 자원과 환경이 제한돼 있어 NGO 스스로 해결할 수 없는 많은 문제들이 상존해 있다. 게다가 기부 문화가 익숙하지 않은 한국 사회에서는 특히 정부의 역할이 중요하다.

문재인 정부는 한국의 그 어떠한 전임 진보 정권보다도 북한인권 문제에 침묵하고 있다. 필자는 지금의 한국 정부가 북한인권운동을 노골적으로 탄압하고 있다고는 주장하지 않는다. 그러나 여러 정황들을 통해 현 정부가 북한인권운동을 지원하길 꺼려한다는 점은 지적할 수 있을 것이다. 문 대통령이 취임 직후 보인 행보들 중 하나는 전임 보수 정권으로부터 특혜를 받은 단체로 지적된 "화이트 리스트"에 북한인권 단체들을 포함한 것이다. 그 결과, 2017년 가을 10여개의 NGO들에 대한 검찰 조사가 진행됐고, 직원들의 개인 계좌는 물론 기부 계좌들까지 추적됐다. 조사를 받은 기관들의 실명은 언론에 노출됐다. 비록 이들의 불법행위가 발견되지 않았지만, 수사가 있었다는 뉴스 자체로 해당 기관들의 명성과 신뢰도는 손상됐고 일부 기관들은 폐쇄되기에 이르렀다.

또 다른 사례로, 2018년 10월 24일 유엔 세계인권선언 70주년을 기념하기 위해 유엔 본부에서 진행되기로 했던 북한인권 관련 부대 행사를 들 수 있다.[23] 애초 이 행사는 태영호 전 영국 주재 북한 공사 등 주요 연사들을 초청하는 대규모 국제회의 형식으로 계획됐다. 하지만 해당 행사는 "기존에 볼 수 없었던 엄청난 압력"을 받아야 했는데,[24] 예를 들어 문 정부는 태영호 공사의 연설을 막고 행사

---

23 자세한 내용은 세이브엔케이의 일원으로서 필자가 수집했는데, 세이브엔케이는 행사의 조정 및 참여 기관 중 하나였다.
24 미국 북한인권위원회 위원인 그레스 스칼라튜(Greg Scarlatoiu) 언급, "대북협상에서 인권 관련 도전과제에 대한 전략적 고찰 (Thinking Strategically About Human Rights Challenges in Negotiations with North Korea)"(영문), 헤리티지 재단(Heritage Foundation), 2018년 10월 19일, https://www.heritage.org/event/thinking-strategically-about-human-rights-challenges-negotiations-north-korea.

를 위한 사실상의 모든 자금 지원을 중단했다. 결국 행사는 취소될 수밖에 없었다. 뿐만 아니라, 문 정부는 1999년 故 황장엽 전 노동당 비서가 설립한 탈북자동지회에 대한 자금 지원을 중단했고, 해당 단체는 결국 2020년 재정적 어려움을 이유로 폐쇄됐다. 탈북자동지회는 두 차례 전임 진보 정부가 집권하던 지난 10년을 포함해 20년 가까이 정부로부터 재정 지원을 받아오던 단체였다.

무엇보다 더 중요한 것은 2018년 9월 문재인 대통령과 김정은 위원장이 대북전단 풍선 살포를 금지하는 조항을 삽입한 군사 합의를 도출했다는 사실이다. 북한 정권을 비판하는 내용들이 포함된 USB 등 정보 유입 수단이 발견될 때마다 한국 정부는 이를 압수하는 조치를 단행했다. 뿐만 아니라, 2016년 출범 이래 21개월간 아무런 활동을 하지 못한 북한인권재단이 제대로 운영되지 않는 것도 문 정부가 북한인권 문제를 방치하고 있음을 보여준다. 북한인권법에 명시돼 있는 북한인권 보고서 출간 계획도 무산됐으며, 문 정부는 통일부가 주관하는 다양한 행사에 주요 신문사 소속 북한이탈주민 출신 기자들이 참석하는 것마저 금지했다.

이와 함께 문재인 정부는 2019년 북한인권 문제에 책정된 예산을 상당 부분 축소했다. 북한인권재단에 할당된 예산의 92.6%를 삭감했으며, 북한정보체계 구축을 위한 예산 또한 절반 이상 삭감했다.[25] 2020년도 예산은 더 큰 폭으로 축소됐다. 예를 들어, 북한인권 증진 정책 수립과 실행을 위한 예산은 기존의 59.5%까지 감축됐으며, 북한인권재단 운영을 위한 예산은 기존에 비해 37.5% 삭감된 5억 원만이 할당됐다.[26]

이러한 조치들은 많은 이들에게 경각심을 불러일으켰다. 저명한 북한 전문가인 크리스천 휘튼 전 국무부 북한인권 부특사는 "(문재인 정부의) 북한에 대한

---

25 양연희, "美전문가들 "文정부 북한인권예산 삭감은 북인권에 대한 배신"", 펜앤드마이크, https://www.pennmike.com/news/articleView.html?idxno=9542.
26 한기호, "對北퍼주기 예비용 기금 1000억원 가까이 늘리고 북한인권예산은 대폭줄인 통일부," 펜앤드마이크, 2019년 12월 13일, http://www.pennmike.com/news/articleView.html?idxno=25900.

유화적인 경향은 손을 쓸 수 없는 정도에 이른 것으로 보인다"고 밝히기도 했다.[27] 2020년 8월, 통일부가 대북전단을 살포한 NGO 두 곳의 법인 설립허가를 취소한 데 이어, 문 정부는 25개의 북한인권 NGO를 겨냥한 대규모 조사에도 착수했다. 법인 설립허가가 취소되면 기금을 조성할 수 없고 세금 면제를 신청할 수 없기 때문에 NGO의 생명줄은 사실상 끊어지는 것과 다를 바 없다.[28] 이에 미국 양당 관계자 13인은 문재인 대통령에게 서한을 보내고 문 정부가 "북한인권 활동을 약화시키고 있다"고 지적하기도 했다.[29]

한편, 2020년 6월 북한 김여정이 대북전단 활동에 대한 고강도 비판과 위협을 표명한 직후, 한국의 여당 국회의원이자 故 김대중 대통령의 막내 아들인 김홍걸 의원은 대북전단을 "국가 안보 저해 요인"으로 규정했으며 NGO가 통일부의 허가를 받도록 강제할 수 있는 법안을 발의했다. 이와 같은 정부 차원의 조치들 -NGO의 대북전단 살포 활동 제재와 NGO에 대한 대규모 사찰- 은 북한 정권에 유화적이기 위해 인권에 역행하는 행위를 일삼는 조치라며 유엔을 비롯한 국제사회로부터 비판을 받았다.[30]

이러한 상황은 과거 한국의 그 어느 정부에서도 볼 수 없었던 모습이다. 현 정부가 인권을 무시하고 북한 정권에 관대한 입장을 취하는 데는 북한에 대한 긍정적인 시각이 내재돼 있다. 예컨대 한국의 이낙연 전 국무총리는 케냐에서 진행한 연설에서 김정은을 두고 "백성의 생활을 다른 것보다 더 중요하게 생각하는

---

27 조은정, "전직 미국 관리들 북한 인권 단체들에 대한 대우에 대해 한국 질책 (Former U.S. Officials Chastise Seoul Over Treatment of N. Korean Rights Groups)" (영문), 미국의소리(VOA), 2020년 8월 13일, https://www.voanews.com/east-asia-pacific/former-us-officials-chastise-seoul-over-treatment-n-korean-rights-groups.
28 조은정, "전직 미국 관리들 북한 인권 단체들에 대한 대우에 대해 한국 질책 (Former U.S. Officials Chastise Seoul Over Treatment of N. Korean Rights Groups)" (영문), 미국의소리(VOA), 2020년 8월 13일, https://www.voanews.com/east-asia-pacific/former-us-officials-chastise-seoul-over-treatment-n-korean-rights-groups.
29 조은정, "전직 미국 관리들 한국 질책"
30 전 북한 인권 특사 로버트 킹은 문 정부의 최근 행보에 대해 "인권의 원칙을 무시하려고 하는 행위"라고 비판했다. 조은정의 "전직 미국 관리들 한국 질책" 참고.

지도자"라고 칭찬했고,[31] 여당 송영길 대표는 북한의 정치 체제에 대해 "행복한 나라를 만들고자 하는 가족주의적인 나라"라고 설명했다.[32] 또한 2018년 문 대통령의 특보는 VOA 기자와의 통화를 끝내며 "미국의 선전 기계와는 할 말이 없다"[33]고 주장하기도 했다. 이러한 발언들을 통해 문 정부가 북한에게 어떠한 시각을 갖고 있는지 유추할 수 있다.

주목할 점은 여당 인사들이 북한이탈주민을 변절자로 묘사하려는 경향이다. 임수경 전 국회의원은 한 북한이탈주민에게 "변절자 XX" "개XX"라며 모욕적인 발언을 내뱉은 바 있다.[34] 임수경 전 의원은 대학 시절 학생 운동가로 활동했고, 1989년 김일성을 만나기 위해 38선을 넘었던 인물이다. 임수경 의원과 같은 극단적 성향이 여당의 공식적인 입장을 대변한다고 볼 수는 없지만, 최재성 전 의원 역시 북한이탈주민에 대해 "돈을 벌기 위해 쓰레기 정보를 양산한다"며 비난을 퍼붓기도 했다.[35] 임종석 전 의원에 대해서도 언급할 필요가 있는데, 그는 임수경 전 의원의 방북을 주도하는 등 1980년대 저명한 학생 운동가로 활동했고 이후 문재인 대통령 비서실장과 외교안보특별보좌관을 역임했다.

따라서 한국에서의 북한인권 활동은 북한의 세습 독재와 도발에 관해 침묵으로 일관하는 현 정권의 임기 동안 계속해서 심각한 어려움을 직면할 것으로 예상된다.

---

31 홍주형, "이낙연 총리, "北, 백성 중시 지도자 출현"", 세계일보, 2018년 7월 20일, http://www.segye.com/newsView/20180720004735.
서유근, "이낙연, 北 선전매체 '우리민족끼리' 팔로우 논란", 조선일보, 2019년 12월 16일, https://news.chosun.com/site/data/html_dir/2019/12/16/2019121600110.html.
32 조의준, "송영길 "北, 핵개발 후 경제 호전… 행복하게 살려는 가족주의적 나라"", 조선일보, 2018년 10월 15일, http://news.chosun.com/site/data/html_dir/2018/10/15/2018101500266.html.
33 2018년 9월 15일 자 기자의 페이스북 게시물 참조. 익명성을 위해 이름 생략.
34 채널 A, ""탈북자는 변절자" 임수경 의원 막말 논란", 동아일보, 2012년 6월 3일, https://www.donga.com/news/article/all/20120603/46727959/2.
35 김병채, 김동하, "최재성 "일부 귀족탈북자들이 쓰레기정보 양산하고 있다"", 문화일보, 2012년 6월 7일, http://www.munhwa.com/news/view.html?no=2012060701070323236004

[다가올 미래]

　북한인권 문제의 해결책을 강구할 때 무엇보다 필요한 것은 다각화된 접근 방식이다. 북한에 정보를 전달하는 것만큼이나 북한인권 실태를 한국 국민들에게 전달하고 옹호하는 활동도 마찬가지로 중요하다. 비록 과거 보수 정부들이 북한 인권 단체들에게 상대적으로 관대했던 측면이 있긴 했지만, 북한인권 분야에 대한 직접적인 지원은 찾아보기 어려웠다. 한국에서 나타나는 북한인권에 관한 보편적인 무관심과 둔감성은 정부의 정치적 성향과 관계없이 이어져 왔다. 이러한 경향은 북한인권 문제를 방치하게 하는 악순환으로 이어지는데, 그 이유는 북한인권이 정치인들에게 표심을 모아주거나 언론 기사의 조회수를 올려줄 만한 이슈가 아니기 때문일 것이다. 한국에 시민사회가 활발하게 조성돼 있음에도 불구하고, 한국 사람들 다수의 인권 인식은 휴전선 비무장지대 바로 앞에서 멈추는 듯하다.

　북한 관련 NGO들에 대해 보수 정부들이 좀 더 관대하긴 했지만, 그렇다고 해서 충분한 지원이 뒤따랐던 적은 없었다. 2011년 약 30개의 NGO가 연간 예산 40억 원 규모로 운영됐는데, 그 중 30억 원은 미국 정부가 제공했고 나머지 10억 원은 유럽과 일본(약 2억 원), 개인 기부(약 5억 원)로 충당됐다. 한국 정부의 지원금 액수는 약 3억원이었다.[36] 실례로 2011년 기준 2시간 단파 라디오 방송의 연간 송출 비용은 1억 원에 달했다.[37] 당시 방송 송출을 위한 기금은 대부분 해외(80%)에서 조성됐으며, 이명박 정부가 부담한 비용은 10%에 불과했다. 이는 한국 정부의 재정 및 제도적 지원이 개선돼야 한다는 주장을 뒷받침한다.

　정보의 접근만큼이나 중요한 것이 바로 콘텐츠다. 북한 주민들 사이에서 엔터

36　허문명, "[허문명 기자의 사람 이야기] 대북방송매체 '열린북한방송' "하태경" 대표", 동아일보, 2011년 2월 7일, http://www.donga.com/news/article/all/20110207/34617609/1.
37　이 금액의 몇 배가 넘는 중파방송은 SNK만 운영한다. 그만큼 단파방송은 수많은 단체가 주로 이용하는 만큼 기본적으로 활용돼 왔다.

테인먼트 콘텐츠의 인기는 증가하고 있으며, 이러한 문화적 침투는 많은 북한 주민들로 하여금 탈북을 결심하게 하고 있다. 그러나 면담조사 결과에 따르면, 엔터테인먼트 콘텐츠에 대한 선호와 민주적 가치를 이해하고 수용하는 것은 전혀 다른 별개의 문제다. 물론 TV 드라마와 영화를 통해 북한 주민들이 외부 세계에 대한 호기심을 가질 수는 있다. 그러나 사회 변화를 달성하기 위한 정치적 동원의 중요성을 배울 기회조차 없는 환경에서 이러한 콘텐츠들이 북한 내에 사회 운동과 집단행동을 촉발시킬 수 있을지는 미지수다. 따라서 북한인권 문제와 북한 주민의 해방을 위한 열쇠는 북한 정권이 주입시켜 온 사상에 대한 믿음을 북한 주민들의 의식 속에서 거둬내는 데 있다. 이를 위해선 북한 주민들에게 그간 북한 정권이 어떻게 사상을 생성하고, 조작하고, 남용해왔는지 알려줘야 한다. 즉 북한의 민주적 변화를 위해서는 양질의 정보를 생산하고 전달하는 일이 필수적이라는 것이다.

신기욱 교수는 "북한을 도덕적인 잣대로 비판하는 것은 어렵지 않다. 하지만 그에 대한 실용적인 해결책을 내놓는 것은 훨씬 더 어렵다"고 언급한 바 있다.[38] 누구나 북한인권 개선을 희망하지만, 희망이 곧 전략이 될 수는 없다. 북한에서 독재가 지속되는 한, 내부로부터 시작되는 변화의 동력은 여전히 부족할 것이다. 북한에는 진실된 정보가 더 많이 유입돼야 한다. 대북 전단이든, 뉴스든, 영화든 그 형태에 관계없이 더 많은 정보가 들어갈수록, 더 많은 북한 주민들이 스스로 변화하기 위한 힘을 얻게 될 것이다.

---

[38] 신기욱, "북한인권 개선을 위한 방안 (Finding a Way Forward on Human Rights in North Korea)"(영문), 니케이 아시아, 2015년 1월 29일, https://asia.nikkei.com/Politics/Gi-Wook-Shin-Finding-a-way-forward-on-human-rights-in-North-Korea

[부록 A]

한국에서 북한인권을 위해 일하는 NGO를 구별할 때 따르는 난제

표 5.1만으로는 북한인권 단체의 현주소를 정확히 파악하기 쉽지 않다. 통일부에 등록되지 않은 단체들도 많고, 인권과 인도적 활동을 병행하는 단체도 많아 이들을 "북한인권 개선 단체(줄여서 "북한인권 단체")"로 분류해도 되는지 그 기준이 모호하기 때문이다. 이에 필자는 집필 시점에 북한인권 활동을 가장 활발히 해온 대표 단체들을 선정해 아래 표 A.1에 정리했다. 표 A.1은 통일부에 등록되지 않은 단체나 아직 공식적으로 "북한인권 단체"로 분류되지 않은 단체들까지도 포함한다.

표 A.1 북한인권 활동을 하는 한국의 주요 NGO

명칭	설립연도	주요 활동
단체 A[a]	1985	북한 주민 대상 리더십 교육 제공 및 대북 정보 유입
북한인권시민연합 (NKHR)	1996	회의, 콘서트, 예술 전시회 개최, 남한 거주 북한 청소년 대상 교육 및 정착 프로그램 운영
Helping Hands Korea[b]	1996	중국에서 탈출한 탈북민들을 주변국의 안전한 피난처로 안내하기 위한 물류 지원; 아이들에게 필수품과 원조 제공
세이브NK(SNK)	1999	유엔 등 국제기구 및 정부에 청원 서명 제출, 중파 AM 라디오 방송 제작 및 송출, 탈북자 구출 지원, 2004년 공수 탈북민 구출 주도, 북한이탈주민 지원 및 국제 인식 제고를 위한 다양한 사업 전개

단체명	설립연도	활동 내용
두리하나	1999	북한이탈주민의 진로상담, 생계지원, 법률지원 등 정착 및 자활 지원 프로그램 제공, 2009년부터 국제학교 운영
북한민주화네트워크 (NKnet)	1999	북한 내 소식통을 갖춘 온라인 신문사 데일리NK 운영, 교육 프로그램, 세미나, 전시회, 강연, 국제회의 등 주최
피난처(Refugee pNan)	1999	중국 내 북한이탈주민 지원, 국내 망명 신청자 법률 지원, 북한이탈주민 '자유터 학교' 운영
6.25전쟁납북인사가족협의회	2000	납치사건 수사, 납북자의 명예회복, 정부가 납북자 보호 의무를 행사하도록 특별법 통과 추진
북한인권정보센터 (NKDB)	2003	북한 정부의 인권 침해에 대한 정보 수집 및 분석, 북한인권 피해자 보호 및 지원 등
NK워치 (NK Watch)[c]	2003	각종 사진 및 그림 전시회 개최, 캠페인 및 연설회 개최, 중국 내 탈북자 구출, 청소년들 대상 북한인권 교육 등.
자유북한방송[c]	2004	단파 라디오 방송 송출
성통만사(PSCORE)[d]	2006	유엔 인권이사회 서면 성명서 제출 및 회의 참여, 병행행사 개최
북한전략센터 (NKSC)[c]	2007	150명 이상의 북한이탈주민 근무, 4만 장 이상의 DVD, 400개의 라디오 세트, 4천 개의 USB를 북한으로 전송
NK 지식인연대	2008	북한 및 통일에 관한 학술연구, 탈북 지식인 양성 및 청년 육성, USB 드라이브와 DVD 유입
1969년 KAL기 납북피해자 가족회[e]	2009	KAL기 납북자 생사 및 행방 파악 위한 연구, 캠페인, 옹호, 송환 사업 추진
나우(NAUH)	2010	북한인권 인식 제고 운동 조직, 남북한 청소년 문화교류 주최, 대북 라디오 방송 제작 참여, 탈북자 구조 활동 지원.
북한반인도범죄철폐국제연대 (ICNK)[f]	2011	정부 로비, 기사집 발간, 유엔 협력, 주요 국제 인권 NGO 포함 아시아 및 기타 국가 소재 40여개 단체로 구성
노체인(No Chain)[c]	2012	헬륨 풍선, 밀수업자, 헬리콥터 드론을 통한 대북 정보 유입

한반도 인권과 통일을 위한 변호사 모임: 한변	2013	북한인권 증진을 목적으로 한 첫 변호사 단체, 공익 소송 및 법률 자문, 입법 청원, 교육 및 연구 수행
전환기 정의 워킹그룹 (TJWG)	2014	북한 반인도범죄 증거 수집, 문서화, 시각화를 통한 가해자 책임규명, 한국 시민사회 역량 강화 노력 등
연세휴먼리버티센터	2014	한국 최대 규모 북한인권회의인 서울 인권 회의 및 유엔서울사무소 1주년 기념 심포지엄, 현인그룹 창립행사 개최
국민통일방송(UMG)	2015	북한 전문 인터넷 매체 데일리NK, 북한 주민 대상 콘텐츠 제작 기관 자유조선방송 및 열린북한방송 3개 단체로 구성된 멀티미디어 컨소시엄

참조: a韓한국인 주도; b미국 주도; c북한이탈주민 주도; d2012년 이후 유엔 경제사회이사회와 특별 협의 상태; e 1969년 북한에 의해 납치된 KAL YS-11기에 탑승했던 남한 납 북피해자 가족으로 구성; f본 표에 명시된 다양한 NGO 연합

출처: The websites for each organization as well as the National Endowment for Democracy (https:// www.ned.org/).

북한인권 단체와 관련해 공식적으로 공개된 자료는 없다. 따라서 통일부 등록 단체 현황을 검토해 북한인권 활동의 변화 과정을 파악해야 한다. 실시간으로 등록 기록이 변경되기 때문에 사전 조사를 통해서만 과거 자료를 확인할 수 있다. 표 5.1과 같이 통일부에 등록된 총 430개 단체 중 2020년 1월 기준 '인권 단체'로 등록된 단체는 34개로 증가했다. (2021년 9월 14일 기준, "인권 단체"는 454개로 늘었으나 인권 개선, 인도주의적 지원, 교육을 포함한 하위 항목의 단체들은 삭제됐고 더 이상 확인할 수 없었다.)

2000년대 초반만 하더라도 북한인권 단체는 거의 존재하지 않았다. 한 연구에 따르면, 2002년 8월 1일 기준으로 통일부에 등록된 총 99개 단체 중 북한인권 개선 활동을 진행하는 단체는 3개에 불과했다.[39] 2006년까지 통일부는 북한

---

39 제성호, "북한인권 개선과 NGO의 역할", 통일정책연구, 12권 2호 (2003): 271-300.

인권 단체들을 따로 분류하지 않았다. 2002년 통일부에 등록된 99개 단체는 통일 활동 전반을 다루는 단체 41개, 학술연구 단체 24개, 교류 및 협력 중점 단체 17개, 인도적 지원단체 16개, 통일교육 단체 1개 등이다.[40] 2006년에는 통일 활동 전담 기관 51개, 학술연구단체 32개, 교류 및 협력 단체 8개, 사회 문화 단체 87개, 개성공단 관련 단체 2개, 통일 교육 단체 1개가 있었다.[41]

많은 북한인권 단체들이 통일부에 등록돼 있지 않은 상태다. 일부는 다른 정부 부처에 등록돼 있고, 일부는 고의적으로 등록에서 제외됐으며, 다른 일부는 각종 제한으로 인해 등록되지 않았기 때문이다. 통일부 등록 단체는 통일부가 주관하는 비영리법인 설립 및 감독에 관한 규칙에 근거해 설립된다. 이 규칙과 별도로 「비영리민간단체지원법」 또는 「북한이탈주민 보호 및 정착지원에 관한 법률」에 따라 비영리단체를 설치·등록할 수 있다. 예를 들어 행정안전부에 등록된 단체는 비영리민간단체지원법에 근거해 설립·등록된다.[42]

---

40 제성호, "북한인권 개선과 NGO의 역할".
41 이종선, "중국 내 북한이탈주민 인권보호를 위한 국내 NGO의 역할", 윤리철학교육 제7집 (2007): 175-94.
42 제대로 된 부처 간 협력 체계가 갖춰지지 않아 그동안 정부의 북한인권 관련 활동은 단일 중앙 부처에만 국한되지 않았다. 1997년부터 보건복지부로부터 북한이탈주민 관련 업무가 통일부로 이관되면서 통일부가 주로 북한 인권 관련 업무를 담당하게 됐다. 행정안전부, 외교부, 법무부, 국가인권위원회, 국가정보원 등의 기관들도 직간접적으로 북한 인권 활동을 지원해왔다.
북한이탈주민에 대한 정부 차원의 지원은 1962년 국가유공자 및 월남귀순자 특별원호법이 제정되면서 시작됐다. 북한이탈주민에게는 국가유공자에 준하는 지위가 주어졌기 때문에 보훈처가 이를 관리했다. 이후 관련 업무가 국가보훈처로 이관됐고, 이후 1993년 귀순북한동포보호법이 제정되면서 보건복지부로 이관됐다. 이에 따라 북한이탈주민에 대한 사회적 인식이 국가유공자에서 사회적 약자로 변모했다. 다행스럽게도 1997년 1월 북한이탈주민 보호 및 정착지원법이 제정되면서 북한이탈주민은 소외계층이라기 보다 통일의 주체로 인식되기 시작했다. 이러한 변화는 관련 책임이 당시 통일부로 이관되는 계기로 작용했다.
이후 점차 지방자치단체의 역할이 강조되면서 중앙정부에서 지방정부로 행정이 옮겨가는 것이 일반적인 흐름이다. 이렇듯 지방자치단체를 관할하는 행정안전부에서는 2009년부터 북한이탈주민 지원과 인권활동 지원에 힘쓰고 있다.

6

변화하는 북한의 정보 환경

나트 크레춘

　국경없는기자회가 2019년 발표한 세계 언론 자유 지수에서 북한은 투르크메니스탄을 겨우 제치고 다시 한 번 두 번째로 낮은 순위를 기록했다.[1] 이 순위는 북한이 세계에서 가장 폐쇄적인 정보 환경을 가진 나라 중 하나임을 명백히 보여준다. 하지만 동시에 이러한 순위는 예상보다 훨씬 더 역동적으로 변화하고 있는 북한 내부 추세를 반영하지 못하고 있다. 북한 내 정보 환경은 지난 25년간 아주 낮은 수준에서부터 개방성과 접근성을 높이는 방향으로 급격하게 변화해왔다. 그러나 최근에는 일부 역행하는 모습도 나타나고 있다.

　고난의 행군을 거치며 불법 정보 유입에 대한 통제력이 현저히 낮아짐에 따라 김정은 시기 북한 내 정보 접근성은 상대적으로 개방된 편이었다.[2] 이에 비춰 볼 때, 북한의 정보 접근성이 점차 낮아져 가고 있음은 최근 자료들에 의해 명백히 드러난다. 물론 오늘날까지도 여러 소식통을 통해 외부 뉴스나 정보에 지속적으로 접근하는 북한 주민들이 상당수 존재한다. 하지만 북한 당국으로부터 발각될 위험에 대한 두려움 또한 커지고 있으며, 과거에는 용인됐던 정보 접근 행위가 다시금 문제화될 것을 더욱 우려하는 것으로 보인다. 나아가 북한의 미디어 장치에 대한 기술적인 분석으로 볼 때, 기술 정보를 통제하는 자동화 체계를 구축하고

---

[1] 국경없는기자회, "세계 언론 자유 지수," https://rsf.org/en/ranking..
[2] 1990년대 중 후반 북한의 대기근에 대한 정보는 스테판 하가드와 제시 마커스 놀랜드의 북한의 기근: 시장, 원조 그리고 개혁 (Famine in North Korea: Markets, Aid, and Reform) (영문)(뉴욕, 콜롬비아 대학교 출판, 2007) 참조.

자 하는 북한 당국의 야심도 드러나고 있다. 최근의 연구 결과는 북한 정권이 북한 내부의 정보 접근성이나 정보 유입에 대응해 이전과는 다른 새로운 정보 통제 시스템을 성공적으로 구축하고 있음을 보여준다.

북한 당국은 자국민의 통신 및 미디어 소비가 국가 공인 장비 및 국가 관리 하에 있는 네트워크를 통해서만 이뤄질 수 있도록 정보 통제 시스템을 구축 중이다. 아직 실행 단계에 이르지는 않았으나, 이 정보 통제 전략은 정교하게 개념화되고 설계돼 있다. 이 전략은 북한 정권의 강점과 약점은 물론, 주민들에 대한 통제력을 신중하게 검토해 마련됐다. 또한 외부 정보 환경에 대한 통제권 재확립이라는 목적을 가지고, 기술적으로 실현 가능하며 미래 지향적인 로드맵을 그려냈다. 그러므로 이러한 시스템 구축은 북한 내부로 유입되는 매체의 흐름을 억제하는 데 상당히 효과적일 것으로 보인다. 이에 더해 북한 정권의 정보 통제 시스템 구축은 보다 더 완전하고 견고한 시장 경제로의 국가적 발전을 현실적으로 고려한 결과이기도 하다.

북한 주민들이 외부 정보 접근성을 높은 상태로 유지하거나 혹은 현대 기기를 통한 정보 공유를 현실로 만들고자 한다면, 북한 정권의 정보 통제 시스템을 우회하거나 활용하는 새로운 경로가 필요할 것이다. 하지만 그러한 경로를 개발하고 설치하는 데는 많은 어려움이 따른다.

빠르게 변화하는 북한 내부로의 정보 흐름을 설명하기 위해 이 장에선 오늘날 북한의 정보 환경에 대해 개괄적으로 설명하고, 북한 정권의 새로운 정보 통제 전략을 검토한다. 이어 북한 정권의 정보 통제 시스템 구축 목표와 우선 순위를 추론하고, 정보 흐름의 역학 관계에서 이 같은 시스템이 미칠 영향을 논한다. 끝으로 이에 대한 잠재적 대응책을 논의하며 마무리할 것이다. 이 장에서는 주로 미국 글로벌미디어국(USAGM)과 미국 국무부를 위해 실시된 북한이탈주민과 북한 난민, 북한 여행객들에 관한 양적, 질적 연구와 더불어 북한의 하드웨어 및 소프트웨어의 기술적 분석 등을 주로 다룬다.

[오늘날 북한의 정보 환경]

1990년대 후반 대기근 이후 개방되기 시작한 북한의 정보 환경은 북한에 외부 매체 및 정보를 유입하려는 현재의 노력으로 이어져 왔다.[3] 이 때의 대기근으로 인해 북한 경제와 감시 체제는 곤란한 상황에 놓이게 됐다. 북한 주민들이 생존을 위해 비공식 경제 활동을 시작함에 따라, 북한 내부로 흘러 들어가기 시작한 미디어와 정보의 양은 전례 없는 수준에 이르렀다. 이는 북한 주민들로 하여금 중국은 물론 한국의 드라마와 영화 등을 포함한 새로운 미디어 컨텐츠의 홍수에 노출되도록 했다. 연구자들이 북한 내 외부 매체의 유입 정도와 수준을 추정하려던 시점에는 이미 대부분의 북한 주민들이 외부 정보에 직접적으로 노출된 적이 있었던 것으로 파악된다. 북한을 겨냥한 비정부 기구(NGO) 소속 방송국들은 미국의소리(VOA)와 자유아시아방송(RFA)등 기존 외부 라디오 방송이 담당했던 영역을 넓혔다. 탄탄하고 개연성 있는 전개로 북한 전역에서 인기를 끌었던 한국 방송 매체는 점점 더 촘촘해지는 공급망을 통해 북한 전역에 유포됐다. DVD 플레이어, 노트북은 물론 북한 최초의 합법적 휴대폰 등 현대의 복잡한 디지털 기기들이 외부에서 유입되는 미디어를 소비하도록 하는 매개체로 작용했다. 김정일 집권 기간 동안 북한 내 외부 정보 소비 경향은 점점 더 광범위해졌고, 사회적 용인의 폭이 넓어지는 추세가 지속돼 왔다.

그러나 김정일 집권 말기에 접어들면서 북한 주민들이 외부 매체에 접근하는 추세가 증가함에도 불구하고, 사회주의 경제 체제 붕괴 상태를 어느 정도 수습한 북한 정권은 외부 정보 확산을 다시금 통제하기 위한 조치에 나섰다.

대기근 시기를 지나 현재의 정보 통제 시스템을 구축하기 전까지 북한은 지금보다 외부 정보에 개방적이었다. 오늘날의 정보 환경은 그러한 북한을 상정하고 정보 유입을 시도하는 과도기적 상황이라 할 수 있다. 그러나 북한 정권은 이전

---

3   세계 2차대전부터 시작된 미국의 소리(VOA) 라디오 방송국은 예외사례다.

보다 훨씬 더 실용적인 기술을 도입한 통제 전략을 추진하기 시작했다. 그 결과, 오늘날 북한의 정보 환경은 상대적으로 통제력이 약한 구 시대의 산물과 통제력이 높은 현대의 디지털 기기들이 얽혀 있는 상황으로, 이러한 공존은 북한 주민들의 정보 접근성은 물론 북한 정권의 감시 능력에 고루 영향을 끼치고 있다.

오늘날 북한의 정보 환경에 관한 대부분의 일반적인 통념들은 2018년 말 마무리된 북한이탈주민, 북한 난민, 북한 여행객에 대한 조사 결과로 입증된 바 있다.[4] 다수의 북한 주민들은 입소문과 라디오, 텔레비전을 통한 지상파 방송 수신, 그리고 USB나 SD카드를 이용한 디지털 미디어의 물리적 교환 등 다양한 경로를 통해 외부 정보를 접하고 있다. 그러나 이러한 접근 경로는 매우 제한적이었으며, 외부 정보의 확산 방식에 관한 혁신적인 함의는 찾아보기 어려웠다.

라디오

여러 신기술의 도입으로 정보 환경에도 많은 변화가 생겼지만, 북한에서 여전히 해외 라디오 방송에 대한 지속적인 수요가 있다는 점에서 라디오는 상당히 독특한 정보 유입 수단으로 간주된다. 실제 북한에서 외부 라디오 방송에 대한 청취율은 꽤 높은 것으로 조사된다.[5] 북한 주민들이 외부 라디오 방송을 청취하는 동기는 외부 세계에 대한 호기심부터 중국 및 그 외 지역의 경제 상황에 대한

---

[4] 미국 글로벌미디어국(USAGM)은 2016-2018년 인터미디어(InterMedia)에 조사를 의뢰해, 북한을 떠난 350명의 탈북민을 인터뷰했다. 그 보고서가 외부 공개되지는 않았다. "북한은 외부 정보를 원하지만 김정은은 이에 대한 접근을 제한하려고 한다(North Koreans Want External Information, But Kim Jong-Un Seeks to Limit Access) (영문)," 전략국제연구센터(CSIS), 2019년 5월 15일, https://www.csis.org/analysis/north-koreans-want-external-information-kim-jong-un-seeks-limit-access, 참조.

[5] 예를 들어, 미(美) 글로벌미디어국(USAGM)의 2015 난민, 탈북민, 여행자 조사는 표본의 29%가 해외 라디오 청취 경험이 있음을 발견했다. 이러한 조사들의 통계가 양립할 수는 없으나, 전년대비 약 20%에서 표본의 1/3에 이르는 수치의 청취자 수가 일반적으로 관찰된다. 나트 크레춘, 캐서린 리, 샤머스 투이의 "손상된 연결: 북한 디지털화된 시대의 국가와 사회 간 정보역학(Compromising Connectivity: Information Dynamics between the State and Society in a Digitizing North Korea) (영문)," 인터미디어(InterMedia), 2017년 2월 1일, https://www.aquietopening.org/compromising-connectivity, 참조.

정보 파악 등 다양하게 나타나는데, 이를 통해 북한 청취자들 사이에서 외부 라디오 방송이 신뢰할 만한 정보 출처원으로 여겨지고 있다는 점을 확인할 수 있다.[6] 외부 라디오는 북한 청취자들을 대상으로 한 다수의 국영 민간 방송이 운영됨에 따라 가장 다양하고 접근성 높은 북한 관련 정보 제공처가 되고 있다.

흥미로운 점은 북한에서 라디오 청취라는 말이 곧 외부 라디오 청취와 동일시되기 시작했다는 것이다. 북한 내 라디오 청취자들 가운데 약 90%가 해외 방송을 듣는다는 조사 결과도 있다.[7] 이는 북한의 제한적인 국영 라디오 방송 환경과 콘텐츠가 풍부한 해외의 미디어 환경을 비교해 보면 쉽게 이해할 수 있는 결과이기도 하다.

하지만 이는 많은 위험성을 내포하고 있기도 하다. 과거에는 합법적인 라디오 방송을 청취하는 것처럼 눈속임이 가능했던 반면, 현재는 불법 해외 라디오 청취와 북한 내부의 일반 라디오 청취가 동일시됨으로써 위법 행위를 부인하기가 까다로워질 수도 있다. 과거에는 합법적으로 라디오 방송을 청취하는 사람들 사이에서 해외 라디오 방송을 은밀하게 불법 청취하는 이들을 탐지하기가 쉽지 않았다. 그러나 외부 라디오 방송 불법 청취가 일반화되면서 라디오 청취에 따른 위험성 또한 증가했다. 극단적으로는 라디오 청취를 전면 금지할 가능성 또한 존재한다. 다만 라디오 방송은 여전히 북한 당국의 공식 방송 매개로 자리하고 있고, 국영 라디오 방송 역시 주요 소비 대상에 해당한다.[8] 따라서 북한 정권은 주민들의 라디오 방송 청취를 민감하게 감시하면서도 새로운 대안 매체를 찾기 전까지 섣불리 금지 조치까지는 내리지 않을 가능성도 크다.

---

6 나트 크레춘, 캐서린 리, 그리고 샤머스 투이, "손상된 연결: 북한 디지털화된 시대의 국가와 사회 간 정보역학(Compromising Connectivity: Information Dynamics between the State and Society in a Digitizing North Korea) (영문)".

7 나트 크레춘, 캐서린 리, 그리고 샤머스 투이, "손상된 연결: 북한 디지털화된 시대의 국가와 사회 간 정보역학(Compromising Connectivity: Information Dynamics between the State and Society in a Digitizing North Korea) (영문)".

8 자동차 여행객부터 텔레비전 접근성이 떨어지는 지역의 주둔군인까지 소비층이 다양하게 분포한다.

최근 들어 생긴 흥미로운 변화는 해외 라디오 방송의 인지도와 청취율 간의 관계다. 미국 USAGM이 2015년과 그 이전에 실시한 연구 결과에 따르면, 해외 라디오 방송을 인지하고 있는 사람은 곧 해당 방송을 청취하는 사람이기도 했다. 그러나 최근에는 외부 방송이 존재한다는 것을 알면서도 청취는 거부하는 북한 주민들의 수가 증가하는 것으로 나타난다.

이에 대한 원인은 여러가지로 추정된다. 우선 해외 방송사를 처음 접하게 된 계기가 해당 방송사들을 폄훼하는 북한 국영 매체였을 가능성이 있다. 또한 외부 방송에 대한 감시가 삼엄해짐에 따라, 친구나 가족으로부터 해외 매체에 대한 이야기를 전해 듣더라도 위험을 감수하기보다는 청취를 거부하는 경우도 있는 것으로 보인다.

즉 북한 내에서 해외 라디오 방송 청취율이 갑작스럽게 곤두박질 치지는 않더라도, 추후 전반적으로 청취자 수가 감소할 가능성도 배제할 수 없다는 것이다.

텔레비전

텔레비전은 보편적으로 접근하기 용이하다는 특성으로 인해 북한 정권으로 하여금 주민들에게 메시지를 전달하는 주요 대중 매체로 기능하고 있다. 실제로 적은 수의 북한 주민만이 북한 국영 라디오 방송을 청취하는 데 반해, 국영 중앙 텔레비전 방송은 거의 대부분의 북한 주민들이 시청한다는 조사 결과도 있다.[9] 물론 북한의 TV 프로그램 수는 국제적인 기준에서는 심각하게 적은 편이지만, 최근 몇 년간 방송 제작 품질이 눈에 띄게 향상됐고 방영 내용 중 일부를 보완한 것을 알 수 있다.

같은 이유에서 해외 방송사들이 북한 주민들에게 실시간으로 다양한 콘텐츠를 전달하는 주요 매체로 TV를 활용할 가능성도 내다볼 수 있다. 중국이나 한국

---

9   2018 미국 글로벌미디어국(USAGM)의 북한 난민, 탈북민 및 여행객 대상 설문조사(2018 USAGM Survey of North Korea Refugees, Defectors, and Travelers) (영문)

의 국경을 넘어 TV 콘텐츠를 송신하기에는 지리적인 제약도 분명 존재하지만, 송신 범위가 허용되는 선에서 방송사들이 주파수를 맞춰 TV 콘텐츠를 전파할 가능성도 있다. 실제 북한에서도 해외 방송 수신이 가능한 지역에서 해당 방송을 시청하는 일은 꽤 흔한 현상이라는 조사 결과가 있다. 뿐만 아니라, 한국에서 의도적으로 북한 주민을 겨냥한 콘텐츠를 송신한 시기에는 북한 내 방송 시청자 수 또한 증가했던 것으로 파악된다.[10] 따라서 방송 수신 범위 내 지역의 북한 시청자들을 위해 별개의 TV 방송 콘텐츠를 제작할 수도 있겠으나, 아직까지 그러한 방송은 만들어지지 않고 있다.

네트워크화 되지 않은(Non-networked) 디지털 미디어

해외 미디어 콘텐츠를 소비한 북한 주민들 대다수는 DVD나 USB, 노트텔 등 네트워크에 포함되지 않는 디지털 미디어를 사용했다. 북한으로 유입된 해외 미디어 녹화본들은 주로 DVD 플레이어와 USB를 활용해 전달된 것이었다. 해외 콘텐츠를 접해본 적이 있다고 밝힌 거의 모든 응답자들은 DVD플레이어를 사용했다고 했고, 그 중 4/5는 USB도 사용했다고 응답했다.[11] 약 10% 이상의 응답자들은 휴대전화를 사용했다고 밝혔으나, 이들이 네트워크 연결망을 갖춘 휴대전화 기기를 사용했는지는 불분명하다.

최근 북한 정권은 이와 같은 물리적 매체를 소비, 공유, 유통하는 행위에 대한 엄격한 단속을 재개했다. 무허가 파일이나 어플리케이션의 다운로드를 제한하는 시스템의 경우, 허가되지 않은 미디어 자체를 삭제하기도 한다. 그러므로 국가적 네트워크를 기반으로 한 정보 통제 전략 아래서 네트워크에 포함되지 않은 해외 매체의 소비는 점차 감소할 가능성이 있다. 하지만 북한 정권의 통제가 강화된다

---

10   나트 크레춘, 캐서린 리, 그리고 샤머스 투이, "손상된 연결: 북한 디지털화된 시대의 국가와 사회 간 정보역학(Compromising Connectivity: Information Dynamics between the State and Society in a Digitizing North Korea)(영문)".
11   2018 미국 글로벌미디어국(USAGM)의 북한 난민, 탈북민 및 여행객 대상 설문조사(2018 USAGM Survey of North Korea Refugees, Defectors and Travelers) (영문)

고 하더라도, 해외 드라마나 영화, 음악에 대한 북한 주민들의 수요가 계속 유지되는 한 디지털 미디어는 북한 내에서 계속 유지될 것으로 보인다.

휴대전화와 네트워크 기기들

기기의 사용 범위와 빈도를 고려했을 때, 북한도 어느덧 휴대전화 시대에 접어들었고 그 사용 패턴도 빠르게 발전하고 있다. 과거에는 휴대전화를 가족이나 친구 간에 공유하거나 대여하는 경우가 많았던 반면, 오늘날에는 점차 개인화되면서 여타 국가에서 사용하는 방식과 동일해지고 있다. 북한 사회와 경제에서 휴대전화는 점점 필수적인 것으로 자리매김하고 있고, 이전에는 상상할 수 없었던 방식으로 북한 주민들을 상호 연결하고 있다.

동시에 휴대전화는 북한 정권 산하 보안 기관들로 하여금 검열 기술의 새로운 지평을 열도록 하는 데도 유용하게 쓰이는 모양새다. 실제 북한 정권의 새로운 디지털 정보 통제 전략을 현실화했을 때, 여기에 가장 완벽하게 들어맞는 매체가 바로 휴대전화일 것이다.

이와 관련해 북한 주민들이 자신들의 휴대전화가 북한 당국에 의해 감시될 수 있음을 인지하고 있다는 연구 결과도 있다.[12] 일반적으로 북한 주민들은 민감한 주제를 말하거나 그러한 활동에 참여하기 위해 일련의 보안 기술을 익숙하게 활용하고 있다. 통화 시간 제한, 기기와 SD카드 분리 보관, 적발 시 혐의를 부인하기 위해 당국이 승인한 콘텐츠를 사전에 보유해두는 등의 기술들이다. 휴대전화로 민감한 주제의 대화를 하는 것이 실제로 만나 대화하는 것과 다를 바 없다고 응답한 경우는 4%가 채 되지 않는다.[13] 즉 북한 주민들의 휴대 전화 의존도가 높아질수록 되레 북한 당국의 감시를 피해 대화를 나누는 것은 점점 더 어려워지

---

12 책 "손상된 연결" 집필의 일환으로 저자 및 그 동료들이 수행한 최근 탈북민 34명과의 한국 인터뷰
13 2018 미국 글로벌미디어국(USAGM)의 북한 난민, 탈북민 및 여행객 대상 설문조사 (2018 USAGM Survey of North Korea Refugees, Defectors, and Travelers) (영문)

고 있다는 것이다.

북한에서 해외 음악 청취나 드라마 및 영화 시청, 해외 전자 도서 소비 등 다소 위험한 행위를 해본 적이 있는지를 묻는 질문에는 휴대전화 사용 경험자들 중 상당수가 그러한 경험이 있다고 응답했다.

그러나 이러한 경험은 대체로 과거의 일이었다. "서명 시스템"으로 불리는 소프트웨어 기반 콘텐츠 제어 시스템이 본격적으로 가동된 탓이다. 초창기 북한 내 휴대전화 사용자들이 불법 콘텐츠를 공유하거나 소비하는 도구로써 휴대전화 기능을 이용했던 것과 달리, 서명 시스템이 도입된 후에는 기존에 행하던 불법 활동들 대부분이 기술적으로 불가능해졌다.[14] 물론 기기 업데이트의 한계로 제어 시스템을 완벽히 도입하는 데 실패한 일부 휴대전화 모델이 있기는 하지만, 상기 조사 결과에 포함된 응답 대부분이 조사 진행 최소 2년 전에 행해진 불법 행위를 말하고 있음은 분명하다.

북한 당국의 전략적, 기술적 정교함은 휴대전화를 기반으로 한 검열 및 감시체계를 설계하고 실행하는 과정에서 확인할 수 있다. 그러나 이러한 감시 체계마저 대인 간 통신 기기라는 휴대전화의 가장 근본적인 기능은 억제할 수 없었다. 따라서 휴대전화 도입에 따른 북한 주민들 간의 새로운 연결망은 북한 사회에 다양하고 파급력 높은 영향을 끼칠 것으로 전망된다.

한편, 2018년 미국USAGM이 진행한 북한이탈주민, 북한 난민, 북한 여행객 관련 연구는 휴대전화를 매개로 인적 네트워크의 크기와 특성에 관한 질문을 포함하고 있다. 북한 내 휴대전화 사용자 하위 표본을 대상으로 설문 조사를 실시한 결과, 대략 1/3의 휴대전화 사용자가 20건 이하, 1/3은 20에서 50건 사이, 그리고 마지막 1/3은 약 50건 이상의 인적 네트워크를 보유하고 있다고 응답했다.[15]

---

14 책 "손상된 연결" 집필의 일환으로 저자 및 그 동료들이 수행한 최근 탈북민 34명과의 한국 인터뷰
15 2018 미국 글로벌미디어국(USAGM)의 북한 난민, 탈북민 및 여행객 대상 설문조사(2018 USAGM Survey of North Korea Refugees, Defectors, and Travelers) (영문)

물론 인적 네트워크에 포함된 모든 사람과 정기적으로 연락을 주고 받는다고는 볼 수 없겠지만, 단순히 소수의 가족이나 친구들과의 관계망만이 존재할 것이란 생각을 불식시키에 충분한 조사 결과다.

정보 확산을 위한 주도적인 노력

잘 알려져 있다시피, 북한으로의 접근은 제한돼 있을 뿐만 아니라 국가 내부는 물론 중국 접경 지역에서도 상당한 안보적 위험이 상존해 있다. 이 지역에서의 통제 강화를 위해 막대한 규모의 재정적 자원이 소모되고 있기도 하다. 이에 따라 시민사회가 다른 국가들을 대상으로 펼쳐온 정보 접근의 자유를 촉진하기 위한 시도를 이 지역에 도입하기엔 많은 제약이 뒤따른다. 북한의 정보 자유화를 위해 독자적으로 활동하는 한국인 또는 북한이탈주민 주도의 시민단체들도 존재하나, 이들이 큰 규모로 영향력을 행사하려면 민주주의인권노동국(DRL)이나 민주주의기금(NED) 등 미국 정부의 자금 지원이 있어야 한다. 이들은 주로 USB 나 마이크로 SD카드 등 이동식 미디어 장치에 콘텐츠를 넣어 북한에 배포하는 방식을 취하고 있다. 이 외에도 미국의 국제 방송사인 미국의 소리(VOA)와 자유 아시아 방송(RFA)과 더불어 한국이나 일본에서의 대북 방송사들이 단파(AM) 주파수를 통해 북한에 라디오 방송을 송출하고 있다. 물론 기술적으로 보다 더 정교한 방식을 통해 북한에 정보를 유입하고자 하는 노력도 있어 왔으나, 이는 북한 정권의 통제 수준을 고려했을 때 여전히 초기 수준에 그치고 있다.

고도화되는 북한의 정보 통제 체계

북한에서 해외 콘텐츠 유통 시 사용되는 매체가 DVD에서 USB로 옮겨가는 등 해외 미디어 소비에 사용되는 장치 기술은 점점 더 정교하게 발전해왔다. 그러나 북한에서 대기근 이후 정보 유통이 이뤄지는 공간이 개방됨에 따라 북한 내에서 해외 콘텐츠의 확산과 기기 발달 수준은 불균등하고 비효율적이며 특이한 모습을 보이고 있다. 이러한 특성들은 의외로 북한 당국의 외부 정보 단속에 어려움을 초래했다. 그럴 듯하게 혐의를 부인할 수 있을 법한 요소들(불법 콘텐츠를 합법적인 장치로 소비하는 등)이 많은 상황에서 네트워크에 포함되지 않은 장치들이나 뇌물을 선호하는 보안 요원들, 파편적인 분배 구조로 짜여 있는 불법 매체의 유통 구조 등은 북한 정권의 원격 감시를 거의 불가능하게 만들었다. 이에 따라 북한 당국은 김일성 시대의 대규모 감시 기구를 재건하기 위해 막대한 자원을 동원하거나 혹은 근본적으로 변화된 정보 환경을 통제할 새로운 대안을 모색해야만 했다.

북한 당국은 새로운 해결책을 찾기로 했다. 주민들보다 앞선 기술적 정교함을 갖고 있다는 점에서 새로운 형태의 디지털 기술을 수용하는 것이 오히려 강력한 통제를 가능하게 할 것이라 판단한 것이다. 북한 당국은 한결 적은 자원을 소모하면서도 안정적으로 내부 단속을 강화할 수 있도록, 북한 주민들에게 노출되는 정보에 대한 국가 차원의 통제력을 재확립하려는 것으로 보인다. 구 시대의 정보 통제 체계를 복원하기 보다는, 디지털 기술을 합법화하고 사상 처음으로 디지털 네트워크를 민간에 개방하는 등 기술의 현대화를 통해 정보 통제를 강화하려는 것이다. 이는 대기근 이후 방기해왔던 정보 유통 문제의 상당 부분을 해결할 수 있을 것이다.

최근 북한의 감시 및 치안 유지 정책을 들여다보면,[16] 북한 당국이 새로운 통제 전략을 실시해 얻고자 하는 이상적인 정보 환경을 어렵지 않게 상상할 수 있다. 그 때는 전적으로 당국의 통제 하에 있는 네트워크를 통해서만 북한 주민들의 미디어 소비와 통신이 이뤄질 것이다. 이러한 정보 환경은 원격으로 검열이 불가능한 노트텔이나 DVD 플레이어 등의 장치를 불법화하고, 동시에 허가되지 않은 매체의 유입을 막기 위한 북중 접경지역 감시 강화 등의 조치들로 촉진될 것이다.

---

16 책 "손상된 연결" 집필을 위해 수행한 최근 탈북민 34명과의 한국 인터뷰와 북한 장비에 대한 기술적 분석을 통해 수집된 정보

북한 내 미디어 소비 경향과 통신 장치에 대한 북한 당국의 검열 및 감시의 파급력은 북한산 휴대전화 기능을 통해 이미 입증된 바 있다. 북한 당국은 고려링크와 강송넷을 겨냥한 네트워크 차원의 통제와 함께 소프트웨어와 하드웨어에 개입할 수 있는 통제 장치를 고안해냈으며, 이를 통해 북한 주민이 휴대전화를 이용해 외부 혹은 불법 콘텐츠에 접근하는 것을 아예 불가능하게 만들었다.

한 때 해외 미디어 콘텐츠를 불법 소비하고 공유하는 수단 중 하나였던 휴대전화는 북한 당국에 의해 그 기능을 완전히 상실해버렸다. 이는 여러 단계에 걸친 억제 정책을 통해 가능했다. 북한 당국은 정부 규격에 따라 제작된 특정 단말기와 소프트웨어 사용을 의무화하고, 정교한 디지털 서명 시스템을 도입해 승인되지 않은 모든 콘텐츠와 어플리케이션에 대한 접근을 금지했다. 이 단말기들은 당국의 완전한 통제 아래 있는 디지털 네트워크로 연결된다. 이와 같이 디지털 기기와 네트워크 제어 간 조합과 더불어 이를 감시하는 인적 보안 기구[17]까지 더해지면서 북한 주민이 해외 매체에 접근하는 것은 점점 더 어렵고 위험해지고 있다. 뿐만 아니라, 북한 당국은 이러한 통제 전술을 신속하게 반복 실행하며 보완해오고 있다. 특히 북한의 소프트웨어 검열은 변화하는 환경에 대한 북한 당국의 빠른 학습력을 보여준다. 비록 북한 당국이 감시와 검열을 강화하기 위해 특정 기술을 일상적인 실무 안에서 어떻게 적용하고 있는지 자세히 확인할 수는 없지만, 감시와 검열 측면에서 북한 당국의 능력이 강화돼 가고 있음은 분명한 사실이다.

---

17 109상무 등의 보안부대는 이념범죄 관련의 법 집행을 담당한다. 현재는 불법 콘텐츠 감시를 담당하고 있으나, 북한 당국의 통제 전략이 발전함에 따라 콘텐츠 감시는 네트워크 장치를 통해 원격으로 이루어질 것으로 보인다. 그에 따라, 인적 보안 기구는 비네트워크 미디어 장치 적발에 집중할 것으로 사료된다.

[새로운 정보 통제를 위한 타산과 그 상충 관계]

정보 통제의 목표

북한 소프트웨어에 대한 기술적 분석과 조사 결과는 북한 당국이 강화된 정보 통제를 위해 한발 더 내딛고자 하고 있음을 시사한다. 하지만 그 주안점이 한 가지로 집중돼 있지는 않은 만큼, 앞으로 북한 당국이 복잡하고 기능적인 정보 통제 체계를 구축하는 데 있어 우선순위 조정이 필요할 것으로 보인다. 검열과 감시 능력의 강화가 주된 목표인 것은 분명하지만, 동시에 경제 발전과 대중의 지지 확보 역시 주요 목표로 고려할 수밖에 없기 때문이다.

검열. 최근 북한 당국의 정보 통제 혁신의 주요 목표는 북한 주민들의 불법 콘텐츠 소비와 확산을 기술적으로 방지하고, 허용된 네트워크 기기만을 사용하는 "깨끗한" 정보 환경의 조성일 것이다. 이를 위해 북한 당국이 시행하는 서명 제도는 검열이 끝난 서명된 파일과 어플리케이션만 구동할 수 있어 "깨끗한" 디지털 네트워크를 성공적으로 보장하고 유지할 수 있도록 했다. 북한의 소프트웨어에 관한 조사 연구는 북한 당국에 의한 검열이 경제 활성화 등 여타 분야보다 더욱 우선시되고 있음을 보여준다. 특히 북한에서 불법 콘텐츠를 다운로드할 수 없게 되면서 본 조사의 응답자 중 민감한 정보를 기기로 전송한 적이 있다는 사람은 약 1%에 불과했다. 이념에 반하는 요소가 제거된 정보 환경을 향한 북한 당국의 열망은 북한의 법과 공식 담화에서도 분명하게 드러난다.

감시. 휴대전화 보급률이 높아지면 과거에 수행하던 대인 감시와 검열에 비해 훨씬 더 효율적이고 정교한 원격 감시가 가능하게 됐다. 이는 북한 당국이 국가 핵심 기능을 현대화하는 데도 일조했다. 최근 미국 USAGM이 북한이탈주민과 북한 난민, 북한 여행객을 대상으로 수행한 연구의 표본[18] 중 65%가 109상무에 의해 단속을 당한 적이 있다고 응답한 것으로 볼 때, 조사 데이터상으로 보면 여전히 기존의 감시와 단속 수법이 활발한 것도 사실이다. 그러나 북한의 소프트웨어와 하드웨어를 들여다보면, 북한의 휴대전화와 태블릿PC에 여러가지 감시와 검열을 위한 기술이 접목돼 있음을 알 수 있다. 디지털 감시망을 구축하기 위한 파일 내 워터마크 표기부터 휴대전화 활동 기록을 삭제하지 못하도록 하는 기능, 그리고 휴대전화 사용 내역의 스크린 캡쳐본을 생성해 보안 요원들의 감시를 용이하게 하는 트레이스 뷰어[19] 등이 대표적이다.

휴대전화와 태블릿PC에 대한 북한 당국의 네트워크 및 장치 통제 양상을 통해, 북한의 중앙 감시 능력이 전자 기기 보급의 확산을 계기로 오히려 향상했음을 알 수 있다. 하지만 소프트웨어 실행 중 감시와 검열 기능이 직접적으로 상충하는 경우, 여전히 검열 기능이 감시 기능보다 일반적으로 우선시되는 것으로 보인다. 다만 원격 감시 기술을 통해 얻은 데이터가 전통적인 대인 감시와 관료적 보고 체계에 비견될 만큼 정교한 수준인지는 불분명하며, 이에 관해선 추가적인 연구가 필요하다.

경제 발전 촉진 비록 북한 당국이 시장을 기반으로 한 경제 활동에 대해 통제와 단속을 지속하고는 있지만, 그간의 공식 발표나 실질적 개혁 조치들로 미뤄볼 때 한층 더 시장화 된 경제 체제를 수용하려 한다는 것을 알 수 있다. 이 때 휴대전화는 (제한적으로나마) 북한의 경제 성장에 있어 많은 부분을 견인할 수 있는 주요 동력이며, 시장 기반 경제 교류를 촉진하는 역할을 수행할 수 있을 것이다.

---

18 2018 미국 글로벌미디어국(USAGM)의 북한 난민, 탈북민 및 여행객 대상 설문조사(2018 USAGM Survey of North Korea Refugees, Defectors, and Travelers) (영문)

19 플로리안 그루노브, 니클라우스 샤이스, 그리고 마누엘 루베츠키는 카오스 컴퓨터 클럽(Chaos Computer Club) 담화에서 트레이스 뷰어 기능에 대해 최초로 언급했다. ("울림-북한의 최신 태블릿 PC 파헤치기," https://media.ccc.de/v/33c3-8143-woolim_lifting_the_fog_on_dprk_s_latest_tablet_pc, 참조.)

최근 한 조사에 따르면, 북한 휴대전화 사용자의 절반 이상이 공식 업무 외의 경제 활동을 위해 휴대전화를 사용하는 것으로 나타났다.[20] 게다가 북한 내 휴대전화 사용자들이 활용하고 있는 인적 네트워크는 물리적 이동의 제한에도 불구하고, 놀랍도록 큰 규모와 견고한 연결망을 형성한 것으로 보인다. 휴대전화 연락처 목록 중 절반 가까이는 고향을 벗어나 평양은 물론 중국 접경 지역 사람들의 것들을 포함하고 있다. 휴대전화 사용자 표본이 보유한 연락처 목록의 중간 값은 약 30명에 달했다.

공공 지원. 북한 당국은 주민들에게 현대성을 선전하기 위해 휴대전화나 태블릿PC와 같은 현대 정보통신기술(ICT) 장치를 적극 활용하고 나섰다. 북한이탈주민을 대상으로 한 연구 결과에 따르면, 많은 북한 주민들은 당국이 삶의 질을 향상시킬 목적으로 휴대전화를 도입했다고 믿고 있었다. 휴대전화를 통해 당국에 의한 감시가 이뤄질 가능성을 인지하고 있음에도 불구하고, 이러한 긍정적인 시각까지 형성된 것이다. 북한 국영 매체에서는 휴대전화의 사용 장면을 자주 노출시키는데, 이는 휴대전화 사용에 대한 수용적 태도와 경제적 현대화를 선전하기 위해서인 것으로 보인다.

북한 당국 정보 통제의 득과 실

북한 당국은 허가되지 않은 매체가 휴대전화를 통해 유통되는 상황을 억제하면서도, 수 백 만명의 북한 주민들에게 휴대전화 소지를 허용하기도 했다. 이러한 조치는 북한의 새로운 정보 통제 전략에 있어 주춧돌로 자리매김했다. 이는 북한 당국의 여러 정책적 지향에 도움을 주기도 했지만, 다른 한 편으로는 당국의 의도와 상충되는 새로운 사회경제적 역학 관계를 초래하기도 했다.

---

20   2018 미국 글로벌미디어국(USAGM)의 북한 난민, 탈북민 그리고 여행객 대상 설문조사(2018 USAGM Survey of North Korea Refugees, Defectors and Travelers) (영문)

북한 당국은 네트워크 기술을 광범위하게 도입함으로써 보다 더 효율적이고 효과적인 감시와 검열에 나설 수 있게 됐다. 이 때 북한의 새로운 정보 통제 방식은 본질적으로 과거 북한 사회의 정보 통제 핵심이었던 "고립"과 상호절충적이다. 과거 북한 당국은 가능한 많은 통신망을 개인 간 수평적 연결이 아닌 국가 체계를 거치는 수직적 방향으로 유지하는 데 주력해왔다. 그러나 이는 휴대전화를 광범위하게 도입함으로써 더 이상 불가능하게 됐다. 여러 정보 제한 환경과 마찬가지로, 입소문은 신뢰성이 높은 정보의 원천으로 작용한다. 휴대전화를 비롯해 향후 다른 네트워크 장치들은 입소문으로 형성된 연결망을 뛰어 넘어 북한 주민들을 광활한 정보의 교류 속으로 이끌 것이다. 설령 정부의 물리적 이동 제한이 계속될지라도, 북한 주민들은 자신들에게 이득이 되든 잠재적 위험이 되든 더 이상 과거처럼 고립돼 있지 않을 것이다.

새로운 정보 통제 환경의 변화 동학

오늘날 북한 내 정보 환경과 당국의 정보 통제 시스템으로 미뤄볼 때, 북한으로의 정보 유입 방식과 당국에 의한 정보 통제 목표에 대해 지배적인 설명을 제공하는 동학들은 다소 유동적이다.

이제는 투명성, 속도, 분산 역학에 보다 더 주의를 기울일 필요성이 있다. 새로운 통제 전략에 따라, 북한 당국은 자동 검열, 원격 감시 및 개별 단속을 통해 허가되지 않은 콘텐츠에 대한 접근을 대폭 제한하려 하고 있으며 이는 이미 성공 양상을 띠고 있다. 하지만 속도와 분산 역학은 북한 당국이 그 상충 관계성을 명확히 밝히지 않고 있어 다소 복잡한 모습을 보인다.

투명성

북한의 안드로이드 운영 체계 내 추적 기술(워터마킹 등)과 같이 전반적인 정보 통제 시스템은 여전히 의문스러움을 품고 있으나, 북한 당국의 디지털 통제 혁신은 허가되지 않은 모든 콘텐츠를 자동으로 걸러 내는 정보 환경을 만드는 것에 주안점을 뒀다. 휴대전화에 설치됐던 초기 서명 시스템 속 디지털 환경은 지나치게 투명하게 유지된 나머지 국가가 허가한 활동들마저 불가능하게 만들었다. 북한 당국이 신흥 디지털 네트워크에서 경제적 이익을 창출하고자 한다면, 지금의 서명 시스템을 시행하는 데 따르는 극도로 투명한 디지털 환경은 포기해야 할 것이다. 이미 북한 당국은 "비둘기"라고 불리는 소프트웨어를 통해 앞서 밝힌 어려운 환경 속에서 어느 정도 균형을 찾고자 시도한 바 있다. "비둘기"는 공직자들이 자동으로 자신의 파일에 서명을 남겨 여러 장치를 활용할 수 있게끔 제작된 공식 소프트웨어다. 그러나 북한 당국은 이와 같이 균형 잡힌 전략을 탐색하면서도 극도로 투명하고 폐쇄된 네트워크를 유지하고 강제할 수 있는 능력 또한 분명하게 확립한 것으로 보인다.

속도

북한 내 정보 유입의 흐름은 국제적인 기준에 비하면 매우 미미한 수준이다. 그러나 휴대전화(혹은 새로운 정보 통제 전략의 일환으로 곧 널리 도입될 가능성이 있는 기타 네트워크 장치들)은 이미 정보 교환 속도를 증가시킨 데 이어 훨씬 더 빠른 유통 환경이 구현될 가능성을 내비치기 시작했다.

하지만 앞서 논의한 디지털 네트워크 환경의 투명성이 일대일 정보 교환의 역학관계[21] 와 결합하면서 이러한 속도의 증대는 오프라인(간접 혹은 2차, 3차의) 관계가 분명한 그룹 내의 특정 정보 형태로 제한됐다. 그러나 이러한 제약 내에서도 정보 교환 속도는 눈에 띄게 증가했고, 특히나 사업과 밀수 활동 영역에서 그 속도가 두드러지게 나타났다. 한 때 정보 교환을 위해서는 복잡한 정리 과정과 현저히 느린 속도를 감내해야 했지만, 이제는 휴대전화를 통해 즉시 정보 교

---

21 휴대전화로 북한 주민끼리 문자를 주고받을 수 있는 반면, 개인이 일대다 소통이나 개인 방송을 할 수 있는 SNS는 부재하다.

환을 할 수 있게 됐다. 북한 당국은 이러한 정보 흐름 속도의 증가가 경제 효율의 증대를 이끌 것이라고 평가할 만하다. 이는 북한 당국에게도 직간접적으로 도움이 되는 방향이며, 따라서 이러한 정보 속도의 증가를 긍정적인 발전으로 볼 수 있다는 것이다. 하지만 신속한 정보 공유에 뒤따르는 규범과 행동, 기대가 확립된 상황에서 공유 가능한 정보나 새로운 연결 관계를 가까이에서 지시하는 데는 한계가 있다. 이는 모바일 네트워크를 완전히 폐쇄시키는 극단의 방법을 제외하고는 정보 통제를 어렵게 만들 수도 있다. 허가되지 않은 콘텐츠가 네트워크 망에 퍼져 나가는 상황은 당국의 감시를 더욱 까다롭게 만드는 것은 물론, 정보 공유의 한계를 시험하고자 하는 개인들의 활동을 활성화시킬 수도 있다. 이는 검열 소프트웨어를 훼손하는 것부터 단순히 준 암호화된 언어의 사용, 혹은 작은 행동을 바로잡는 등의 다양한 기법들로 현실이 될 수 있다. 최근 북한이탈주민들이 암시장으로 사업 거래에 나설 때 암호화된 언어를 사용한다는 진술은 이러한 상상에 현실성을 불어넣는다.[22]

분산

사회적으로, 이념적으로, 물리적으로 고립된 환경은 김일성 체제 하 북한 사회 통제 정책의 특징이었다. 가족과 직장, 학교 그리고 이웃을 제외하고 한 개인이 다른 사람들과 관계를 맺을 기회는 전무했다. 이는 당의 지침을 하달하고 지역 정보를 중앙으로 보고하는 국가 기관을 제외한 채 지역마다 외부로 정보가 유출되지 않도록 억제하는 효과가 있었다. 물론 북한 주민들의 자유로운 여행은 여전히 제한돼 있지만, 시장 경제는 과거의 지역별 제한을 넘어 다양한 사람들 과의 상호작용은 물론 여행과 같은 기회의 장을 열어줬다. 즉 휴대전화를 활용한 광범위한 연결망의 생성과 관계 유지를 통해 북한 주민들은 지역 내 주요 관계는 물론, 이러한 작은 사회 간의 실시간 소통도 성취해내고 있는 셈이다. 앞서 언급했

---

22 책 "손상된 연결(Compromising Connectivity) (영문)" 집필의 일환으로 저자가 수행한 최근 탈북민 34명과의 인터뷰

듯이 최근의 조사 결과는 휴대전화를 통해 북한 주민들이 지리적 한계를 넘어 많은 사람들과 다양하게 접촉하고 있음을 보여준다.

네트워크 기술이 북한 주민들의 자유로운 소통을 통해 야기되는 정책적 부담을 안기는 요인으로 작용하는 대신 북한 당국의 경제 성장과 정보 통제를 지속할 수 있게 하는 요인으로 남기 위해선, 북한 당국이 "투명한" 디지털 네트워크 환경을 장악할 수 있어야 한다. 만약 이러한 조건이 충족되지 않은 채 주민들이 허가되지 않은 콘텐츠의 유입 통로를 찾게 될 경우, 정보 유통의 속도 증가와 분산의 촉진은 북한 당국이 네트워크 구축 이전에 직면했던 것보다 훨씬 더 큰 정보 통제 문제를 야기할 것이다.

[정보 확산 기회의 발전]

북한 당국이 디지털 정보를 통제하기 위한 전략을 설계해 이미 반복적으로 시행을 거듭한 것으로 보이지만, 아직 이러한 전략이 공식화되지는 않았으며 그 성공 역시 장담할 수 없다. 새로운 정보 통제 전략은 국가 관리의 디지털 네트워크로 시민들을 감시하고 검열하기 위해 설계됐다. 이러한 맥락에서 시민사회 단체나 일반 대중이 추구할 수 있는 기술적인 대책으로 크게 두 가지를 고려해볼 수 있다. 하나는 정보 유입을 위한 대체 인프라를 마련하는 것이고, 다른 하나는 북한 당국의 네트워크 통제력을 약화시키는 것이다.

정보 유입을 위한 대체 인프라

라디오나 지상파 TV와 같은 과거의 기술은 여전히 북한 주민들에게 외부 뉴스를 전달함에 있어 가장 유용한 방법이며, 다소 제한적이기는 하지만 시청자층 역시 어느 정도 확보돼 있다. 북한 당국의 통제망을 벗어난 새로운 경로를 모색하는 것이 북한 내 정보 접근성을 높이는 데 있어 가장 핵심적인 과제일 것이다. 새로운 정보 통제 체제 하에서 북한 주민들의 관심을 끌기 위해서는 숨기기 쉽거나 개조된 장치, 혹은 원격 탐지가 불가능한 방식으로 제공되는 고해상도의 매력적인 콘텐츠가 필요하다. 이와 같이 새로운 정보 유입 경로를 마련하기 위해서는 넘어야 할 산이 많다. 북한 당국은 또한 자국 내 미디어와 통신의 흐름을 국가 통제 하의 네트워크 안으로 끌어들이고, 국경 감시를 강화해 중국에서부터 들어오는 물리적 정보 유입을 차단하고 있다. 이러한 상황에서 새로운 정보 유입 방안을 구축하는 것은 쉽지 않은 일이다. 따라서 북한 당국에 의해 통제되는 네트워크와 완전히 분리된 현대적인 정보 유입 인프라 구축이 필수적인 과제로 떠오르고 있다.

위성, 혹은 P2P(개인 대 개인의 공유 연결) 통신 및 저장 기술은 현재 북한에서 연구되고 있는 잠재적 인프라 해결책 중 하나다. 이들은 사실상 북한 당국이 현재 시행 중인 방식들의 원리를 현대화한 것에 지나지 않는다. 방송 매체와 동일하게 전국적 송출이 가능한 위성 장치의 경우, 전파를 방해하기도 쉽지 않고 비용적인 부담도 크다. 또한 접근한 콘텐츠가 무엇인지를 추후 확인할 수 있을 만한 증거도 남기지 않으며, 전파 수신만으로는 시청자들을 원격으로 쉽게 식별할 수 없다. 나아가 위성 장치는 방송 매체의 지리적 한계를 극복할 수 있으며, 고품질의 현대 대중 매체를 제공할 수도 있다. 다만 위성 방송은 북한에서 방영이 어렵다는 점과 더불어 가용과 은폐를 동시에 할 수 있는 안테나 또는 수신기 설치가 쉽지 않다는 난관을 겪을 것으로 보인다.

대조적으로 P2P 통신은 오늘날 USB 및 SD카드를 통해 이뤄지는 콘텐츠 공유 방식을 국가 통제의 디지털 네트워크를 거치지 않은 채 현대적으로 디지털화 할 수 있다. 이 원리는 근본적으로 북한 당국의 검열과 감시의 매개로 사용되는 국가 네트워크와 운영 체제를 피하면서 보편적인 휴대전화처럼 콘텐츠 소비와 공유 기능을 반영하고자 하는 것이다. 이는 또한 북한 내부에서의 콘텐츠 유통 가능성을 높이고, 엄격하게 통제되는 북한 국경을 거쳐 불필요하게 밀반입되는 중복 콘텐츠의 양을 대폭 감소할 수 있다. 이러한 접근법이 가능성 있는 것은 사실이지만, 사용자에게 노출될 위험을 줄이고 경제성과 대중화 전략을 고민해야 하는 등 아직 극복해야 할 문제들 역시 존재한다.

기술 정보 통제의 약화

북한 당국이 고안한 새로운 디지털 정보 통제 방식 중 다수는 자국민들에 대한 정부의 기술적 정교함을 전제 하에 고안됐다. 하지만 이는 외부의 기술과 비교하면 미진한 수준이다. 디지털 정보 통제 발전을 위한 원리, 실무 및 기술에 대한 연구는 이러한 통제를 직간접적으로 약화시킬 수 있는 방식을 되레 노출한다. 이는 곧 북한 주민들에게 더 큰 접근성을 허용하고, 일정량의 디지털 감시로부터 스스로를 보호할 수 있게 한다. 북한의 기술 정보 통제를 약화시키기 위한 노력은 북한 주민들로 하여금 합법화된 장치를 사용해 허가되지 않은 콘텐츠를 접할 수 있게 하고, 위험에 노출되는 걸 꺼리는 사람들조차도 이러한 불법 콘텐츠를 접하는 데 한층 관대해질 것이란 점에서 때 분명 매력적으로 보인다.

나아가 다소 긴 시간이 걸리더라도, 북한 주민들이 당국의 디지털 정보 통제 체계를 이해하고 이를 약화시키는 능력 또한 증대될 수 있음을 고려해야 한다. 비록 북한 주민들이 고도의 "해킹" 문화를 누릴 수 있을 만큼의 폭 넓은 기술 지식을 습득하기엔 상당히 불리한 조건이라 할 수 있으나, 그들은 외부 정보에 접근하거나 스스로의 안전을 지키기 위한 목적으로 하드웨어를 직접 변형하는 등 유구한 전적 역시 갖고 있다. 북한 주민들이 디지털 기술에 노출되는 기간이 늘어나거나 컴퓨터 교육을 받은 인구가 증가할수록, 북한 당국의 해킹 역시 디지털화 될 가능성도 높아진다.[23] 그러므로 북한 밖에서 북한 당국의 정보 통제 기술

---

[23] 확신하긴 어렵지만, 북한에서 기술 교육을 받은 사람들이 개별 휴대전화에서 검열 시스템을 비활성화시켰다는 일화가 담긴 보고서들이 이미 존재한다.

을 약화시키고자 한다면, 역으로 북한 당국의 통제 기술이 어떻게 구현되고 발전했는지에 대한 연구가 필요하다. 해당 연구를 통해 다시금 기술에 대한 이해를 북한 내부로 유입할 수 있을 것이며, 그 끝에 이러한 통제 기술의 허점을 찾아 해체하는 방법을 고안할 수 있을 것이다.

7

외부 정보에 대한 북한의 대응

마틴 윌리엄스

이 장에선 41명의 북한이탈주민 대상 면접조사 결과를 바탕으로 북한 내에 증가하는 해외 문물의 유입과 그에 대한 북한 정권의 대응을 법적, 사상적, 기술적 측면에서 검토한다. 이 면접조사는 2019년 12월 발간된 북한인권위원회의 보고서 작성을 위해 대한민국 서울에서 2월, 3월, 8월에 진행됐다. 조사 참여자들은 북한이탈주민의 연령과 직업군을 대표하는 19명의 여성과 22명의 남성으로 구성돼 있으며, 이 중 절반은 2010년대에 탈북했고 나머지는 그 이전 시기 북한을 떠났다. 대다수는 함경북도 출신이지만, 평양이나 양강도, 평안북도 출신 북한이탈주민들도 응답자에 포함돼 있다. 이 장은 북한인권위원회 보고서 중 디지털 대응: 정보 유입에 대한 북한의 반격이란 제목의 장을 수정 보완한 것이며, 북한 관영매체와 필자가 개인적으로 시청한 북한 영상에서 자료 일부를 발췌했다.[1]

최근 20년간 북한에서 해외 콘텐츠 확산을 촉진한 것은 전자기기와 통신기기의 디지털화다. 디지털 매체는 북한에서 불법 콘텐츠를 더 쉽고 값싸게 밀수, 분배, 소비, 복제할 수 있게 했고, 그 수준은 매년 발전하고 있다. 북한 당국은 해외에서 유입된 뉴스나 엔터테인먼트 콘텐츠 유통에 맞서 싸워왔지만, 2011년 김정은 집권 이후 이와 같은 단속과 통제에 대한 주민들의 반발 역시 한층 심화된 모습이다. 이에 북한 당국은 주민들에 대한 가택수색과 불시 검문 등 과거의 방식

---

1 마틴 윌리엄스, Digital Trenches: North Korea's Information Counter-Offensive, 북한인권위원회(Committee on Human Right in North Korea), 2019년 12월, https://www.hrnk.org/uploads/pdfs/Williams_Digital_Trenches_Web_FINAL.pdf.

을 고수하는 동시에, 디지털 기술에 맞서는 방식으로 급격히 선회하는 모습을 보이고 있다. 여기에는 안드로이드(Android) 운영 체제와 같은 오픈 소스 기술을 북한식으로 대체하는 방법이 포함된다. 북한의 디지털 대응이 점점 더 정교해짐에도 불구하고, 시장 경제의 확산과 국가 배급 체계 붕괴에 따른 뇌물 증가로 인해 외부 정보 유입을 막기 위한 정권의 노력이 상쇄되는 현상이 나타나고 있다. 여전히 북한에서 생산되는 콘텐츠는 주민들의 흥미를 유발하지 못하고 뻔한 체제 선전에 치우쳐 있지만, 그럼에도 불구하고 디지털 시대에 적응하기 위한 북한 당국의 초기 대응을 확인하게 한다.

[문제점]

강력한 통제를 근간으로 하는 나라에서 자유로운 정보의 유통은 당국의 주요 골칫거리일 수밖에 없다. 인민에 대한 국가 통제 방식의 대부분은 조작된 정보를 위에서 아래로(top-down) 제공하는 체계를 기반으로 삼고 있다. 시민들 간에는 물론 외부와 이뤄지는 소통은 정보의 사실 여부와 관계없이 엘리트 지도층의 기반을 약화시킬 만한 대안 정보를 제공하기 때문에 결과적으로 국가의 정당성마저 훼손할 위험이 있기 때문이다.

북한은 전 세계에서 가장 강력한 정보 통제 체계를 건설해 주민들에 대한 삼엄한 통제를 이어오고 있다. 단 하나의 시각만을 제공하는 중앙 통제 선전을 주민들에게 주입한 채 그와 다른 견해를 가질 경우 처벌을 내리고 있다. 북한은 국가 선전에 어긋나는 것이라면, 그게 무엇이든 간에 주민들로 하여금 지도부와 체제에 대한 의문을 품게 할 것이라 여기는 것이다.

[해외 미디어의 유입에 대한 법적 대응]

북한 당국이 외부 정보 유입으로 난처한 상황에 있다는 사실은 2009년, 2012년 그리고 2015년 개정된 형법을 통해서도 확인할 수 있다. 형법의 개정 과정을 보면, 처벌의 초점이 외부 콘텐츠를 단순 소유하거나 소비한 행위에서부터 수입하고 유포한 행위로 옮겨가고 있는 것으로 나타난다. 일반적으로 경범죄에 대해서는 비교적 형기가 짧은 처벌을 부과하는 반면, 중범죄에 대해선 형기가 더 긴 처벌을 부과한다. 대부분의 경우, 초범이 아닌 밀수꾼들이 이와 같은 새로운 기준의 처벌 대상이 되고 있다.

[북한의 형법]

북한 형법에서 "썩어빠진 문화의 수입과 유포"를 다루는 조항이 차지하는 분량은 최근의 변화상을 잘 보여준다. 북한 형법은 "퇴폐적이고 색정적이며 추잡한 내용을 반영한 그림, 사진, 도서, 록화물과 전자매체 같은 것을 허가 없이 다른 나라에서 들여왔거나 류포하였거나 비법적으로 보관하고 있는 자"를 표적으로 삼는다.[2] 2009년 개정 형법 제193조는 대부분 2년 이하 또는 죄질이 "무거운" 경우 5년 이하의 '로동교화형'에 처하고 있으며, 다만 성 녹화물에 대해서는 5년에서 10년 형에 처한다. 2012년 형법에서는 해당 조항 번호를 제183조로 변경했는데, 가장 낮은 단계의 범죄에 대한 최고형이 노동교화형 2년에서 1년으로 축소됐고, 성 녹화물에 대한 구체적인 처벌 규정은 삭제됐다. 2015년 개정 형법 제183조에는 "여러 번 또는 대량으로 반입, 제작, 류포, 보관한" 경우 '로동교화형' 5년 이하의 처벌을 부과하는 내용이 새롭게 추가됐다. "대량"과 "여러 번"은 형법에

---

2   북한인권위원회는 북한 형법의 영문 번역을 제공하고 있다.

정의하지 않고 판사의 재량으로 남겨졌다. 또한 "심각하다"고 판단되는 행위들에 부과되는 5년에서 10년형이 다시 등장했다. 무엇이 "심각"한지에 대해 법으로 명확히 규정된 것은 없지만, 북한 주민들은 일반적으로 콘텐츠의 종류에 따라 위험의 정도가 달라진다고 인식하고 있다. 위험이 가장 낮은 콘텐츠에는 중국, 인도, 그리고 러시아산 영화들이 포함되고, 미국과 한국의 영화나 드라마는 그 보다 한 단계 더 높은 위험으로 여겨지며, 가장 큰 위험이 수반되는 콘텐츠는 북한 체제나 지도부를 직접적으로 공격하는 내용과 성치적, 종교적, 성인물 콘텐츠 일체를 포함한다. 북한 형법 제184조의 퇴폐적인 행위, 제185조의 적대방송청취, 제221조의 비법적 국경 통과, 그리고 제214조의 출판 행위 통제에 관한 조항에서도 이와 비슷한 변화를 볼 수 있다. 각 조항으로 볼 때 유포를 담당하는 사람들에게 더 무거운 처벌을 내리는 것으로 내용이 재조정된 것을 알 수 있다.

종합해보면, 북한 당국은 자국이 해외 콘텐츠 유입과의 투쟁에서 열세라는 사실을 받아들인 것처럼 보이며, 따라서 더욱 중대하게 노력을 기울이고 있다. 형법에 따른 처벌 수준은 혐의자를 기소할 당시의 정치나 대내 안보 상황으로부터 영향을 받을 수 있기 때문에 실제 주민들은 법에 명시돼 있는 형량 이상의 처벌을 받을 수도 있다.

[뇌물]

하급 경비원들이 북한 주민들로부터 뇌물을 받고자 하는 의지를 꺾지 못한 것도 외부 유입 콘텐츠와의 투쟁을 약화시키는 요인으로 작용한다. 북한이탈주민의 증언에 따르면, 사회안전성 소속 지역 파견 관리들의 경우 체제 위험성이 낮은 콘텐츠를 적발할 시 대부분 뇌물을 받고 사건을 무마시키고 있다. 물론 "심각한" 내용을 담고 있거나 콘텐츠 규모가 대량인 경우, 도 단위 혹은 전국 단위 국가보위성 소속 직원들에게 뇌물을 제공하더라도 사건을 무마시키긴 쉽지 않을 것이다.

북한 사회에 만연한 뇌물 수수 행위가 사실상 공공 분배 체계의 마비를 초래하면서 국가보위성 직원들은 예전보다 훨씬 불편한 입장에 놓이게 됐다. 게다가 돈주 집단이 부상함에 따라 부유한 주민들로 구성된 새로운 집단이 등장하고 있다.[3]

북한이탈주민의 증언에 따르면, 뇌물의 양은 범죄 혐의와 범법 행위자의 사회적 지위에 따라 다르게 책정된다. 대부분의 경우 개인이나 가족에게 재정적 부담을 안겨줄 만큼 상당한 양을 필요로 하기 때문에 뇌물은 여전히 많은 주민들에게 어려움을 주고 있다. 필자와 만난 한 북한이탈주민에 의하면, 경범죄는 국가 월급의 몇 배 정도인 미국 달러 몇 푼이면 해결할 수 있지만 탈북을 시도한 후 적발될 경우 천 달러 이상의 뇌물이 필요하다고 한다.

모든 북한 주민이 시장이나 개인 사업을 통해 부를 축적하진 않기 때문에 뇌물의 등장은 빈곤층에게는 너무 먼 이야기일 수 있다. 그러나 이미 부유층들은 뇌물로써 범법 행위에 따른 책임에서 벗어나고 있으며, 이는 곧 북한 내 이중 사법 체계가 팽배해 있음을 보여준다.

평양에서 멀리 떨어져 있는 도시들에 파견될 경우, 국가 기관 근무자들은 평양에 파견된 근무자들보다 더 많은 뇌물을 받을 수 있다. 이러한 현상에는 평양 밖 지역들의 열악한 경제 사정과 약화된 사상적 기반 그리고 평양의 간섭에서 벗어나고자 하는 열망이 작용한다. 평양에서 멀리 떨어진 도시에서 범죄 사건이 발생할 경우, 해당 지역에 파견돼 있던 정부 관리는 중앙 본부로부터 감시를 받기 때문에 상당히 불편해질 뿐만 아니라 자신의 자리를 잃게 될 수도 있다. 따라서 각 지방에 파견된 보안 기관 근무자들은 자신이 담당하는 지역이 잘 관리되도록 유지하려는 개인적인 동기를 갖게 된다. 한 북한이탈주민은 지역에 배정돼 있던 보안기관 경찰이 종종 보위부의 단속이 임박했음을 경고해준 덕분에 자신도 급습에 대비하고 위험한 물건들을 숨길 수 있었다고 밝히기도 했다.

---

3   다니엘 콜린지(Daniel Collinge), 권리의 대가: 조선민주주의인민공화국 내 적합한 생활 수준을 누릴 권리의 침해, 유엔 인권사무소 (The Price Is Rights: The Violation of the Right to an Adequate Standard of Living in the Democratic People's Republic of Korea) (영문), 2019년 5월 19일, https://www.ohchr.org/Documents/Countries/KP/ThePriceIsRights_EN.pdf.

[밀수 그리고 국경 안보]

김정은 집권 이후 북한은 북쪽 국경을 따라 보안을 강화하기 시작했다. 가장 먼저 등장한 것은 현재 국경 대부분에 설치된 신식 철책이며, 가장 최근에는 비디오 감시 카메라 네트워크가 중국과 맞닿아 있는 국경 전체에 이르도록 광범위하게 설치돼 있다.[4]

2014년 이후, 북한 당국은 지역 주민들과 밀수꾼들이 국경경비대와 친밀한 관계를 형성하지 못하도록 하기 위해 근무 교대 횟수를 늘리기도 했다. 국경에 설치된 비디오 카메라는 밀수꾼들에 대한 감시와 더불어 국경경비대원들을 효과적으로 지켜보고 있는 것이다.

[불시 거리 검문]

신체 검사나 스마트폰 검사와 같은 불시 거리 검문은 보안 세력이 외부 유입 콘텐츠를 단속하는 방법 중 하나다. 스마트폰의 경우, 보안원들은 채팅 기록을 확인해 대화 내용을 보면서 혹 문자메시지 중 남한 말투를 사용하진 않았는지 검사한다. 하지만 손톱만한 크기의 마이크로 SD 카드가 등장하면서 주민들이 이와 같은 위험에 처하는 빈도는 줄어들게 됐다. SD 카드는 검문 중 수색이 어려울 뿐만 아니라 적발 위험이 있을 때 즉시 부러뜨려 손 쉽게 파기할 수 있기 때문이다.

---

4 강지원, "장성택 처형 후 국경지대 긴장 여전 (Things Still Tense in Border River Area After Purge of Jang Song-taek)"(영문), 아시아프레스, 2014년 6월 20일; 영상 감시노력에 관해서는, 조현, "북중 국경지역 전체에 감시카메라 확대(Video Surveillance Network Expanded on China-North Korea Border)" (영문), 데일리 NK, 2018년 12월 28일, https://www.dailynk.com/english/video-surveillance-network-expanded-on-china-north-korea-border/; 문동희, "북중 국경 전체 지역 관리 감시카메라 설치(Surveillance Cameras Installed to Cover Entire Sino-North Korean Border Region)"(영문), 데일리 NK, 2019년 3월 18일 참조

[가택 급습]

예고 없는 주거지 급습도 여전히 진행 중이다. 이는 영장 없이 언제든 발생할 수 있으며, 외국 미디어를 시청하던 중이거나 콘텐츠를 소지하고 있다면 언제든 처벌 위험에 노출될 수 있다.[5] 하지만 미디어의 크기가 감소함에 따라 주민들의 대처가 용이해졌다. USB 한 개의 저장 용량이 VHS 비디오 테이프 여러 개와 같고, 단속을 피해 훨씬 손쉽게 은닉이 가능하기 때문이다. 물론 앞서 언급한 마이크로 SD카드는 이보다도 더 작은 크기를 갖고 있다.

인민반장은 북한의 국가 감시 체계에서 중요한 역할을 담당한다.[6] 이들은 주민들이 해외 영상을 시청하거나 해외 라디오 방송을 청취하는지 확인하는 임무를 수행한다. 북한 주민들이 할 수 있는 가장 흔한 대응은 방송 볼륨을 낮추는 것인데 이것마저도 주의를 끌 수 있다. 한 북한이탈주민은 필자에게 그가 해외 콘텐츠를 인민반장과 함께 본적이 있다고 증언했다. 보편적인 사례는 아니겠지만, 이를 통해 전반적으로 사상적 기반이 약화돼 있고 감시 체계의 하위 계층마저 붕괴하고 있다는 점을 알 수 있다.

[해외 미디어 유입에 대한 사상적 대응]

북한의 해외 유입 콘텐츠에 대한 두 번째 대응 수단은 사상이다. 북한 주민들은 태어날 때부터 사상 교육을 받으며, 이는 죽을 때까지 북한 주민들의 삶 전반에서 영향을 행사한다.

---

5 켄 가우스 (Ken Gause), "강압, 통제, 감시 그리고 처벌: 북한 경찰국가에 대한 고찰 (Coercion, Control, Surveillance, and Punishment: An Examination of the North Korean Police State)"(영문), (워싱턴 D.C.: 북한인권위원회, 2012), 43, https://www.hrnk.org/uploads/pdfs/HRNK_Ken-Gause_Web.pdf.

6 이웃 단위로 운영

선전선동부

주민들은 중앙 기관이 끊임없이 주입하는 선전을 수용하며 살아간다. 선전선동부는 방대한 규모의 통제 및 검열을 거친 언론 보도, 미디어 그리고 예술 등의 수단을 통해 북한 주민들에게 사상을 주입한다. 뿐만 아니라 선전선동부는 신문, TV 방송, 영화, 음악 공연, 연극 등 종류에 상관없이 북한 매체와 예술 영역 전반에 걸쳐 주민들에게 동일한 메시지가 반드시 전달되도록 하는 부서다. 이들은 또한 북한 주민(김정은을 제외한) 모두가 매주 참석해야 하는 사상 교양 강의들에 대한 전권을 쥐고 있다.[7]

이와 같은 임무를 수행하기 위해, 선전선동부는 전국적으로 추진하고 있는 사업과 교양 메시지가 매체를 통해 전달될 수 있도록 당 중앙위원회 산하 조직지도부와 긴밀히 협력한다. 매달 선전선동부는 모든 언론 매체가 준수해야 하는 선전 주제를 나열해 지침서로 전달한다. 이 주제는 개인들에게 도달할 수 있는 모든 부분을 거쳐 전달된다.

선전선동부는 문화부나 중앙방송위원회와 같은 기관에 영향을 미칠 수 있는 통제 네트워크도 운영한다. 해당 부문의 노동자 수천 명을 임명, 승진, 좌천, 파직하면서 효과적으로 조직을 통제한다. 선전선동부는 출판사, 영화 스튜디오, 예술 공연단 그리고 영화 단체에 직접 소규모 인원으로 직원을 파견해 콘텐츠 제작의 각 단계를 감시하고 승인한다. 업무는 각 조직의 선전선동부 계열로 지속 보고되고, 해당 사안은 승인 결정이나 개선 방안에 대한 의견과 함께 회신된다. 승인이 완료되면 선전선동부 본청의 추가적인 승인을 위해 상부로 보고된다.

김 씨 일가는 언제나 선전선동부와 긴밀히 공조해왔다. 김정일이 1964년 김일성종합대학교를 졸업한 후 가장 먼저 일했던 곳이 바로 선전선동부다.[8] 2015년

---

7 마이클 매든, "북한 노동당 선전선동부(KWP Propaganda and Agitation Department)" (영문), NK 리더십 워치, 2009년 11월.
8 "선전선동부", 북한정보포털, 대한민국 통일부,
https://nkinfo.unikorea.go.kr/nkp/term/viewNkKnwldgDicary.do?pageIndex=1&dicaryId=128.

김정은의 여동생 김여정의 첫 행보 중 하나도 선전선동부 부부장으로 임명된 것이었다. 2019년 4월 현송월 전 삼지연교향악단 단장에게 그 역할이 넘어간 것으로 보이지만, 김여정은 이 직책에서 김정은의 대외적 이미지를 성공적으로 총괄 관리했다.[9]

일간 및 주간 총화

북한에서 정기 총화는 사상 주입 체계에서 중요한 부분을 차지하며, 체제에 대한 북한 주민들의 동조를 이끌어내는 역할을 수행한다. 전국의 모든 인민반에서 적어도 일주일에 한 번씩 총화를 진행하며, 이 외에도 일터에서 진행하는 일간 총화가 있다. 일간 총화는 신문에 실린 내용을 바탕으로 참가자들이 다양한 사안에 대해 토의하는 기회를 제공한다. 그러나 이는 사실 주민들에게 당의 관점에 동조하고 지지할 것을 맹세하도록 하는 자리다.

주간 총화에는 대개 선전선동부를 중심으로 통제되는 주요 사안에 대한 강의가 포함된다. 때때로 국가보위성 관리들이 외국 콘텐츠의 해악 등 다양한 주제로 강의를 제공한다.

이러한 총화들은 비공개로 진행되고 해외에서 그 실태를 감시할 수 없기 때문에, 북한 당국은 방송매체에서 다룰 수 없는 더욱 혹독한 메시지를 주민들에게 자유롭게 전달할 수 있다.

---

9 마이클 매든, "북한의 새로운 주인공? (North Korea's New Propagandist?)" (영문), 38노스, 2015년 8월 14일, https://www.38north.org/2015/08/mmadden081415/; "선전선동부의 사실상 권력자 김여정(Kim Yo-jong in De Facto Power of PAD)"(영문), 데일리 NK, 2015년 7월 20일; "국영매체, 선전선동부 내 현송월 역할 증가 암시 (State Media Hints at Growing Role for Hyon Song Wol in Party Propaganda Department)"(영문), NK 뉴스, 2019년 6월 4일

[해외 미디어 유입에 대한 기술적 대응]

해외 미디어를 겨냥한 북한 당국의 모든 투쟁 방법 중 최근 몇 년간 가장 비약적인 발전을 보인 영역은 바로 기술 분야다. 미디어의 디지털화가 해외 유입 콘텐츠를 북한 전역에 확산시키는 역할을 했지만, 동시에 북한 당국이 이에 맞서도록 돕는 기술 또한 함께 발전한 것이다.

디지털 혁명의 초창기에 북한 당국은 새로운 기술 도입을 금지하는 방식으로 대응했다. 이는 문제에 대한 즉각적이고 단순한 해결책을 제공했지만 장기적인 방법은 아니었다. 이러한 금지조치에도 불구하고 북한 내부로 물품들이 밀수되는 것을 막지 못했을 뿐만 아니라, 휴대전화나 스마트폰 기술로 얻을 수 있는 경제적 유익마저 앗아갔기 때문이다. 이에 북한 정권은 자신들의 통제 하에서 기술을 활용할 수 있도록 전략을 바꿨다. 휴대전화와 와이파이(WiFi)를 도입하되, 주민들이 이를 불법적으로 활용하지 못하도록 했다. 결과적으로 북한은 추가적인 제한 조치를 고안해 낸 후에야 다시 그 기술들을 도입했다. 최근엔 북한 당국의 엄격한 통제 아래 IPTV(인터넷 TV) 스트리밍과 같은 기술이 도입되기도 했다.

이 현상이 보여주는 것은 분명하다. 북한 정권은 디지털 기술을 통제하고 운영하는 방법을 더욱 정교화하고 있는 것이다.

휴대전화

북한은 2002년 나진-선봉 경제특구에 휴대전화 통신망을 설치하면서 휴대전화 기술을 처음으로 경험했다. 이 2G 통신망은 유럽의 GSM를 기반으로 방콕에 본사를 둔 록슬리 퍼시픽(Loxley Pacific)에 의해 설치됐다. 사업을 시작한지 1년 반 만인 2004년 북한 당국에 의해 폐쇄되기 전까지 수천 명의 가입자들이 몰려

들었다. 이 사업이 갑작스럽게 폐쇄된 이유는 명확히 밝혀지지 않았지만, 해당 조치는 중국 국경에 인접한 용천의 철도에서 거대한 폭발이 발생한 이후 한 달이 채 안 된 시점에 단행됐다.

수백 명의 사상자를 낸 이 폭발은 김정일이 탑승한 특별 열차가 그 지역을 통과한지 몇 시간쯤 흐른 뒤 발생했다. 일반적인 사고에 의한 폭발이라고 결론을 내렸지만, 일각에서는 휴대전화를 이용한 살해 시도였다는 소문이 퍼졌다. 소문의 진위 여부와 관계없이 이 사건은 북한 당국으로 하여금 기술이 잠재적으로 오용될 수 있다고 인식하기에 충분했고, 이로 인해 공공 휴대전화 서비스는 머지않아 폐쇄됐다.[10]

하지만 북한 당국은 휴대전화 기술의 잠재력을 확실히 깨닫고 얼마 후인 2008년 이집트의 오라스콤 텔레콤(Orascom Telecom)과 신형 통신망인 고려링크 설립 계약을 체결했다. 고려링크는 유선 전화망을 운영하면서 두 부분으로 분리된 채 정보의 유통을 제어한다. 한쪽은 북한 주민들 간의 연락과 국내 인터넷 연결에 사용되는 전화이며, 다른 한 쪽은 외국인들의 국제전화 수신과 발신 그리고 인터넷 연결에 사용된다. 두 영역 간에는 직접적인 연결이 불가능한데, 이는 국제 접속이 가능한 사람들이 그렇지 못한 사람들에게 정보를 전달할 가능성을 차단하기 위함이다. 이처럼 통제되지 않는 통신 가능성이 제거된 상태로 북한 주민들도 휴대전화의 혜택을 누릴 수 있게 됐다.[11]

---

10 "태국 정부, 북한에 휴대전화 금지 완화 촉구 (Thailand Urges N. Korea to Lift Mobile Phone Ban)" 교도 뉴스, 2005년 8월 29일

11 "검열 빈틈 채우기 위한 고려링크의 움직임 (Koryolink Moves to Plug Censorship Loophole)" (영문), 노스코리아테크, 2014년 9월 2일, https://www.northkoreatech.org/2014/09/02/koryolink-moves-to-plug-censorship-loophole/; 강미진, "북한, 특정 SIM카드 노리는 탄압 (North Korea Targets Specific SIM cards in Crackdown)"(영문), 2017년 7월 31일, https://www.dailynk.com/english/north-korea-targetsspecific-sim-c/ 참조.

국경 지역 휴대전화 사용

북한 당국의 엄격한 통제가 부재했을 때 어떤 일이 발생하는지는 중국과 국경을 맞대고 있는 지역의 상황으로 알 수 있다. 중국의 휴대전화 송신탑에서 송출되는 신호는 외부 세계로 향하는 창문과도 같고, 이는 국경을 넘어 북한 내부 수 킬로미터까지 도달한다.[12] 북한 주민들은 중국 휴대전화 신호와 중국 SIM카드가 내장된 휴대전화를 밀수해 전 세계 어디든 전화를 걸 수 있고, 제한 없이 인터넷에 접근할 수 있다.

이에 대응하기 위해 북한 당국은 휴대전화 신호를 교란하면서 사람들이 전화를 발신하는 위치를 추적해왔다. 이 교란작전은 국경을 따라 인구가 밀집돼 있는 신의주, 만포, 혜산, 회령과 같은 지역에 집중됐다. 보고서에 따르면, 북한 당국에 의한 신호 교란 조치를 우회해 중국 신호를 수신하려면 북한 주민은 마을에서 수 킬로미터 떨어진 지역까지 이동해야 한다. 때로는 중국 통신망에서 오는 약한 신호라도 잡기 위해 멀리 떨어진 지역에 있는 언덕에 올라가기도 한다.

북한 당국이 이따금씩 신호교란을 중지할 때면 도시에 거주하는 북한 주민들도 중국 휴대전화 신호를 쉽게 잡을 수 있다. 그러나 이는 함정이다. 북한 주민이 전화를 발신하면, 당국은 장비를 사용해 그들의 위치를 파악할 것이다. 이 장비는 독일 로데&슈바르츠(Rohde & Schwarz)사의 고가 정밀 장비인데, 고려링크의 신형 3G 통신망을 보호하기 위한 반(反) 감시 명목으로 2008년 북한에 수입됐다.[13]

결과적으로 북한 주민들은 스스로를 보호하기 위해 상당한 거리를 이동해야 한다. 휴대전화를 사용하지 않을 때는 언제나 전원을 꺼 둬야 하고, 전화를 발신

12　김준호, "북한, 중국 휴대전화에 대한 교란 및 감시 강화 (North Korea Expands Jamming, Surveillance of Chinese Cell Phones)"(영문), 자유아시아방송, 2014년 7월 3일, https://www.rfa.org/english/news/korea/jamming-07032014143126.html.

13　"북한의 고려링크: 감지와 통제 위해 설치 (North Korea's Koryolink: Built for Surveillance and Control)" (영문), 38 노스, 2019년 7월 22일, https://www.38north.org/2019/07/mwilliams072219/.

할 때는 최대한 짧게 통화해야 한다. 일부 사용자들은 더 좋은 신호를 수신하는 와중에 혹 누군가가 접근하고 있지는 않은지 잘 감지하기 위해 시골 지역으로 이동하거나 언덕에 올라간다.

북한의 추적 체계는 완벽하지 않다. 북한의 적법한 휴대전화와 중국 통신망에 연결돼 있는 휴대전화를 구분하기란 쉽지 않기 때문이다. 북한 당국은 추적 가능성을 높이기 위해 정기적으로 국내의 적법한 무선 통신망을 차단, 모든 북한 전화의 연결이 끊겼을 때 중국 통신망에 연결돼 있는 전화를 색출해내기도 한다.[14]

중국 내 초고속 5G 통신망의 등장은 북한 당국에게 또 다른 문제를 야기할 것으로 보인다. 2019년 보고된 바에 따르면, 일부 북한 주민이 위챗(WeChat)을 이용해 소통하고 북한 내부로 영상 콘텐츠를 전송하기 시작했다. 위챗은 한도 용량을 100MB로 제한하고 있어서 짧은 길이의 고화질 동영상만 전송할 수 있지만, 한층 빨라진 5G 통신망과 기타 메시지 플랫폼을 통해 짧은 시간 내 TV 프로그램과 영화 전송도 가능해질 수 있다.[15] 이런 기술이 상용화 될 경우 북중 양국의 국경을 물리적으로 넘나들 필요가 없어지고, 위험을 완전히 없애긴 어렵겠지만 불법 콘텐츠를 더욱 안전하게 북한 내부로 유입할 수 있을 것이다.

현재 가장 큰 제약은 영화와 같이 길이가 긴 동영상 파일을 내려 받는데 소요되는 시간이다. 이런 영상들은 보통 1-2GB 정도인데, 지금의 통신망으로는 다운로드에 수십 분이 걸린다. 5G를 이용해 이 시간을 10분 내로 줄일 수도 있겠지만, 그 대신 새로운 주파수 대역을 이용하는 휴대전화 신호는 더 쉽게 추적될 위

---

14 문성희, "북한, 중국 휴대전화 사용자 체포 위해 통신탑 일시 폐쇄 (North Korea Temporarily Closes Telecom Towers to Nab Chinese Mobile Users)"(영문), 자유아시아방송, 2014년 12월 16일, https://www.rfa.org/english/news/korea/crackdown-12152014134428.html; "북한, 남한 사람과 전화통화하는 북한주민 단속 (N.Korea Clamping Down on People Making Phone Calls with South Koreans: Sources)"(영문), 연합뉴스, 2016년 3월 29일, https://en.yna.co.kr/view/AEN20160329004300315;

15 문동희, "북한 주민, 영상과 국경 넘나드는 소통 위해 위챗 사용 (North Koreans Turn to WeChat for Videos and Crossborder Communication)"(영문), 데일리NK, 2019년 7월 30일, https://www.dailynk.com/english/north-koreans-turn-to-wechat-for-videos-and-crossborder-communication/.

험이 있다.

정보 통신망이 국경을 초월하는 정보 유통에 사용된다면, 북한 당국이 국경 지역의 휴대전화 사용에 대한 추가 단속에 나설 가능성도 예측해 볼 수 있다.

스마트폰 및 PC에 대한 기술적 차단

네트워크를 억압하는 국가에서는 일반적으로 통신망 수준에서 온라인상의 대중을 통제한다. 중국이나 이란과 같은 나라에서는 특정 웹사이트 차단, 키워드 검열, 온라인 기록 추적 등의 방법을 사용한다. 북한에서는 당국에 의해 이보다 더 많은 통제가 시행된다. 사회 전체 기반 시설을 국가에서 운영하고 보위부가 이동 통신망과 긴밀히 연결돼 있기 때문에, 북한 당국이 네트워크 트래픽을 완전하게 감시할 수 있는 것이다. 북한의 '내나라' 웹브라우저에 내장된 암호를 사용하더라도, 북한 당국이 암호키를 발행하기 때문에 여전히 트래픽 감시가 가능하다.

지난 10년간 북한 당국은 개인 컴퓨터와 스마트폰의 단속 기술을 상당한 수준으로 정교화 했다. 북한 당국은 디지털 기기가 불러올 수 있는 잠재적 자유에 영리하게 대응했고, 오픈소스 소프트웨어를 장악해 북한 주민이 자유를 누릴 여지를 차단했다. 이 정교한 체계는 꽤나 성공적으로 구축된 것으로 보인다. 컴퓨터 보안 공학자들은 북한의 PC 소프트웨어를 가리켜 "감시의 혼란이자 사생활의 악몽"이라고 불렀다.[16]

북한의 모든 안드로이드 태블릿 PC와 스마트폰의 백그라운드에는 "붉은별"이라고 불리는 소프트웨어가 설치돼 있다. 이 소프트웨어는 사용자가 방문하는 모든 페이지를 웹브라우저상에 기록하고, 태블릿PC나 휴대전화를 사용하는 동안 무작위로 스크린 샷을 찍는다. 이 외에 북한 당국이 설치한 "트레이스 뷰어

---

16 플로리안 그루노(Florian Grunow), "붉은별 OS에 대한 검토 (Lifting the Fog on Red Star OS)" (영문), 카오스 컴퓨터 클럽 의회, 2015년 12월 27일, https://media.ccc.de/v/32c3-7174-lifting_the_fog_on_red_star_os/related

(Trace Viewer)"라는 어플리케이션은 수집된 스크린 샷들의 기록을 남기는데, 사용자들이 이 기록을 볼 수는 있어도 삭제할 수는 없도록 설계돼 있다.[17] 이 체계는 단순하지만 불길함을 조성하기에 안성맞춤이다. 사용자들은 자신들이 기기를 사용해 행하는 모든 것들이 기록되고 후에 북한 정부 기관 관리들이 이를 열람할 수 있다는 사실을 상기할 수밖에 없을 것이고, 결과적으로 이 체계는 북한 주민들이 일어나지 않을 수도 있는 상황을 두려워해 자체적으로 검열하도록 교묘히 강제성을 부과한다.

파일 워터마크

북한 엔지니어들은 PC용 붉은별 운영체제와 북한 자체 안드로이드 스마트폰에 파일 워터마킹 체계를 삽입했다. 미디어 파일이 기기에서 열릴 때 마다 하드 드라이브에 저장된 일련번호 혹은 휴대전화의 식별번호가 해당 파일에 추가되는 것이다. 이미지나 동영상, 문서 파일과 같이 불법 정보를 운반할 수 있는 그 어떤 것이든 워터마크가 새겨진다.[18]

워터마크는 파일이 열람된 기기나 휴대전화를 확인하는 데는 물론, 해당 파일이 사용자들 사이에서 전달됐다면 그 파일들에 접속한 모든 기기들을 확인하는 용도로도 사용될 수 있다. 이론적으로 워터마크를 통해 해당 파일을 열어본 첫 번째 사람까지 추적해 파일의 이동경로를 완벽하게 파악할 수 있다는 뜻이다. 워터마크가 포함된 파일이 충분하게 수집된다면, 북한 내 정보가 유통되는 네트워크의 주요 지점을 드러내는 복잡한 지도까지도 그려낼 수 있는 셈이다.

---

17 플로리안 그루노 (Florian Grunow), "북한의 최신 태블릿 PC에 대한 검토(Lifting the Fog on DPRK's Latest Tablet PC)"(영문), 카오스 컴퓨터 클럽 의회, 2016년 12월 28일; 플로리안 그루노, 니클라우스 쉬스, "북한 휴대전화 감시 기술 고찰 (Exploring North Korea's Cellphone Surveillance Technology)"(영문), https://www.ernw.de/download/nospy6_exploring_north_koreas_survellance_technology.pdf; "빛난다고 다 금이 아니다: 북한의 울림 태블릿 고찰 (All That Glitters Is Not Gold: A Closer Look at North Korea's Ullim Tablet)" (영문), 38 노스, 2017년 3월 3일, https://www.38north.org/2017/03/mwilliams030317/.

18 그루노, "붉은별 OS 검토."

비록 북한 당국이 주민들의 하드 드라이브 일련 번호를 국가적으로 총괄하고 데이터베이스로 보관하고 있다는 증거는 찾을 수 없지만, 이것이 꽤나 골치 아픈 능력이라는 점은 확실해 보인다. 고려링크 휴대전화 운영자들은 자신들이 발급하는 모든 휴대전화의 국제단말기 식별번호(IMEI)를 기록하기 때문에 휴대전화 사용자들에게 잠재적으로 더 큰 위험이 도사리고 있다.

전자 서명

북한의 전자 인증 체계는 단순하고 효과적이다. 북한 당국은 스마트폰 혹은 태블릿PC를 북한의 선전을 수용하고 개인의 추억을 저장하는 기기 정도로만 활용하도록 제한했다. 2012년 북한 당국이 모든 스마트폰에 새로운 소프트웨어를 설치하도록 의무화하면서 전자 인증 체계의 도입이 시작됐다. 이러한 변화로 인해 국가에서 허가한 비디오 파일을 제외한 그 어떤 파일도 시청할 수 없게 된 것이다.

북한 당국이 소프트웨어를 도입한 의도는 하나의 특징만으로도 명백하게 눈치챌 수 있다. 새로운 소프트웨어가 설치된 휴대전화는 본래 파란색 신호 막대 대신 빨간색 막대가 나타난다. 이것은 거리 검문원들이 휴대전화 설정 화면을 자세히 들여다보지 않고도 휴대전화가 국가 명령에 따라 업데이트 됐는지를 한 눈에 알아볼 수 있음을 의미한다.

이와 + SELFSIGN이다. 이 두 시스템 중 하나의 서명이 없다면 파일은 열리지 않는다. 전자 서명 체계를 사용하는 어플리케이션으로는 파일 브라우저, 이미지 갤러리, 음악 플레이어, 안드로이드 설치 프로그램, PDF 뷰어, 음성녹음, 텍스트 편집기 등이 있다.[19] 만약 열람하고자 하는 파일이 해당 기기 자체 또는 당국에 의해 생성된 게 아니라면 휴대전화에서도 실행되지 않는다. 즉 북한 휴대전화는 단숨에 불법 매체를 소비하기에는 무용지물이 된 것이다. 이 체계는 안드로이드 어플리케이션 파일에도 사용되기 때문에, 결국 북한 당국의 허가 없이는 주민들

---

19 그루노, "붉은별 OS 검토."

이 자유롭게 스마트폰과 태블릿PC에 어플리케이션을 설치할 수 없다.

파일의 결백성 검사

북한 휴대전화와 컴퓨터에 사전 설치돼 있는 보안 소프트웨어를 쉽게 대체할 수 있다면 별 문제가 되지 않겠지만, 이는 사실상 불가능한 일이다. 2013년 붉은별 OS를 시작으로, 엔지니어들은 사전 설치된 데이터베이스에 부합하지 않는 파일을 확인하는 기능을 추가했다. 이를 통해 파일들이 변경되거나 대체됐는지 확인할 수 있고, 파일에 따라 사용자에게 경고를 주거나 즉각적으로 기기를 재부팅할 수도 있는 것이다. 만약 재부팅을 하게 되면, 기계가 반복적인 재부팅 체계에 갇히게 돼 그 기기를 더 이상 사용하지 못하게 될 수도 있다. 이러한 "버그"를 프로그래머들이 몰랐을 리 없는데, 즉 이러한 조치는 수정된 파일을 실행하도록 하기 위한 게 아니라 기기를 무용지물로 만들기 위한 의도된 결정으로 볼 수 있다.[20]

무선 인터넷 (WiFi)

북한 당국은 2000년대 후반 휴대전화와 컴퓨터에 무선 인터넷이 도입된 이후 많은 교훈을 얻었을 것이다. 초창기에는 무선 인터넷을 해로운 기술로 여기지 않았지만, 이내 생각이 바뀐 것으로 보인다. 2013년 평양에 주재하는 대사관 중 적어도 한 곳은 공개 무선 인터넷을 설치했을 것이고, 그렇다면 주변에 있는 어느 누구든 인터넷에 접속할 수 있었을 것이다. 한 보고서에 따르면, 당시의 일을 계기로 무선 인터넷에 접속할 수 있는 지역 인근에 거주하겠다는 수요가 증가했다고 한다.[21] 보고서 발표 후 얼마 지나지 않아, 북한 전파규제부서는 평양에 주재하는 외교사절과 국제기구에 서한을 보내 무허가 무선 인터넷을 금지한다고 고

---

20 그루노, "북한의 최신 태블릿 PC에 대한 검토."
21 NK 지식인연대, "평양시내 대사관주변의 집값천정부지로 뛰어올라," 2014년 8월 6일

지했다.²² 서한은 무선 인터넷 신호가 "허가 없이 설치돼 주변 환경에 영향을 미치고 있다"고 시인했다. 그러면서 이 서한은 무선 인터넷 통신망을 사용하려면 북한 당국과 상의해야 하고, 그렇지 않을 경우 벌금을 감수해야 할 것이라고 지적했다.

공개 무선 인터넷 네트워크 문제를 즉각 제거한 후, 북한 당국은 보다 더 야심찬 다음 조치를 내놓았다. 그들은 자체적으로 휴대전화의 무선 인터넷을 제거했다. 이로 인해 많은 세대의 스마트폰 무선 인터넷 기능이 무력화됐고, 다시 활성화하는 것도 불가능했다. 이러한 조치는 북한 당국이 무선 인터넷을 자체적인 방식으로 재도입할 수 있다고 확신할 때까지 몇 년간 지속됐다.

2017년 9월 북한의 첫 공공 무선 인터넷 네트워크가 평양에서 운영되기 시작했다. 미래 네트워크라고 불린 이 통신망은 미래 과학자 거리와 김책대학교 주변 지역에서 접속할 수 있었는데, 이용을 위해선 휴대전화와 태블릿에 특정 어플리케이션을 사전 설치해야 했다.²³ 서비스에 대한 세부사항은 잘 알려져 있지 않지만, 당시 조선중앙텔레비전은 서비스 이용을 위해선 SIM카드가 필요하다며 "미래" 로고가 그려진 칩을 휴대전화에 삽입하는 영상을 방영한 바 있다.²⁴

[사회 공학적 대응]

새로운 기술이 도입되면 일생동안 지켜온 습관이 긍정적이거나 부정적인 방향으로 짧은 시간 안에 변할 수도 있다. 최근 몇 년간 북한에 도입된 새로운 기술들이 북한 주민들의 외부 정보 소비에 어떤 영향을 미쳤는지 살펴본 결과, 다음 두

---

22 레오 브라인, "북한, 외국인에 대한 무선 인터넷 통신망 차단 (North Korea Bans WiFi Networks for Foreigners)"(영문), NK 뉴스, 2014년 9월 8일.
23 "Wi-Fi로 전민학습환경을 개선 / 무선망판형콤퓨터가 호평", 조선신보, 2018년 8월 8일, "http://chosonsinbo.com/2018/08/il-1814/.
24 조선중앙텔레비전, "8시 뉴스보도," 조선중앙텔레비전, 2018년 10월 21일

가지 기술이 주목할 만하다.

스마트폰 게임

먼저 북한이 다양한 스마트폰에 접속할 수 있다는 점은 의아하게 여겨질 수 있다. 북한 관영 매체가 이에 관대하다고 알려져 있진 않으나, 지난 몇 년간 공식적으로 허가된 게임의 수가 크게 증가한 것도 사실이다.

대양 8321과 같이 현대화된 북한 스마트폰에는 "특수작전단체" "미래도시" 그리고 "배구 2016"를 포함한 125개의 게임 어플리케이션 목록이 포함돼 있다. 일부는 무료로 제공되지만 대부분은 결제가 필요하다.

많은 국가에서 스마트폰을 이용해 모바일 게임을 즐기는 사람들이 많아졌기 때문에 북한 당국도 이 현상에 주목한 것으로 보인다. 여유 시간을 게임에 더 많이 할애할수록, 외국 드라마나 영화를 시청하는 시간은 줄어들게 될 것이기 때문이다.

이전에도 비슷한 사례가 있었다. 스마트폰이 등장하기 전, 한 가정에서 구성원들이 한 개의 노트북 컴퓨터를 공유하던 시절 컴퓨터 게임이 이미 비슷한 역할을 했던 것이다. 가족 구성원 중 한 명이 게임을 즐기고 있는 도중에는 해외 콘텐츠 시청을 위해 노트북 컴퓨터를 사용할 수 없었다. 스마트폰 게임을 도입해 해외 콘텐츠로부터 북한 주민의 관심을 돌리는 것은 아마도 국영 TV 콘텐츠를 확장하는 것보다 더 교묘한 방법일 것이다. 상당수의 20대 북한이탈주민들은 국영 TV 시청에 신물이 나서 컴퓨터 게임에 대신 흥미를 갖는 주민들이 많다고 증언하기도 했다.

IPTV(인터넷 TV) 서비스

IPTV는 국가망을 통해 실시간 영상 채널과 맞춤형 프로그램을 송출하는 서비스로, 2012년경부터 이에 대한 북한 IT 단체들의 연구가 집중됐다. 최근 몇 년간 북한 국영 매체는 만방정보기술보급소가 개발한 "만방"이라는 체계를 몇 차례 보도한 바 있다.[25] 서비스 이용에 필요한 셋톱박스는 중국 전자기기 업체 AISAT으로부터 들여왔고, 만방TV 서비스는 DSL 데이터에 연결된 북한 국가망에 셋톱을 연결해 접속할 수 있다.

북한의 IPTV는 북한만의 방식으로 접근성을 높여 주민들을 프로그램 안에 묶어 두는 교묘한 방법을 쓴다. 만방의 시청자들은 조선중앙텔레비전과 룡남산텔레비전, 만수대텔레비전 그리고 체육텔레비전 등 평양에만 제공되는 채널을 비롯해 많은 실시간 TV 채널에 접근할 수 있다. 평양 밖의 시청자들에게는 초기에 추가 채널을 선택할 수 있게끔 해 국영 매체 체계 안에 더 오래 머무르도록 하고 있다. 만방TV는 어린이 TV 프로그램이나 영화와 같은 주문 영상 목록 기능도 갖고 있다. 이처럼 북한의 국영 방송은 이제 매일 오후 3시 조선중앙텔레비전이 방송되기 전 만방TV를 통해서도 볼거리를 제공한다. 만방TV가 도입되기 전 북한에선 조선중앙텔레비전만이 유일한 방송이었다. 그러나 만방TV와 같이 추가적으로 제공되는 콘텐츠는 시청자들이 국영 방송이 지루하다는 이유로 외부에서 유입된 불법 콘텐츠로 눈을 돌릴 가능성을 차단할 수 있다.

[결론]

북한이탈주민과의 대화를 통해 북한 내부에서 해외 콘텐츠에 대한 태도가 변화하고 있음을 알 수 있었다. 많은 사람들이 해외 콘텐츠가 북한 내 만연하게 퍼

---

25 조선중앙텔레비죤, 필자가 시청한 뉴스 프로그램, 2016년 8월 16일

져 있다고 이야기한다. 심지어 해외 콘텐츠의 확산을 막아야 하는 북한 정부 기관 관리들조차 오히려 해외 콘텐츠를 시청하는 추세라 한다. 해외 콘텐츠와 관련된 법들도 줄어들었으며, 상대적으로 흔한 범죄가 돼 버린 행위에 대해서는 사형이 선고되는 경우도 드물다고 한다. 하지만 이를 두고 북한의 정보 환경이 개선됐다고 추정하는 것은 오판이다. 북한 당국의 행위는 주민들이 시청하고 청취하는 내용에 대한 통제를 포기한 것과 거리가 멀기 때문이다.

비록 북한 당국 스스로 선전 투쟁에서 패배할 수 있음을 인지하는 것으로 보이지만, 여전히 북한 당국은 주민들의 삶을 강력하게 통제하고 있고 그 어떤 불안정한 낌새도 감지되지 않는다. 2019년 3월, 김정은은 노동당 선전 담당 관리들을 불러 모아 사상 주입을 위한 노력을 게을리하지 말 것을 다음과 같이 요구했:

> *격변하는 현 정세 하에서 우리가 달성하려는 웅대한 투쟁목표는 언제나 그러했던 바와 같이 혁명과 건설의 주인인 인민대중의 사상 정신력을 발동함에 더 진지하고 더 많은 품을 들일 것을 요구하고 있습니다.*[26]

북한은 수 년간 진행돼 온 내부적인 세뇌 교육의 혜택을 누리고 있으며, 주민들을 제어할 수 있는 강력한 보안 장치들도 작동되고 있다. 해외 콘텐츠 시청으로 인한 처형이 예전만큼 빈번히 일어나진 않지만, 적발 시 모든 것을 잃을 수 있는 위험은 여전히 존재한다. 뇌물이 증가하면서 부유하고 좋은 인맥을 갖고 있는 사람들은 불법적인 소비를 지속하는 와중에, 가난한 사람들은 뇌물을 감당할 수 없어 불법적인 소비를 피할 수밖에 없는 2계급 사회도 나타나고 있다.

개정된 형법을 통해 해외 미디어 소비에 대해 북한 당국이 일정 정도 유화적인 태도를 갖고 있음을 유추할 수 있지만, 동시에 유포자에 대한 탄압에 주력하고 있다는 사실도 나타난다. 이러한 탄압이 성공한다면 기존에 있던 공급망이 혼돈에 빠지게 될 수 있고 해외 콘텐츠 유통 통로가 줄어들면서 비용이 증가하게 될 것이다.

---

26 로동신문, 2019년 3월 9일

디지털 기술이 해외 콘텐츠 유입의 새로운 통로를 개척하고 있지만, 북한 내에서 증가하는 네트워크 기기들은 정보 자유화의 흐름과 상반되게 작동해 결국에는 조지 오웰의 감시 사회와 같은 모습을 형성할 수도 있다. 페이스북, 구글, 우버와 같은 회사들이 불쾌할 정도로 많은 양의 데이터를 수집한다는 보도가 논란을 낳고 있지만, 북한에서는 이런 현상을 목격할 수 없다. 북한에서 스마트폰 소프트웨어를 겨냥해 행해지고 있는 통제 방식은 북한 당국이 언제든 원하면 감시 소프트웨어를 실행해 간편하게 추적할 수 있음을 시사한다. 아직까지 북한 당국이 이러한 단계를 밟은 징후는 보이지 않지만, 이는 전체 인구에게 심각한 위협이 될 수도 있다. GPS를 통한 사용자 추적이나 문자 메시지 감시와 같은 명백한 위험 외에도, 마이크를 활용해 주변의 대화를 감청하거나 어떤 콘텐츠를 시청하는지 감시하는 등의 섬뜩한 미래를 그려볼 수 있다.

북한은 지난 세월 북한 내부로 유입되는 정보에 능숙하게 대응할 수 있음을 증명해왔고, 이 때문에 외부 정보에 관한 북한 주민의 접근성은 여전히 절망적으로 보인다. 새로운 기술이나 혁신을 통해 북한 주민이 더욱 방대한 양의 정보에 접근할 수도 있겠지만, 지속가능한 발전과 혁신이 동반돼야 북한 당국보다 한 수 앞서 갈 수 있을 것이다.

제 3부

인권과 비핵화

8

핵 교착 시대의 인권 옹호 활동

인권과 비핵화를 위한 대북 압박의 상호 관계

백태웅

2020년 2월 10일부터 14일까지 제네바에서 개최된 유엔 인권이사회 강제실종 실무그룹(WGEID) 제120차 회의에서 북한과 관련된 43건의 사건을 포함해 총 597건의 강제실종 사건이 다뤄졌다.[1] 2020년 현재까지 유엔 인권이사회 WGIED는 북한과 연관된 약 275건의 미해결 실종 사례를 다뤄 오고 있다. WGEID는 강제 실종 희생자 가족과 관련 당국 간의 소통 창구 역할을 수행하면서 실종자의 생사 여부나 행방에 대한 정보를 해당 정부에게 요청하고 있다. 뿐만 아니라, WGEID는 매년 관련 국가에게 미해결 실종 사건에 대한 정보를 요청하고 있다. 2020년 개최된 회의에서는 북한이 그간의 요청에 동일한 답변으로 일관하는 등 비협조적인 태도를 보이는 데 대한 문제 제기가 재차 이뤄졌다.[2]

---

[1] 유엔 인권이사회의 특별 절차 중 하나인 유엔 인권이사회 강제실종실무그룹(WGEID)은 강제 실종 관련 탄원을 받고 회원국에 실종자들의 생사 및 행방을 조사하도록 요청한다. WGEID는 강제 실종 혐의를 주장하거나 서한 등을 통해 각국 정부와 소통하며, 주제별 연구 결과를 유엔 인권이사회와 유엔 총회에 제출한다. 현재 유엔 인권이사회에는 독립 전문가 80명이 참여하는 14개 국가별 위임사항, 43개 주제별 위임사항 등 57개가량의 특별절차가 있다. WGEID는 1980년 설립돼 유엔 특별절차 중에서는 가장 오래됐다. 이는 제네바 본부 사무국 직원들의 지원을 받는 세계 5개 지역에서 각각 임명된 다섯 개 회원국으로 구성됐다. WGEID 정례회의에서는 신규 청원과 기존 사건 등의 강제 실종 사례가 다뤄지고, 다양한 정부 대표와 시민사회 대표, 피해자 등이 참여해 해결방안을 논의한다.

[2] 예를 들어, WEGEID에 의해 진행된 유엔 총회, 통신, 조사 사례, 관찰 및 다른 활동을 참조, A/HRC/WGEID/118/1, ¶46 (July 30, 2019).

남북 정상회담과 북미 정상회담을 통해 비핵화와 평화협상을 위한 활동들이 진행되던 동안, 정작 북한인권 문제는 제대로 다뤄지지 않고 있다는 우려가 커져 갔다. 이에 대해 토마스 오헤아 퀸타나(Tomas Ojea Quintana) 유엔 북한인권 특별보고관은 2019년 북한인권 특별보고서에 "북한인권 상황이 개선될 기미가 보이지 않음에도 불구하고, 북한인권에 대한 논의는 평화회담 의제에 현재까지도 포함된 적이 없었다"고 명시했다. 그는 이어 "북한 주민들에게 평화적인 관계의 달성 여부는 그들의 가장 기본적인 권리가 보장되고 난 이후에나 중요할 것"이라고 강조했다.[3]

2019년 5월 북한의 유엔 인권이사회 보편적 정례검토(UPR) 기간 중 북한은 10명의 자국 대표단을 파견했다. 이 기간 동안 북한은 유엔 인권이사회 회원국들이 제시한 186건의 권고안을 수용한 반면, 63건의 권고안에 대해서는 거부 의사를 표명했다. 이를 통해 북한이 더 이상 인권에 대한 문제제기에 모른 척으로 일관할 수 없다는 점이 명백해졌다. 그러나 북한은 여전히 국제사회의 인권 개선 요구를 두고 적대세력이 부정확한 정보에 근거해 주장하는 것이라면서 거부일변도로 대응하고 있다. 이처럼 북한인권 개선과 북한 내 사법제도 개혁 추진은 사실상 쉽지 않은 일이다.

이보다 더욱 어렵고 복잡한 것은 국제사회의 관심이 북한의 비핵화에만 쏠려 있는 상황에서 북한인권 개선을 추구할 방법을 찾는 것이다. 결론부터 말하자면, 비핵화를 추구하더라도 인권 문제가 희생돼서는 안 된다. 국제사회는 북한 당국에게 비핵화와 인권 문제를 동시에 제기할 수 있는 최선의 방법을 찾아야 한다.

---

3   유엔 총회, 조선민주주의인민공화국 인권 실태, A/74/275/Rev.1 (September 20, 2019), ¶1, ¶66.

[북한인권]

인권은 북한의 주요 문제 중 하나지만 그동안 다른 문제들에 밀려 등한시돼 왔다.[4] 북한은 흔히 지역적, 세계적 안보 위협으로 묘사되며, 특히 북한의 핵무기와 장거리 미사일 개발은 지역 안보에 심각한 위협으로 여겨지고 있다. 이 밖에도 북한의 계속되는 식량난과 중국 내 불법 체류 중인 북한 난민 문제 등 다양한 인도주의적 위기 역시 국제사회가 조명하는 문제다. 그러나 북한인권 문제의 심각성을 보여주는 방대한 증거에도 불구하고, 이는 안보나 인도주의적 문제에 비해서는 덜 심각하다고 간주돼 왔다. 북한인권 침해는 고문과 적법하지 않은 살인 및 실종, 표현과 결사의 자유 억압, 그리고 기타 인간의 기본권 침해 등 광범위한 영역에서 조직적으로 발생하고 있다.[5]

유엔은 2004년부터 북한인권 특별보고관을 임명했으며,[6] 2013년 3월 유엔 인권이사회는 북한인권조사위원회(COI)를 설립해 북한에서 조직적이고 광범위하게 발생하고 있는 심각한 인권 침해 실태를 조사해오고 있다.[7] 2014년 2월 17일 제출된 COI 보고서는 북한을 반인도범죄 혐의로 국제형사재판소에 회부할 것을 유엔 안전보장이사회에게 권고했다.[8] 북한은 대개 이러한 국제적 비판을 완강히 부인하고 있다.

---

4   상세한 내용은 백태웅, "북한의 정치범죄에 대한 비사법적 처벌- 관리소를 중심으로," 미국 비교법저널(American Journal of Comparative Law) (영문), 64권, 4호 (2016년 12월 1일,): 891-930, 참조.
5   휴먼 라이츠 워치, 보이지 않는 탈출: 중국의 북한 주민들(The Invisible Exodus: North Koreans in the People's Republic of China) (영문) 14권 8호(2002년 11월,) 참조
6   유엔 인권위원회, 결의 2004/13호, 조선민주주의인민공화국 인권 실태, E/CN.4/RES/2004/13 (2004년 4월 15일).
7   유엔 총회, 인권이사회, 조선민주주의인민공화국 인권 실태, A/HRC/RES/22/13 (2013년 4월9일).
8   유엔인권이사회, 조선민주주의인민공화국 인권조사위원회 보고서, A/HRC/25/CRP.1, ¶1211 (2014년 2월 7일).

[인권 옹호 전략]

유엔 COI 보고서는 "북한 내 기관 및 관계자들에 의해 조직적이며 광범위하고 심각한 인권 침해가 발생해왔으며 현재도 이러한 인권 침해가 진행 중"이라고 주장했다.[9] 그러면서 보고서는 "유엔은 북한인권 침해 가해자들이 확실한 책임을 질 수 있도록 하는 방안을 찾아야 한다"면서 이러한 조치들은 "인권에 관한 대화를 활성화하고, 더 많은 인적 접촉을 통한 점진적 변화를 추구하며 남북한 통일에 대해 이뤄지는 논의"와도 결합돼야 한다고 제안했다.[10] 유엔 COI 보고서는 인권 개선과 보호보다는 북한인권 침해의 책임 규명에 더 큰 비중을 두고 있는 것으로 보이는데, 이는 북한 당국의 강도 높은 비난을 불러일으켰다. COI 보고서는 북한인권에 대한 국제사회의 이목을 이끄는 데는 효과적이었지만, 북한인권 상황을 실질적이고 점진적으로 변화시키는 데는 실패했다.[11]

일부는 현재의 북한 정권이 지속되는 상황에서 과연 북한 국내법 하에서의 인권 보호가 가능할 것인지 의문을 제기한다. 과거 러시아와 중국에 대해서도 비슷한 회의론이 제기됐다. 실제로 북한은 점진적으로 중국의 법 제도 개편과 비슷한 길을 걷고 있다. 오랜 기간 북한의 국내법 내에서 인권에 대한 언급이라고는 1992년 채택된 형사소송법 제 5조 "국가는 형사사건을 처리하는 데 있어 인권을 철저히 보호해야 한다"는 조항이 유일했다.[12] 그러나 2009년 북한은 중국에 이어 헌법을 개정하면서 일부 조항에 인권에 관한 표현을 함께 기재했다. 북한의 개정 헌법 제8조는 "국가는 노동자·농민·군인·근로지식인 등을 포함한 전 노동자의 이익을 수호한다", 그리고 "인권을 존중하고 수호한다"고 규정하고 있다. 북한의 인권 의식 개선을 보여주는 또 다른 증거는 북한이 UPR 기간 동안 제시된

---

9   A/HRC/25/CRP.1, ¶1211.
10 A/HRC/25/CRP.1, ¶1218.
11 이 부분에 언급된 "인권 옹호를 위한 전략"은 백태웅의 저서 "비사법적 처벌"에서 기인한다.
12 2012년 현재, 이는 형사소송법 제6조로 편입됐다.

권고안들에 대해 응답했다는 점이다. UPR 권고안을 전면 거부했던 2009년과 달리 2014년 5월 열린 UPR에서는 114건의 권고안을, 2019년 당시 UPR에서는 197건의 권고안을 수용했다.[13]

규범의 발전 측면에서 보더라도, 북한은 예외없이 국내법에 인권 규범을 점진적으로 반영해오고 있다. 리세(Risse-Kappen)와 시킹크(Sikkink)는 '나선형 모델' 이론을 들어 인권의 발전은 점진적인 과정이라고 설명한다. 인권과 민주주의의 발전은 억압-부정-전략적 양보-일부 명시적 권리 부여-제도와 행동의 일치화라는 연속적인 단계를 거쳐 달성된다는 것이다.[14] 이러한 관점에서 볼 때 북한은 전면적인 억압 및 부정 단계만을 지속할 수 없으며, 인권 보호 체제로의 전진이 불가피한 것이다.

이러한 점진적 변화는 북한인권 개선 및 보호를 옹호하는 과정에서 신중히 고려돼야 한다. 하나의 접근법만을 북한인권 개선을 위한 최선의 방법으로 채택하기란 매우 어려울 것이다. 누군가는 인도주의적 문제를 우선시하는 반면, 다른 누군가는 북한의 시민권과 정치적 권리 침해에 대한 강조를 더 중시할 수 있기 때문이다.[15]

한국의 김대중(1998-2003) 정부와 노무현(2003-08) 정부는 대북 포용정책을 추구했다. 유화정책을 통해 북한의 변화를 유도하고자 했던 김대중 정부의 햇볕정책은 이미 국제적으로도 잘 알려져 있다.[16] 그러나 김대중과 노무현 정부는 이러한 유화정책을 추구하는 동안 북한인권 문제 제기에는 소극적이었다. 그들은 유엔의 북한인권결의안에 참여하기를 거부했으며, 2003년 4월 유엔 인권위원회

---

13 루이 샤르보노, "유엔, 북한과의 인권 담화에서 논의 약화 조짐" 로이터(Reuters), 2014년 10월 28일, http://reut.rs/1wzRdEK, 참조..

14 토마스 리세, 스티브 C. 롭과 캐서린 시킹크 엮음 "인권의 힘:국제규범 및 국내변화(The Power of Human Rights: International Norms and Domestic Change) (영문)" (뉴욕:캠브리지 대학 출판부,1999), 페이지 20-35, .

15 유엔 총회, 조선민주주의인민공화국 인권 실태, A/60/306 (August 29, 2005) 참조.

16 정인, "햇볕정책과 남북정상회담: 평가와 전망(The Sunshine Policy and the Korean Summit: Assessments and Prospects) (영문)", 북한의 미래 (The Future of North Korea) (영문), 아카하 츠네오 편집 (런던: 루틀리지(Routedge, 2001) 참조.

에서 북한인권결의안이 처음으로 채택됐을 때도 한국은 기권을 선택했다.[17] 노무현 정부는 2006년 12월 유엔 총회 북한인권결의안에 처음으로 찬성했다.[18] 그들은 북한 체제에 대한 직접적인 비판이 북한과 협력할 기회를 제한할 것이라 여겨 인권에 관한 문제 제기에 소극적이었다.[19] 정부의 이러한 접근법은 한국 내 보수 진영과 국제사회로부터 비판을 받았다. 북한인권에 대한 비판이 북한과의 협력 관계를 해친다는 예상은 아직까지 실제로 증명된 바가 없다. 한국의 진보 진영은 북한인권에 대한 옹호 활동이 한반도의 평화 및 통일 의제를 추진하는 데 반드시 해가 되는 것은 아님을 이해해야 한다.

유럽 국가들은 2000년 북한과의 국교 정상화 당시 다른 방식으로 접근했다. EU를 비롯한 유럽 국가들은 인권이 대화 의제에 속해야 한다고 여겼고,[20] 북한도 이를 받아들여 국교 정상화 협의에 인권을 주요 의제로 포함시켰다.[21] 앞서 언급했듯이 북한 정부는 2009년 헌법 개정 당시 인권에 대한 표현을 포함시켰다. 국제사회가 철저히 사실에 입각해 북한인권 상황을 비판한다면 북한 정권도 이를 쉽게 무시할 수는 없을 것이며, 사실상 북한 정권이 사태를 완화시키기 위한 조치를 취하게 할 수 있다는 점을 확인할 수 있다.[22]

북한인권 문제를 둘러싼 접근법들은 종종 상충하기도 한다. 예를 들어 포용 정책을 강조할지 완전한 고립을 추구할지, 객관적인 입장을 유지할지 공격적인 정

---

17 유엔 인권위원회, 결의 2003/10호, 조선민주주의인민공화국 인권 실태, E/CN.4/RES/2003/10 (2003년 4월 16일), https://www.refworld.org/docid/43f313210.html, 참조.
18 김민철과 이하원, "외교부 '유엔 북한인권 결의안 찬성'", 조선일보, 2006년 11월 17일.
19 예를 들어, 김대중은 햇볕정책을 인권 정책의 한 갈래로 주장했다. 김 전 대통령과 그의 대북정책 보좌관들이 보수 진영으로부터 비난을 받자, 그는 북한에 식량 지원을 제공하는 것은 가장 중요한 인권 보호 활동 중 하나라고 반박했다. 조종안, "DJ, "햇볕정책은 북한의 인권과 민주화 실현의 길이 되었다"", 코리아 타임스, 2006년 11월 24일, http://www.pluskorea.net/sub_read.html?uid=1434&section=section1, 참조.
20 유럽위원회 - 조선민주주의인민공화국 국가전략보고서 2001-2004 (The EC - Democratic People's Republic of Korea (DPRK) Country Strategy Paper 2001-2004) (영문), 5호, 페이지 18-19, http://eeas.europa.eu/korea_north/docs/01_04_en.pdf, 참조.
21 북한은 이를 인지하면서도 국교 정상화를 위해 양보했다. 북한은 EU가 유엔 북한인권결의안 채택에 참여하는 것을 비판하며, 인권 담화를 위태롭게 하기도 했다.
22 형사법과 형사소송법의 지속적 개정은 이러한 경향을 보이는 좋은 예시다.

치 활동에 나설지, 대화와 협력을 증진시킬지 혹독한 비판과 압박을 가할지, 협력을 제안할지 대립을 강화할지 선택을 하는 데 있어 상충되는 요소들이 있는 것이다. 이러한 선택지들 중 하나를 택하는 것으로는 북한인권 문제를 해결할 최적의 전략을 찾을 수 없다. 오히려 북한 주민들의 인권이 부당하게 희생되지 않도록 북한 내부의 복잡한 역학관계를 이해하고 신중하게 고려하는 것이 중요하다.

[북한인권 침해의 근원]

여러 북한인권 침해 행위 중에서도 정치범과 그 가족을 적법한 절차 없이 관리소[23]에 구금하는 것은 명백하게 국제인권법을 위반하는 것이다. 시민적·정치적 권리에 관한 국제규약(ICCPR) 제9조는 "누구든 자의적으로 체포되거나 억류되지 않는다"며 "어느 누구도 법률로 정한 이유나 절차에 따르지 않고는 그 자유를 박탈당하지 않는다"[24] 고 명시하고 있다. 또한 동 규약 제 8조는 "어느 누구도 강제노동을 하도록 요구되지 않는다"[25] 고 밝히고 있다. 따라서 적법한 절차를 거치지 않고 관리소에 구금되는 것은 시민적·정치적 권리에 관한 국제규약에 명백히 위배되는 일이다. 이는 동 규약에 명시된 이동 및 거주 선택의 자유 역시 위배하는 것이며[26] 강제 실종의 사례로도 볼 수 있다. 관리소 구금자에 대한 열악한 처우 역시 박해죄에 해당할 수 있다.[27] 그렇다면 이러한 인권 침해는 북한의 형법이나 절차상의 결함으로 인해 발생한 것인가? 아니면 북한의 법 집행 기관이 관련 법을 준수하지 않은 결과인가? 혹은 법률적 문제가 아닌 사회 시스템의 오류에

---

23 관리소는 말 그대로 '관리수용소'로 번역되지만, 정치범 처벌 및 인권 침해가 빈번한 현장이다. 자세한 내용은 백태웅의 "정치범죄에 대한 비사법적 처벌"을 참조.
24 시민적·정치적 권리에 관한 국제규약(ICCPR), 1966년 12월 16일, 제 9.1조, https://www.ohchr.org/EN/ProfessionalInterest/Pages/CCPR.aspx.
25 ICCPR, art. 8.3(a).
26 ICCPR, art. 12.
27 국제형사재판소(ICC) 제7.1조(h)에 따르면, '감금'은 '집단이나 집단성의 정체성 때문에 국제법에 반하는 기본권을 의도적이고 심각하게 박탈하는 것'으로 정의되는 반인도범죄다.

서 기인하는 문제인가? 실질적으로 북한에서 발생하는 인권 침해는 나열된 원인들 중 일부에서 기인한다고만 보긴 어려우며, 형법 체계 전반에 걸쳐 상호 연관된 문제들로 인해 발생한 결과라고 봐야 한다.

북한의 사법 절차 중 발생하는 인권 침해는 북한 형법상의 법률적인 결함으로 볼 수 있다. 북한의 형법 및 형사소송법 중 일부 조항은 국제 인권 기준에 부합하지 않는다. '반국가범죄'가 지나치게 광범위하게 정의돼 있다는 점과 피고인들의 인권 보호를 위한 절차적 안전 장치가 부족하다는 것이 북한인권 침해의 주요한 법률적 원인이다. 뿐만 아니라, 법적인 처벌 원칙보다 사회 교육을 더 우선시하는 북한 형사 처벌의 원칙 역시 적법한 절차를 거치지 않은 처벌 및 행정 조치에 따른 인권 침해를 자행하는 원인이다. 특히 정치범과 그 가족을 적법한 절차 없이 관리소에 구금하는 것은 북한의 법 체계로도 정당화할 수 없다.

이와 더불어 북한 법 체계 내의 절차적 권리가 부족함에도 불구하고, 대부분 무시된다는 점을 들 수 있다. 실례로 북한 형사소송법에는 수사, 재판, 구금에 할애될 수 있는 최대 기간과 고문 및 강제심문 불가, 적법한 재판을 받을 권리 등의 조항들이 명시돼 있지만 제대로 지켜지지 않고 있다. 실제로 다수의 인권 침해 사례가 현행법 위반으로 발생한다. 북한 사법 기관의 근무자들 역시 고문과 가혹 행위, 권력 남용이 법적으로 용인되지 않는다는 것을 인지하고 있을 것이다. 그러나 현행법이 위반되는 경우들, 더 나아가 해당 법률을 위반하는 행위에 대한 면책이 유지되는 것이 인권 침해를 낳는 또 다른 요인이다.

마지막으로 북한 당국은 유독 정치범에 대한 형사 처벌 과정에서 인권 침해 요소를 제거하려는 의지가 부족하다. 북한 당국과 조선노동당은 잘못된 형법 집행과 권력 남용 그리고 정부 차원에서의 불법 행위 용인 등에 대해 결단력 있는 해결 방법을 제시하지 못한다는 점에서 비난 받아 마땅하다. 이처럼 수많은 복잡한 요소들을 감안해야 한다는 점에서 북한인권 상황을 개선하기 위한 노력은 매우 신중하게 진행돼야 한다. 이 때 가장 중요한 조건은 구체적인 사실에 근거한 인권 상황을 비판해 북한에 실질적인 변화를 유도할 수 있도록 해야 한다는 것이다.

[북핵 위기의 근원과 변화의 필요성]

북한은 냉전 종식 후 체제 생존을 위한 필사적인 노력의 일환으로 핵 개발을 착수했다. 핵무기는 경제적 어려움을 극복하고 자주국방 및 안전보장을 달성하기 위한 자구책이었다. 대륙간탄도미사일(ICBM)을 비롯한 북한의 핵·미사일 개발은 동북아 안보 지형에 근본적인 변화를 가져왔다.

김정은은 2011년 최고지도자로, 2012년 조선노동당 총비서로 등극한 뒤 2013년 5월 선군정책을 병진노선으로 전환했다. 병진노선 하에 핵 개발과 경제 발전을 동시에 추진하는 방안과 관련해 조선노동당 중앙위원회의 승인을 받았으며, 그 결과 2017년 11월 북한은 핵무기 개발이 완료됐다고 선언했다. 2001년 랜드 보고서(Rand Report)에 따르면, 아시아 지역 내 새로운 패권국의 등장을 저지하고 지역 안정화와 아시아의 변화를 관리하는 것이 미국의 장기적인 아시아 정책이었다.[28] 더불어 동 보고서는 미국의 대북전략이 대량살상무기의 개발을 막고 미국과 동맹국들에 대한 공격을 저지하는 것이었다고 명시했다. 따라서 북한이 미국 본토까지 도달 가능한 핵무기를 개발하겠다고 선언한 것은 미국의 동 전략에 명백한 도전장을 내민 것이었다.

같은 기간 지역 내 국가들 간의 긴장이 고조되는 등 한반도를 둘러싼 정치 환경에도 변화가 있었다. 중국은 신흥 강대국의 지위를 주창했고, 일본은 자국 헌법 제 9조를 개정해 전쟁을 벌일 수 있는 정상국가 지위를 획득하고자 했다. 러시아는 크림반도 강제 합병 등을 통해 아시아 지역 내에서 존재감을 드러내기 시작했으며, 미국 역시 아시아로 초점을 돌리기 시작했다. 한국의 박근혜 정권은 2017년 촛불시위에 힘입은 탄핵 결정으로 무너졌고, 새로 들어선 문재인 정권은 남북관계 개선과 한반도 평화 추구에 나섰다. 트럼프 전 대통령은 한국의 평

---

28 잘메이 칼릴자드 외., 미국과 아시아: 새로운 미국 전략과 무력 태세를 향하여(The United States and Asia: Toward a New U.S. Strategy and Force Posture) (영문) (산타모니카, CA:랜드,2001년)

화추구 정책에 따른 북한과의 대화 요청에 긍정적으로 화답했다. 이에 2018년과 2019년, 남북, 북중, 북미 정상회담이 개최되며 한반도를 둘러싼 분위기는 근본적인 변화를 겪는 것처럼 보였다. 그러나 2019년 3월 북한과 미국 간 열린 하노이 정상회담에서 합의를 도출하는 데 실패하자, 북한과의 대화는 교착 상태로 이어지는 듯했으며 완전한 비핵화와 항구적 평화체제 달성 가능성도 불투명해졌다.

한반도의 장기적 평화와 안정을 도모하기 위해서는 비핵화가 필수적이다. 그러나 한반도 비핵화를 대화와 협력을 위한 전제조건으로 내세운다면 더 진전하기도 어려울 것이다. 목적을 달성하기 위해선 보다 더 신중한 접근법이 필요하다. 바이든 행정부는 꼼꼼하게 계산된 계획 하에 점진적이고 상호적인 행동을 원칙으로 하는 접근법을 채택해야만 북핵 문제를 해결할 수 있음을 이해해야 한다.

실질적인 비핵화를 위한 첫 걸음은 핵무기와 미사일 개발 동결이며, 점진적인 핵무기 감축을 통해 근본적인 핵무기 폐기라는 목표로 나아가야 한다. 2018년과 2019년 두 차례 개최된 미북 정상회담으로 북한의 가열된 핵무기 개발 시도가 다소 잠잠해진 것은 다행스러운 일이다. 그러나 그 이후 (북한과의 대화는) 더 이상의 진전을 이루지 못했으며, 추가적인 조치 없이는 앞으로도 진전이 요원할 것으로 보인다. 한국 정부는 핵무기와 미사일 문제의 점진적 해결을 위해 대북 포용력을 높이는 한편, 유엔 대북제재의 부분 해제를 추진 중에 있다. 문제를 완전히 해결하기까지는 긴 시간이 소요될 것으로 보이지만, 한국은 비핵화를 위해 광범위한 포용정책의 일환으로써 대북제재의 일부를 해제하고자 하는 것이다. 한국 정부는 또한 협상의 선택지로 종전 선언과 평화협정 체결을 제시하고 있다.[29]

중국은 남북 및 미북 간 대화를 통한 핵 문제 해결을 제안했다. 구체적인 해결방안으로는 상호 중단(북한의 핵·미사일 프로그램 중단과 대규모 한미 연합군사훈련 동시 중단)과 병행 노력(한반도 비핵화와 한반도 평화체제 구축)을 제안했다.

---

29 종전선언과 평화협정은 1953년 한국전쟁이 끝날 무렵 정전협정을 맺기로 돼 있었지만 거의 70년이 지난 지금까지도 계류 중이다.

북한 경제는 크게 변화하고 있다. 앞서 북한은 소규모로 시장을 개방해 외화의 유입을 촉진하고자 했던 바 있다. 1984년 외국인투자법의 제정 이후, 북한은 다양한 해외 투자 유치 및 협력 증진을 위한 법률을 제정해왔다. 외국인투자법(1992년), 합영법(1994년), 합작법(1995년), 외국인투자기업 및 외국인 세금법(1995년), 외환관리법, 대외민사관계법 및 대외경제중재법 등이 그것이다. 북한은 금강산국제관광지대, 라선경제무역지대 및 황금평-위화도경제지대 등을 포함한 25곳의 경제특구(SEZs)를 형성했다.[30] 경제특구는 해외기업 및 기술 유치와 국제시장 육성을 목적으로 조성됐다. 북한은 사회주의 시장 기반의 대외교류를 자본주의 시장화하기 위해 경제특구를 마련했다고 밝혔다. 그러나 남북 합작이 일부 긍정적인 성과를 거두었음에도 불구하고 금강산국제관광 관련 사업은 2008년 7월 중단됐고,[31] 2016년 북한 핵실험의 여파로 개성공단의 운영도 멈추는 등 남북 간 협력 경제는 전반적으로 중단됐다. 이에 그치지 않고 북한은 2020년 개성 연락사무소까지 폭파시켰다. 국제사회의 대북제재와 COVID-19 전염병의 대유행도 남북 간 협력 관계에 또 다른 장벽이 되고 있다.

그럼에도 불구하고, 비핵화에 대한 진전이 부진한 현 상황을 고려한다면 지금까지 취해 온 봉쇄적 접근을 재고할 필요가 있다. 비핵화의 진전이 부진하다는 이유로 남북 간 경제 협력마저 중단돼서는 안 된다. 그 대신 무기 개발 동결의 첫 단계로써 상호 교류와 협력을 확장하는 것을 고려해볼 수 있으며, 이를 통해 핵과 재래식 무기 축소 그리고 궁극적으로는 핵무기 폐기라는 목표를 이룰 수 있도록 해야 한다. 개성을 포함한 북한 내 경제특구를 통한 경제협력 활동이 증가할수록, 북한이 핵무기 폐기를 위한 조치를 고려할 가능성이 높아질 것이다.

남북 간 대화는 동결·축소·해제의 단계를 통한 비확산조약체제로의 복귀를 위해 북한을 압박하는 수단으로 활용돼야 하며, 한반도의 항구적 평화체제와 지역안보가 보장된 평화협정을 이루기 위해서도 지속적인 대화는 필요하다.

---

30 김철준, "조선민주주의인민공화국에서 특수경제지대의 창설과 개발실태", 국제고려학. 16호 (2016)
31 2008년 7월까지 거의 2백만 명의 한국 관광객들이 북한의 금강산을 방문했다.

[결론]

한반도의 안보 문제는 신속하게 해결될 수 있는 사안이 아니다. 그러나 현재 북한의 핵무기 및 대륙간 탄도미사일 보유 상황 역시 세계가 더 이상 좌시할 수 있는 문제가 아니다. 북한 내 급격한 정권 교체를 바라는 것은 헛된 희망이다. 비핵화를 추진하는 과정에서 인권 문제를 등한시할 수도 없다. 결국 광범위하게 포용해야 안보와 인권이 포함된 진정한 변화를 기대할 수 있다.

북한인권 개선을 추진하는 과정에서 다음 4가지 원칙을 유념해야 한다. 첫째, 인권의 기준을 낮추지 않으면서 포용을 위한 지속적인 노력을 추구해야 한다. 안보나 인도주의적 차원의 문제들이 북한인권에만 집중하기 어려운 상황을 형성할 수도 있지만, 인권 개선을 위한 노력을 결코 게을리해서는 안 된다. 북한에 대한 비난이나 압박 역시 인권 침해 실태를 개선시키기 위한 방법 중 하나이며, 이 때도 인권의 기준을 일정하게 유지해야 한다. 둘째, 인권 보호 분야의 기술 협력이 필요하다. 예를 들어 북한의 사법 제도, 특히 형사 사법 제도 개혁을 위한 협력은 북한 당국에게도 이익이 될 것이다. 북한의 사법 당국은 고문을 통한 심문에 의존하지 않고 증거를 수집하는 방법과 그에 따른 장점을 하루 빨리 배워야 한다. 북한이 범죄 수사 방식, 법령 그리고 법률집행 과정을 개혁한다면 북한인권 증진에도 상당한 탄력이 붙을 것이다. 셋째, 인권에 대한 논의가 일정 부분 정치적인 의도를 수반하더라도 인간 중심의 접근을 바탕으로 최대한 정치적 중립성을 유지해야 한다. 한 국가 내에서 개인에 대한 인권 침해가 발생하는 경우, 해당 정부는 그러한 침해를 정당화하기보다는 이를 완화하고 해결할 수 있는 조치를 취해야 한다. 끝으로, 우리는 인권이 가진 도덕적 가치의 힘을 믿어야 한다. 그리고 인권 침해 행위가 그들의 신념을 위반하고 있다는 것을 설득하고 납득시켜야 한다. 인권보호체계의 발전이 아무리 느리더라도 이와 같이 작은 변화가 지속 축적된다면, 북한 주민들의 인권은 더욱 보호될 수 있을 것이다.

북한인권을 논의하는 데는 창의성이 요구된다. 인권을 추상적인 정치적 구호로만 사용하는 것은 되레 역효과를 낳을 수 있다. 그보다는 특정한 시간과 장소에서 발생한 특정한 인권 침해 사건에 초점을 맞춰 즉각적인 해결책을 요구하는 것이 더 합리적이다. 유엔 WGEID와 책임규명 프로젝트, 한국의 북한인권기록보존소, 많은 NGO들이 수집한 정보는 북한인권을 개선하는 과정에서 중요한 역할을 할 것이다. 이들이 수집하고 기록한 북한인권 침해 사례는 전반적인 정책의 변화보다는 특정 가해자, 예를 들면 특정 구금시설(집결소), 교화시설(교화소), 관리수용시설(관리소) 등에서 성폭력을 저지른 개인에 대해 처벌을 요청하는 데 사용될 수 있다. 충분히 구체적인 정보가 있다면 이러한 인권 침해에 대한 조치와 피해자에 대한 구제 역시 매우 명료화 될 수 있다. 다만 특정 가해자의 신원이나 구체적인 혐의 정황이 알려지게 될 경우, 해당 사건을 조직적으로 은폐하려는 시도가 발생할 수 있으므로 그에 대한 대응도 필요할 것이다.

인권 옹호 행위가 비핵화 과정에 실질적인 도움을 줄 가능성이 있는 한, 비핵화라는 명분 아래 북한인권 개선을 요구하는 것을 포기해서는 안 된다. 앞서 요약한 인권 옹호의 기조, 즉 인권 기준을 타협하지 않는 포용정책, 인권 개선을 위한 기술 협력, 정치적 중립성 유지, 인권의 도덕적 가치에 대한 신뢰 등을 준수한다면, 북한의 비핵화와 북한인권 개선을 동시에 추진할 수 있을 것이다.

9

인권과 미국 비핵화 정책 과정에서 제로섬 사고의 오류

빅터 차

연구를 지원해주신 앤디 임(Andy Lim)과 2020년 3월 13일 쇼렌스타인 아시아-태평양 연구 센터에서 열린 코렛(Koret) 연례 회의 참석자들의 의견에 감사를 표한다. 본 논문의 이전 및 다른 버전은 빅터 차, 북한인권의 잃어버린 입지 되찾기(Regaining Lost Ground in the North Korean Human Rights Movement) (조지 W. 부시 연구소, 2020년 3월 19일), https://www.bushcenter.org/publications/resources-reports/reports/north-korea-human-rights-movement.html에서 찾아볼 수 있다.

2020년 7월 한국 통일부는 쌀과 돈 그리고 북한 체제비판 전단을 풍선에 담아 북쪽 국경 너머로 살포하는 북한이탈주민 단체에 대한 징벌적 조치를 예고했다.[1] 이 단체들은 국내법을 위반한 혐의로 기소될 수 있으며 법인 지위를 박탈당하고 정부 지원에서도 배제될 수 있다. 비정부기구(NGO)를 겨냥한 통일부의 제재 조

---

[1] 통일부, "대북 전단 및 물품 등의 살포 관련 정부 입장문,"(서울: 통일부, 2020); 이원주, "유엔 보고관: 활동가 단체에 대한 감사로 북한인권 증진 위한 노력을 위축시켜선 안된다(UN Rapporteur: Inspection of Activist Groups Should not Undermine Efforts to Improve N.K. Rights Situation)" (영문), 연합뉴스, 2020년 7월 30일, 마지막 검색 2020년 7월 31일, https://en.yna.co.kr/view/AEN20200730010500325

치는 대북 전단 살포에 대해 북한 지도부가 불만을 표시한 직후 단행됐다.[2] 이 단체들에 따르면 대북 전단에는 "김 씨 일가의 진실을 전달한다: 그들은 신이 아니라 인간이며, 반드시 그들을 막아야 한다. 진실은 김 씨 왕조가 가장 두려워하는 것"과 같은 내용이 담겨 있었다.[3] 활동 중지 처분을 받은 단체 중 한 곳의 대표는 워싱턴 포스트를 통해 "우리는 북한에 식량과 정보를 보낸다. 한국은 왜 이를 막으려고 하는가"라는 의견을 밝혔다.[4] 문재인 정부가 이러한 조치를 단행한 데는 정치적·정책적 배경이 있었겠지만, 북한 주민의 상황을 개선하고자 하는 노력이 국제적인 추진력을 얻고 있었던 불과 몇 년 전만 해도 이러한 제재가 진행되긴 어려웠을 것이다.

북한에선 여전히 최악의 인권 상황이 펼쳐지고 있다. 북한 정부는 주민들의 집회, 이동, 종교를 포함한 모든 자유를 억압하고 있다. 유일하게 허용되는 정치적 표현은 국가와 지도자에 대한 완전한 충성심을 표현하는 것이다. 약 12만명의 북한 주민이 국제사회의 감시에서 벗어난 채 정치범수용소에 갇혀 있다.[5] 북한은 현대 산업화를 이룩한 국가 중에서도 드물게 1990년대 중반 자원 부족이 아닌 잘

---

2 고병준, "북한 위협 이후 한국의 대북전단 활동 금지 법안 제정 (S. Korea to Legislate Ban on Anti-Pyongyang Leaflet Campagin after N.K. Threats)"(영문), 연합뉴스, 2020년 6월 4일, https://en.yna.co.kr/view/AEN20200604000655325?section=nk/nk

3 박상학, "우리는 북한에 식량과 정보를 보낸다. 한국은 왜 이를 막으려고 하는가 (We Send Food and Information into North Korea. Why is Seoul trying to Stop us?)" (영문), 워싱턴 포스트, 2020년 7월 13일, https://www.washingtonpost.com/opinions/2020/07/13/we-send-food-information-into-north-korea-why-is-seoul-trying-stop-us/

4 박상학, "우리는 북한에 식량과 정보를 보낸다.", "우리는 북한에 식량과 정보를 보낸다. 한국은 왜 이를 막으려고 하는가 (We Send Food and Information into North Korea. Why is Seoul trying to Stop us?)" (영문), 워싱턴 포스트, 2020년 7월 13일, https://www.washingtonpost.com/opinions/2020/07/13/we-send-food-information-into-north-korea-why-is-seoul-trying-stop-us/

5 데이빗 호크, 북한의 감춰진 수용소: 강제수용소 내 변화에 대한 보고서 분석(North Korea's Hidden Gulag: Interpreting Reports of Changes in the Prison Camps) (영문), 북한인권위원회, 2013년 8월 27일; 강철환, 수용소의 노래: 북한 정치범수용소 체험 수기(The Aquariums of Pyongyang: Ten Years in the North Korean Gulag), 2005; 데이빗 호크, 감춰진 수용소: 산으로 보내진 사람들의 삶과 목소리: 북한의 대규모 수용소 내 반인도범죄를 폭로한다 (The Hidden Gulag: The Lives and Voices of "Those Who Are Sent to the Mountains: Exposing Crimes Against Humanity in North Korea's Vast Prison System) (영문), 제 2판 (워싱턴 D.C.: 미 북한인권위원회, 2012); 칼 거슈먼, "리뷰 에세이: 북한 수용소로부터 전해진 목소리(Review Essay: A Voice from the North Korean Gulag)" (영문), Journal of Democracy 24권, 2호 (2013년 4월): 165-73.

못된 경제 관리로 인해 대기근을 겪은 나라다.[6] 당시 경제난으로 인해 약 100만 명의 북한 주민이 사망했지만, 지배 엘리트 계층은 여전히 건재하다. 현재 북한의 청년 세대는 영양 실조를 겪으며 자라왔고, 신체적·심리적 성장이 부진한 반면 (한국의 미취학 아동보다 신장이 13cm 더 작고 체중이 7kg 덜 나간다) 북한 정부는 모든 국가의 재원을 핵무기와 탄도 미사일 개발에 투입하고 있다.[7]

보통은 북한 주민이 당하고 있는 인권 침해 상황을 개탄하게 되기 마련이지만, 서서히 북한 밖에서도 인권 정책과 관련한 위기가 발생하고 있다. 북한의 지도자 김정은과 미국, 한국 정상 간 외교에 대한 전망에 세계가 주목하는 데 반해, 북한인권 문제에 대한 언론 매체의 관심은 적은 편이다. 마치 전 세계가 불과 6년 전 북한인권 문제를 해결하기 위해 시작된 여러 노력들을 망각한 것처럼 보인다.

이 장은 총 네 부분으로 나뉜다. 먼저 필자는 소리 없이 발생하고 있는 북한인권 정책의 위기에 대해 설명할 것이다. 다음으로 두 가지 제로섬 역학에서 비롯된 인권 관련 논의의 실종에 대해 설명할 것이다. 하나는 미국이 인권에 대한 압박과 비핵화 협상을 제로섬 관계로 인식하는 것이고, 다른 하나는 한국이 인권에 대한 압박과 남북 간 관여를 제로섬 관계로 인식하는 것이다. 세 번째로 보건 및 인도주의 부분과 같이 협상이 용이한 부분을 시작으로 인권 문제를 미국의 주류 비핵화 정책에 통합시키는 현실적인 방안에 대해 설명할 것이다. 마지막으로 미국의 정책적 관습에 도전하는 북한인권 상황 개선을 위해 "독창적인" 견해를 고찰할 것이다.

---

6   스티븐 해거드, 마커스 놀랜드, 변화의 증인(Witness to Transformation), 워싱턴 D.C., 피터슨국제경제연구소(Peterson Institute for International Economics), 2011; 앤드류 나치오스, 북한의 대기근(The Great North Korean Famine) (영문) (워싱턴 D.C.: 미국평화연구소, 2001)

7   다니엘 스베켄디크 (Daniel Schwekendiek), "북한과 남한의 신장과 무게 차이(Height and Weight Differences Between North and South Korea" (영문), 생물사회 과학 저널(Journal of Biosocial Science) 41권, 1호, 2009년 1월:51-55, 이수경, "북한 아동: 영양과 성장(North Korean Children: Nutrition and Growth)" (영문), 소아내분비학회지(Annals of Pediatric Endocrinology & Metabolism) 22권, 4호 (2017년 12월): 231-39; 하젤 스미스, "북한의 영양과 건강: 무엇이 새롭고, 무엇이 변했고, 왜 중요한가(Nutrition and Health in North Korea: What's New, What's Changed and Why It Matters)" (영문), 북한 리뷰(North Korean Review) 12권, 1호 (2016년 봄): 7-34

이 장의 목적은 북한과 함께 추구해야 하는 인권 의제를 설명하는 것이 아니다. 그러한 내용은 이 책의 다른 저자들이 다루고 있다. 대신 이 장은 조금 더 협소한 목적을 갖는다. 이 장은 국가 안보와 비핵화 영역의 주류 정책 결정자들을 위한 "정책 논리"를 제시해 인권을 정책에 통합하는 것이 얼마나, 그리고 왜 중요한지 밝히고 더 나아가 그러한 접근이 성공적인 정책 수립에 필수불가결하다는 점을 설명한다. 이를 통해 필자는 인권이 비핵화와 분리될 수 있거나 상반되는 사안이라는 제로섬 정책 논리에 반박하고, 두 사안이 자연스럽게 서로 통합돼야 한다는 점을 역설할 것이다. 더 나아가 필자는 두 사안의 결합이 미국과 북한 간 비핵화 협상에 효과적이지 않고 심지어는 부정적 효과를 불러일으킨다는 주장에도 반박할 것이다. 오히려 인권과 비핵화에 대한 통합적인 접근은 북한과 미국 모두에게 가치를 창출해내는 제안이다. 여기서 제기되는 과제는 북한과 미국 모두 인권 사안에 반응함으로써 이익을 얻을 수 있는 올바른 정책 구조를 고안해내는 것이다.

[잃어버린 기반]

2014년 유엔 북한인권 조사위원회(COI)의 역사적인 보고서가 발표된 후, 전 세계적으로 북한인권에 대한 활동과 지원이 급증했다. COI 보고서는 북한인권 침해 상황을 가장 통합적으로 보여주고 있다는 평가를 받았다. 400쪽이 넘는 이 권위 있는 보고서는 북한의 지도자를 포함해 국가보위성, 사회안전성, 조선인민군, 중앙검찰소, 중앙재판소, 그리고 조선노동당의 고위 관료들을 반인도범죄의 혐의로 국제형사재판소(ICC)에 회부할 것을 주요 권고사항 중 하나로 제시하고 있다.[8]

---

8   유엔 총회, 북한인권조사위원회 보고서(Report of the commission of inquiry on human rights in the Democratic People's Republic of Korea), A/HRC/25/63 (2014년 2월 7일), 부록 1, "조선민주주의인민공화국 최고지도자 및 조선노동당 제1비서 김정은과의 서신(Correspondence with the Supreme Leader of the Democratic People's Republic of Korea and First Secretary of the Worker's Party of Korea, Kim Jong-un,"23-25.

COI에 이어 유엔 안전보장이사회는 북한인권 상황을 2014년, 2015년, 2016년 그리고 2017년 정식 의제로 다루었고, 2020년에는 비공개 회의에서 논의했다.[9] 보고서의 권고에 따라 2015년 6월 유엔은 북한인권 상황에 대한 더 나은 모니터링과 기록을 위해 서울에 인권최고대표사무소를 설립했다.[10] 2016년 3월 유엔 인권이사회는 책임 규명을 위한 실용적인 메커니즘을 권고하기 위한 목적으로 방글라데시 대법원 소속 변호사와 UN COI 전 위원 등이 포함된 독립적인 전문가 위원회를 설립했다.[11] 이들의 권고를 통해 2017년 3월 '북한에 대한 책임규명 프로젝트(DPRK Accountability Project)'가 착수됐으며, 국제 형사사법 전문가들과 유엔 서울인권최고대표사무소가 북한 고위 관료들을 기소할 방안을 발전시키기 위한 역량 강화에 나섰다.[12]

이러한 진전을 통해 정부 안팎의 많은 전문가와 활동가들은 수십 년 동안 어둠 속에서 헤매던 북한인권 상황이 마침내 국제사회의 관심을 얻어내고 있다고 확신했다. 한 때 허무맹랑한 것처럼 여겨졌던 북한인권 개선 노력이 현실로 다가오자, 2016년 워싱턴 D.C.에서 연설에 나선 미국의 한 고위관료는 이제 전 세계는 북한인권의 가해자가 누구인지 그리고 그들이 어떤 인권 침해 행위를 하고 있는지 알고 있다면서 그들 모두에게 책임을 물을 것이라고 공언했다.[13] 이에 전 세

---

9 휴먼라이츠워치, "북한: 2018년의 사건," https://www.hrw.org/world-report/2019/country-chapters/325520

10 유엔 뉴스, "조선인민주주의공화국의 인권 사안 감시 위해 새로운 유엔 사무소 서울에 개소" (영문), 2015년 6월 23일, https://news.un.org/en/story/2015/06/502362-new-un-office-opens-seoul-monitor-human-rights-issues-dpr-korea.

11 유엔 인권최고대표사무소, "북한인권상황에 대한 인권이사회 결의안 31/18에 의한 책임규명을 위한 독립적 전문가 그룹(Group of Independent Experts on Accountability pursuant to Human Rights Council Resolution 31/18 on the Situation of Human Rights in the Democratic People's Republic of Korea) " (영문), https://www.ohchr.org/EN/HRBodies/SP/CountriesMandates/KP/Pages/GroupofIndependentExpertsonAccountability.aspx.

12 휴먼라이츠워치, "유엔: 북한 범죄의 새로운 행보(UN: New Move on North Korea Crimes)" (영문), 2017년 3월 24일, https://www.hrw.org/news/2017/03/24/un-new-move-north-korea-crimes#.

13 톰 맬리나우스키, "국제전략문제연구소 특별강연(Special Address at the Center for Strategic and International Studies)" (영문), 2016년 2월19일, https://csis-website-prod.s3.amazonaws.com/s3fs-public/legacy_files/files/publication/20160226_TomMalinowski_Special_Address.pdf

계는 북한 주민을 돕기 위한 국제적인 동원과 구체적인 행동을 목격하게 됐다.

그러나 지난 3년간 북한 주민의 인간 존엄성을 되찾고자 하는 노력은 그 추진력을 잃어버렸다. 2018년 유엔 안보리는 2014년 COI 보고서 발표 이래 처음으로 북한인권 상황에 대한 논의를 재개하는 데 실패했다. 안건을 다시 상정하려는 노력은 2019년에도 실패로 돌아갔다(앞서 언급한대로 2020년 12월에 비공개 논의가 진행되긴 했다). 트럼프 행정부가 집중하던 비핵화 정상 외교는 인권 문제에 대한 관심을 흐리게 만들었다. 북한과 미국 두 정상이 세 차례 만남을 가지는 동안에도 북한 주민의 삶을 개선하기 위한 단 하나의 선언문이나 약속조차 이끌어내지 못했다.

COI 설립 이전 실행됐던 북한인권 개선 노력의 일환 중 하나는 2004년 조지 W. 부시 대통령이 북한인권법에 서명하면서 북한이탈주민을 위한 난민 프로그램을 시작한 것이다.[14] 이를 통해 미국은 한국 외에 북한이탈주민을 위한 프로그램을 운영하는 유일한 국가가 됐다. 비록 한국에 비해 미국에 입국하는 북한이탈주민의 숫자는 적었지만, 정치적 억압으로부터 탈출한 북한이탈주민들의 문제가 국제적으로 알려졌다는 점에서 상징적인 의미를 갖는다. 하지만 아래 표 9.1에서 볼 수 있듯 2004년 제정된 북한인권법에 따라 시작된 북한이탈주민의 미국 입국 규모는 2019년 0명으로 감소하며 그 효과성을 상실하고 있다. 이러한 감소에는 많은 요인들이 작용했지만, 가장 중요한 점은 북한인권운동이 "동력을 잃고 있으며" 전반적으로 북한이탈주민의 탈출 규모가 줄어들었다는 것이다.[15]

마지막으로 한국은 2008년부터 매년 참여해오던 유엔 북한인권결의안 공동제안국에 불참하기로 결정했다. 또한 문재인 정부는 한국에서 활동하는 많은 인권

---

14 북한인권법 2004, Pub. L. No. 108-333 (2004년 10월 18일).

15 로베트라 코헨, "미국 내 북한 난민 수용: 제한과 기회(Admitting North Korean Refugees to the United States: Obstacles and Opportunities)" (영문), 2011 9월 20일, https://www.brookings.edu/opinions/admitting-north-korean-refugees-to-the-united-states-obstacles-and-opportunities/ ; 로버트 킹, "북한이탈주민 수 20년 내 최저치로 감소(Number of North Korean Defectors Drops to Lowest Level in Two Decades," CSIS, 2021년 1월 27일, https://beyondparallel.csis.org/number-of-north-korean-defectors-drops-to-lowest-level-in-two-decades/.

단체의 지원 예산을 삭감했다.[16] 앞서 언급한 것처럼 이번에도 통일부는 자유북한운동연합과 큰샘의 법인 설립을 취소했을 때와 같은 논리를 펼쳤다. 통일부는 해당 활동들이 남북 경제협력 및 이산가족 상봉과 같은 정부의 공식 정책을 방해한다면서 인권 문제를 논의할 수 있는 방법은 오직 한 가지 뿐이라고 단호하게 선을 그었다.[17]

미국의 제로섬 논리

북한인권운동의 기반 상실은 미국과 한국 내에서 인권 옹호와 비핵화 추진(미국) 혹은 인권 옹호와 남북관계(한국) 사이에 제로섬 관계가 존재한다는 지배적인 관점에서 기인한다. 예를 들면, 북한이 자발적으로 정치범수용소를 폐쇄하는 것을 기대하기는 비현실적이기 때문에 인권 활동은 그저 "정책적 비용"으로 간주되며, 대화 상대인 북한의 심기를 건드려 더 실질적인 목표 달성을 저해할 수 있기 때문에 타당하지 않다고 보는 것이다.

이러한 제로섬 인식은 트럼프 대통령의 행보에 고스란히 반영됐다. 트럼프 행정부는 임기 초반 북한인권 상황을 부각하는 데 관심을 갖고 있었다. 로버트 킹(Robert King) 전 미국 국무부 북한인권특사의 글에서 볼 수 있듯 2018년 1월 대통령의 첫 연두교서 중 약 10%가 북한에 할애됐고, 그 중 상당 부분은 인권에 집중돼 있었다.[18] 트럼프 대통령은 "그 어떤 정권도 북한의 잔인한 독재정권보다

---

16 김정민, "남북 간 훈풍으로 인권 단체 자금난 (As North and South Korea Cosy up, Human Rights Groups Struggle for Cash)" (영문), 로이터, 2018년 6월 27일, https://www.reuters.com/article/us-northkorea-southkorea-rights/as-north-and-south-korea-cosy-up-human-rights-groups-struggle-for-cash-idUSKBN1JN0ON; "한국, 북한인권 예산 삭감하고 북한정권 지원 증가(South Korea Slashes North Korea Human Rights Budget, Raises Regime Aid)" (영문), 도이치벨레, 2018년 9월 3일, https://www.dw.com/en/south-korea-slashes-north-korea-human-rights-budget-raises-regime-aid/a-45331031.
17 통일부, "대북 전단 및 물품 등의 살포 관련 정부 입장문," 2020년 7월, 3.
18 로버트 킹, "2018년과 2019년 연두교서 속 북한인권: 한 해 동안의 변화(North Korean Human Rights in the 2018 and 2019 State of the Union Address: What a Difference a Year Makes)" (영문), CSIS, 2019년 2월 7일, https://www.csis.org/analysis/north-korean-human-rights-2018-and-2019-state-union-addresses-what-difference-year-makes.

더 철저하고 잔인하게 자국민을 억압하지 않았다"고 발언했다.[19] 그리고 트럼프 대통령은 북한이탈주민 지성호 씨를 연설장에 초청했으며, 백악관에서 북한이탈주민과의 면담도 가졌다. 잘 알려진 바와 같이 트럼프 대통령은 북한을 테러지원국으로 재지정했고, 북한에 구금됐다가 감옥 형을 선고받고 결국에는 북한 억류 중 혼수상태에 빠지게 된 버지니아 대학교 학생 오토 웜비어(Otto Warmbier)의 부모님을 따뜻하게 맞이했다. 미국은 또한 한국 정부의 지원 삭감으로 인해 어려움을 겪고 있는 몇몇 NGO가 활동을 유지할 수 있도록 소량의 재정적 지원을 비공개로 제공했다.

그러나 트럼프 대통령이 비핵화 합의를 달성하기 위해 북한 지도자와의 정상회담을 우선순위로 삼으면서 인권에 대한 관심은 빠르게 사라졌다. 대신 트럼프 대통령은 COI 보고서의 어조와 달리 김정은을 좋은 친구로 칭하기 시작했고, 이후에는 "굉장히 똑똑"하고 "훌륭한 지도자"라고 부르기에 이르렀다.[20] 김정은과의 친분 조성이라는 주요 목표를 달성하는 데 있어서 인권은 좋게 말해 신경이 쓰이는 것, 나쁘게 말해 방해되는 것처럼 여겨졌다.

미국의 지원 부재는 미묘하지만 상당히 명백하게 나타났다. 2019년 유엔 안보리는 인권 문제를 의제로 다시 상정하기 위한 최소치인 아홉 개의 표를 확보하지 못했다. 아홉 번째 표를 던질 것으로 예상했던 미국은 오히려 지지를 철회했는데, 이는 트럼프 대통령 본인이 쌓아 올린 북한 지도자와의 친밀감을 곤란한 상황에 놓이지 않도록 하기 위한 것으로 추정된다.[21]

또 다른 중요한 단서는 2004년 제정된 북한인권법을 통해 미국으로 입국하는

---

19 하노이 1년 후 북한정책: 외교위원회 동아시아, 태평양, 국제 사이버안보 정책 소위원회 청문회, 116대 의회, 2020년 2월 25일 (국제전략문제연구소 선임 연구원 로버트 킹의 발언) 인용.
20 톰 포터, "왜 내가 그를 좋아하면 안되는가? 트럼프, 정상회담 결렬 이후 첫 인터뷰 통해 김정은에 찬사(Why Shouldn't I Like Him? Trump Piled Praise on Kim Jong-un in his First Interview Since Their Summit Collapse)," 비즈니스 인사이더(Business Insider), 2019년 3월 1일, https://www.businessinsider.com/trump-praises-kim-jong-un-vietnam-summit-2019-3.
21 에드워드 웡, 최상훈, "트럼프 정부 인사, 북한인권 침해 논의 위한 유엔 회의 저지(Trump Officials Block U.N. Meeting on Human Rights Abuses in North Korea)," 뉴욕 타임즈, 2019년 12월 9일, https://www.nytimes.com/2019/12/09/world/asia/north-korea-trump.html.

북한이탈주민 수가 2019년에는 단 한 명도 없었다는 점이다(표 9.1 참조). 그동안 미국은 적극적인 인권 보호 정책으로 쿠바, 베트남, 소련과 같이 시민적·경제적 권리를 억압하는 국가에서 탈출한 주민들이 미국에 정착할 수 있도록 난민 정책을 제공했다.

표 9.1 미국에 정착한 북한이탈주민

연도	정착 북한이탈주민 수(명)	연도	정착 북한이탈주민 수(명)
2006	9	2013	14
2007	28	2014	15
2008	38	2015	14
2009	18	2016	19
2010	17	2017	1
2011	16	2018	6
2012	23	2019	0

출처: Interactive Reporting System, Refugee Processing Center, https:// www.wrapsnet.org/

북중 간 국경경계 공조 강화와 같이 미국 정책 너머의 많은 요인들로 인해 미국에 정착한 북한이탈주민 수는 2018년에 6명, 2017년에는 단 1명으로 뚜렷한 감소세를 보였다.[22] 이와 반대로 2008년에는 북한이탈주민 38명이 정착하면서 최고치를 경신했다. 2006년 난민 프로그램이 처음 시작돼 9명이 정착한 이후 현재까지 미국에 정착한 북한이탈주민은 총 220명이다.[23] 미국은 한국을 제외하고 북한이탈주민의 정착 지원을 의무화 한 법안을 통과시킨 유일한 나라로 좋은 본보기

---

22 "작년 북한이탈주민 미국 입국 없었다: 국무부 자료(No N. Korean defectors admitted to U.S. last year : State Department data)," 연합뉴스, 2020년 1월 7일, https://en.yna.co.kr/view/AEN20200107007600325.

23 교류식 보고 시스템(Interactive Reporting System), 난민 관리 센터(Refugee Processing Center), https://www.wrapsnet.org/.

가 돼 왔다. 의회에서 정한 북한인권특사가 4년간 공석으로 남아 있는 것이 보여주듯, 트럼프 행정부 재임 기간 동안 미국의 리더십 부재는 조용하지만 상당한 위기를 초래했다. 미국의 고위 관료들은 인권과 안보가 상충관계(Trade-off)에 있다는 것을 보여주듯이 북한의 핵무기를 이용한 위협을 더 우선순위로 여겼다.

한국의 역행

문재인 정부는 북한인권 상황에 대해 의구심을 자아낼 만큼 침묵으로 일관했다. 2018년에서 2019년까지 문재인 대통령은 김정은 위원장과 수차례 정상회담을 가졌지만 인권 문제를 다룬 적은 한번도 없었다. 보통 북한인권 문제는 보수 진영이나 햇볕정책을 반대하는 집단에서 주로 다뤄졌다는 점에서 문재인 정부의 대북정책은 이전의 진보 정권과 크게 다르지는 않았다. 하지만 문재인 대통령은 한 가지 중요한 측면에서 전임자들과 달랐다. 문 정부는 북한인권에 대해 모호한 입장을 취하는 것을 넘어, 사실상 한국 내 인권 활동에 역행하는 적극적인 자세를 취하는 것으로 국면을 전환한 것이다.

한국의 진보 진영은 전통적으로 북한인권에 대한 관심 제고, 옹호 활동, 제재 그리고 기소를 위한 범죄 기록 등 "공개적인 망신주기(Naming and shaming)"와 같은 접근법을 지양했다. 이는 진보 진영이 인권에 대해 무관심해서라기 보다는, 남북 협력을 인권 운동 보다 더 우선시 여기기 때문이다. 이러한 관점에서 "공개적인 망신주기"는 햇볕 정책과 같은 포용적인 접근을 통해 북한으로부터 긍정적인 반응을 유도할 만한 인센티브를 없앨 뿐이었다. 이처럼 북한인권에 대한 제로섬 인식이 그동안 한국 정치에 비공식적으로 내재화돼 있었다면, 문재인 정부는 이를 아예 법제화했다. 이는 2020년 7월 통일부가 정부 입장문으로 대북 전단 살포를 금지하고 관련 단체의 설립 인가까지 취소하면서 수면 위로 떠올랐다. 통일부는 대북 전단 살포가 (북한 주민에게 전달되는 내용의 측면에서) 비효율적이라면서, 관련 단체에게 내리는 징벌적 조치의 가장 주된 이유는 전단 살포 행위가 북한의 심기를 건드려 정부가 자체적으로 선언한 남북 관계에서의 "인권" 정책을 방해하기 때문이라고 밝혔다.[24] 따라서 2020년 7월에 나온 정부 입장문은 당시까지 진행되던 -정부 차원의 남북 관계 진전 방안을 방해했을지도 모르는- "공개적인 망신주기" 방식의 인권 운동을 무효화했다는 점에서 중요하다. 게다가 입장문이 정당화하고 있는 것과 같이 남북 협력에 대한 공식적인 노력을 저해할 가능성이 있는 모든 인권 단체와 개인에 대해 처벌을 내릴 수 있는 합리성을 부여했다. 즉 한국에서 허용될 수 있는 유일한 인권 논의는 한국 정부의 포용 정책 뿐인 것이다. 이와 같은 전례 없는 행보로 인해 전 세계는 한국의 인권 활동이 역행하는 것을 목격할 수밖에 없었다.

이를 테면 2019년 11월 한국 정부는 한국 영해에서 체포된 두 명의 북한 어부를 강제 북송시킨 새로운 선례를 남겼다. 북한에서 탈출하기 위해 선원 16명을 살해한 혐의를 받던 두 어부는 당시 이미 귀순 의사를 밝힌 상태였다. 인권 단체들은 강제북송 된 어부들이 북한으로 돌아간 뒤 아마도 높은 확률로 사망했을 것이라고 우려를 표했다. 한국 정부의 강제 북송은 언론에 유출되기 전까지 비밀리에 진행됐고, 이는 북한이탈주민을 국민으로 인정하는 한국의 헌법에도 위배되는 일이었다.[25] 이 두 명의 어부들은 변호인 접견권이나 적법한 사법적 절차를 제공받지 못했다. 같은 달 한국은 2008년부터 해마다 참여하던 유엔 총회의 북한인권결의안에 공동제안국으로서 이름을 올리지 않았다. 이에 2019년 12월 인권 단체들은 공동 서한을 통해 문재인 정부가 강행한 일련의 조치를 대대적으로 비판했고, 토마스 퀸타나 유엔 북한인권 특별보고관도 비판 행렬에 동참했다.[26]

---

24 통일부, "대북 전단 및 물품 등의 살포 관련 정부 입장문," 2020년 7월
25 최상훈, "북한 주민 2명 탈북시도, 한국이 그들을 죽음으로 돌려보냈는가 (2 North Koreans Tried to Defect. Did Seoul Send them to their Deaths?)," 뉴욕 타임즈, 2019년 12월 18일, https://www.nytimes.com/2019/12/18/world/asia/north-korea-fishermen-defectors.html
26 67개 단체가 작성 및 서명한 공동 서한은, "북한인권 상황에 대한 대한민국의 입장에 관하여 (Letter to President Moon Jae-in RE: ROK's Stance on Human Rights in North Korea)," 휴먼라이츠워치, 2019년 12월 16일, https://www.hrw.org/news/2019/12/16/letter-president-moon-jae-re-roks-stance-human-rights-north-korea참조; 특별보고관 퀸타나의 발언은, 크리스티 리, "유엔 인권 전문가: 한국은 북한에 잘못된 메시지를 보냈다(UN Human Rights Expert: Seoul Sent Wrong Message to Pyongyang)," VOA, 2019년 12월 19일, https://www.voanews.com/east-asia-pacific/un-human-rights-expert-seoul-sent-wrong-message-pyongyang

인권 운동과 대북 포용 정책을 제로섬 관계로 인식하는 탓에 문재인 정부는 인권 활동에 대한 옹호를 중단했을 뿐만 아니라 오히려 역행하는 조치를 추구했다. 2017년 12월에는 20년간 계속돼 온 '탈북자동지회'에 대한 지원을 중단했고, 2018년에는 북한인권재단 예산의 92%를 삭감하는 등 인권 활동에 대한 정부 예산을 대폭 축소했다.[27] 또한 2016년 9월 통과된 북한인권법에 명시된 네 개의 기구 중 북한인권재단은 아직 설립조차 되지 않았다. 게다가 북한인권법에 의해 만들어진 다른 3개 기구에 대한 한국 정부의 지원도 그다지 뚜렷하게 이뤄지지 않고 있다.[28] 2017년 9월 이정훈 전 북한인권대사의 퇴임 후 북한인권대사는 아직도 공석으로 남아 있다.

한국 정부는 북한이탈주민과 한국의 인권단체들이 활동하는 데 많은 제약을 만들었다. 비판적인 의견을 정부가 암묵적으로 제한함에 따라 북한이탈주민들이 언론 노출이나 강연 등의 방법으로 공공정책을 위한 논의를 조성할 기회마저 점차 사라져갔다.[29] 인권 단체들은 활동가들의 언론 인터뷰나 공개적인 활동, 그리고 옹호 활동에 대한 정부의 간섭을 반복적으로 비판해왔다. 이와 관련해 지난 2018년 4월에는 태영호 국민의힘 의원이 참여하는 인권 관련 회의를 국가정보원 요원이 방해하기도 했고, 2003년부터 활동가 이민복 씨와 북한이탈주민들이 정부의 간섭 없이 이어오던 대북전단 살포마저 경찰이 저지하는 사건이 있었다. 미국의 한 전문가는 정부의 이러한 조치들은 활동가 단체에 대한 "숙청"과도 같으

---

27 김정민, "남북 간 훈풍으로 인권 단체 자금난 (As North and South Korea Cosy up, Human Rights Groups Struggle for Cash)" (영문), 로이터, 2018년 6월 27일, https://www.reuters.com/article/us-northkorea-southkorea-rights/as-north-and-south-korea-cosy-up-human-rights-groups-struggle-for-cash-idUSKBN1JN0ON; 율리안 라이알(Julian Ryall), "한국, 북한인권 예산 삭감하고 북한정권 지원 증가(South Korea Slashes North Korea Human Rights Budget, Raises Regime Aid)" (영문), 도이치벨레, 2018년 9월 3일, https://www.dw.com/en/south-korea-slashes-north-korea-human-rights-budget-raises-regime-aid/a-45331031

28 북한인권법 시행에 대한 자세한 내용은, 테오도라 큐프짜노바, "법안 통과 후 3년, 남한의 북한인권법 중단(Three years since Its Passage, South Korea's North Korea Human Rights Law Stalls)"(영문), NK News, 2019 8월 7일, https://www.nknews.org/2019/08/three-years-since-its-passage-south-koreas-north-korea-human-rights-law-stalls/

29 에드워드 화이트, 강부성, "한국의 김정은 구애에 대해 걱정하는 북한이탈주민들(N. Korean Defectors Worry about Seoul's Wooing of Kim Jong Un)"(영문), 파이낸셜타임즈, 2019년 9월 19일, https://www.ft.com/content/3acf1336-d9bf-11e9-8f9b-77216ebe1f17.

며, 매우 "이례적"이고 과거의 진보 정부가 단행했던 조치들과도 상당히 다른 모습이라고 지적했다.[30] 상황의 심각성을 지적하고자 인권 단체들은 2018년 4월 문재인 대통령에게, 2019년 2월에는 퀸타나 특별보고관에게 도움을 요청하는 공개서한을 보내기도 했다.[31]

[잃어버린 입지 되찾기]

정책 입안자들은 한국에선 인권과 평화 재건을 위한 외교가, 미국에서는 인권과 비핵화가 서로 반대된다는 관점을 갖고 있다. 이러한 인식은 지난 수 년 동안 인권 전선을 와해하는 데 큰 영향을 미쳤다. 그러나 작금의 교착 상태가 갖는 모순점은 포괄적인 북한 전략에서 인권이 필수적이며 피할 수 없는 요소라는 점이다. 핵 협상이든 평화체제 협상이든 관계없이 북한과의 협상은 인권 상황의 개선이 동반되지 않는다면 불가능하다. 과거 미국은 핵협상을 중심에 뒀고 한국 정부는 남북관계를 우선순위에 뒀다. 그런 상황에서 북한인권 문제 제기가 정교한 협상을 난처하게 만들 수 있다는 점은 정책적으로도 뻔한 말이 돼버렸다. (6자회담에 참여한 필자를 포함해) 많은 협상가들은 인권에 대한 논의로 인해 비핵화라는 주요 문제에 집중하지 못하게 된다거나 혹은 북한 정권을 자극해 북한이 대화를 거부하는 결과를 낳지는 않을지 노심초사했다.

---

30 미국 주재 인권 전문가와의 이메일 교환, 2020년 8월 4일

31 문재인 대통령에게 보낸 HRF 서한은, "김정은에 대한 유화책으로 북한이탈주민을 침묵시키는 한국(South Korea Silences North Korean Defectors to Appease Kim Jong-un)"(영문), 2018년 4월 23일, https://hrf.org/press_posts/south-korea-silences-north-korean-defectors-to-appease-kim-jong-un/ 참조; 퀸타나 특별 보고관에 보낸 공동 서한은 "유엔 특별보고관에게 보내는 공동 서한: 북한이탈주민과 한국 인권 활동가들의 자유발언(Joint Letter to UN Special Rapporteur: Defend the Free Speech of North Korean Defectors and Human Rights Activists in South Korea)"(영문), 북한자유연합, 2019년 2월 27일, http://www.nkfreedom.org/2019/02/27/joint-letter-to-un-special-rapporteur-defend-the-free-speech-of-north-korean-defectors-and-human-rights-activists-in-south-korea/ 참조.

미국은 가장 최근에 있었던 김정은과의 세 차례 정상회담을 포함해 지난 30년 동안 이러한 각본에 따라 행동했지만, 인권에 대한 논의를 회피하는 것이 북한과의 협상에서 어떤 방식으로든 도움을 줬다는 증거는 전혀 찾아볼 수 없다. 이러한 정상회담에도 불구하고 미국은 비핵화 합의 근처에도 가지 못했다. 우리는 비핵화도 달성하지 못하고, 인권도 개선하지 못했으며, 두 개의 이슈는 서로의 목표에 지장을 준다는 잘못된 믿음까지 갖고 있는 최악의 세상에 살고 있다.

미국이 지난 3년간 인권에 관한 논의의 장에서 입지를 잃은 것은 분명하지만 이는 회복될 여지가 있다. 바이든 행정부는 미국이 북한인권을 재조명하는 기회를 제공하고 있다. 여전히 북한과의 비핵화 협상은 갈 길이 멀다. 트럼프 행정부의 독특한 정상외교는 많은 오점을 남겼지만, 북한 지도자와의 역사적인 대면 회담을 수차례 가지며 미북협상의 새로운 선례를 남겼다는 점은 인정할 만하다. 이처럼 전례 없는 접촉은 향후 미국 행정부로 하여금 이 상황에 전적으로 책임이 있고 변화시킬 능력이 있는 사람에게 문제 제기를 할 수 있는 기회를 제공할 수 있다. 다만 이 같은 대화 채널을 유지하는 것이 인권 의제를 발전적인 방향으로 진전시키는 완전하고도 유일한 방법은 아니다. 여기서 가장 필요한 것은 인권과 비핵화 노력이 서로 상충하는 입장이 아니라 병행될 수 있다는 이해를 바탕으로 한 범정부적 접근 방식이다.

[정책 통합을 위한 원칙]

인권 정책과 비핵화 외교 관계에서 포지티브섬(positive-sum)의 관점을 조성하기 위해서는 두 가지 단계가 매우 중요하다. 첫 번째 단계는 수십 년간 협상에서 인권에 대한 논의를 하지 않았음에도 비핵화에 있어 그 어떤 유의미한 결과를 도출하지 못했던 과거의 제로섬 정책을 반성하고, 앞으로 이를 배제하는 정책 원칙을 내재화 해야 한다. 두 번째 단계는 인권과 비핵화 외교를 성공적으로 결합해 종합적인 단일 전략을 수립한 후 향후 협상에서 지켜야 할 기준을 세우는 것이다.

우리가 수용해야 하는 첫 번째 원칙은 기존의 전략에 인권을 통합하는 게 선택이 아닌 필수라는 점이다. 미국은 전 세계적으로 자유의 등대로서 갖는 역할을 자처하고 있는 만큼 인권을 가장 우선적인 의제로 상정해야 할 도덕적 의무를 가진다. 이 원칙이 지속적으로 유지되지 않았기 때문에 인간의 존엄성을 중대하게 침해하면서 자유를 앗아가는 국가가 나타나고 있는 것이다(예: 위구르 수용소, 홍콩 보안법).

두 번째 원칙은 비핵화와 인권 사안이 불가분의 관계에 있다는 것이다. 이 점은 아무리 강조해도 지나치지 않다. 이는 인권과 비핵화의 정책적 통합을 이해하는 데 있어서 가장 중요한 열쇠지만 쉽게 간과되고는 한다. 강제 노동력의 수출, 채굴 작업, 그리고 제재 집단과의 사업 등 인권 침해로 얻는 북한의 수입은 정권의 무기확대운동을 재정적으로 지원하고있다.[32] 더 나아가 북한이 한 때 가입했고 현재 171개 국가를 회원으로 갖고 있는 국제원자력기구(IAEA)의 핵무기 비확산 노력, 북한도 여전히 가입돼 있는 세계 인권 선언과 같은 국제 규범을 준수해야, 북한 또한 이러한 약속을 지켜야 함을 정당화할 수 있고 국제적인 관리도 수월할 것이다. 이와 같은 인권 합의를 지키지 못한다면 비핵화 약속의 기반을 약화시키게 된다.

인권과 비핵화를 통합하기 위한 세 번째 원칙은 북한인권 개선에 대한 요구는

---

32 매튜 츠바이크, "북한의 노예 노동은 제재완화에 대한 전망을 제한한다(North Korea's Use of Slave Labor Will Limit Any Prospective Sanctions Relief)" (영문), 민주주의수호재단(Foundation for Defense of Democracies), 2019년 2월 27일, https://www.fdd.org/analysis/2019/02/27/north-koreas-use-of-slave-labor-will-limit-any-prospective-sanctions-relief/; 존 박, 짐 월시, 북한 막아서기: 제재 효과성과 의도하지 않은 결과(Stopping North Korea, Inc.: Sanctions Effectiveness and Unintended Consequences) (영문), MIT 안보 연구 프로그램(MIT Security Studies Program), 2016년 8월, https://www.belfercenter.org/sites/default/files/legacy/files/Stopping%20North%20Korea%20Inc%20Park%20and%20Walsh%20.pdf; 스티븐 해거드, 마커스 놀랜드, "북한 제재: 비핵화와 확산의 정치경제 (Sanctioning North Korea: The Political Economy of Denuclearization and Proliferation)" (영문), 아시안 서베이(Asian Survey) 50권, 3호 (2010년 5월/6월): 539-68.

협상 시 미국의 영향력을 강화한다는 것이다. 2014년 북한인권에 대한 국제사회의 감정이 고조된 데 대한 북한의 반응이 이를 극명하게 보여준다. COI 보고서의 여파로 인해 통상적으로 인권 문제에 무반응으로 일관하던 북한이 유엔 안보리와 총회에서 북한인권 문제가 제기되지 않도록 하고자 유라시아와 스칸디나비아로 외교관을 파견하기 시작했다. 북한 정권도 인권 문제에 있어서는 예외 없이 취약한 것이다. COI가 북한 주민들에 대한 폭력을 문제 제기함에 따라 북한 정권이 선전해온 지상낙원에 대한 전설은 무너졌고, 주민들 스스로 정권의 위법성을 목격하게 됐다.

네 번째 원칙은 미북 간 협상 의제에서 인권을 주요 의제에 포함시키는 것이 정치적으로 현명하다는 것이다. 북한인권에 대한 미국 의회의 초당적인 협력은 여전히 단단하며, 이는 미국 행정부가 과거처럼 이를 무시할 수 없다는 사실을 북한에게 인지하도록 한다. 입법과 제재 과정에서 의회의 영향력은 분명하다. 미국 의회는 북한인권법을 만장일치로 통과시키고 2018년 이를 재승인하면서 인권 사안이 미국의 대북정책의 중요한 부분으로 남아있음을 명확히 했다.[33] 2019년 후반 미국 의회는 2020 회계연도 국방수권법안(NDAA)의 한 조항으로 오토 웜비어 북한 검열감시법을 처리했다.[34] 이 법안은 북한이나 중국의 은행과 같이 북한 정권의 조력자들에 대한 미국의 제재를 강화하고 확대했다. 이는 2016년 미국 의회에서 통과된 "대북제재 및 정책강화법 (North Korea Sanctions and Policy Enhancement Act of 2016: H.R. 757)"과 "제재를 통한 미국의 적국에 대한 대응법(Countering America's Adversaries Through Sanctions Act: H.R. 3364)" 등 중요한 법안에서 비롯한 제재와 그 이행 장치에 기초를 두고 있

---

33 로버트 킹, "미 의회, 북한인권에 대한 우려 확인: 인권법 연장(Congress Affirms Concern for North Korea Human Rights: Extends Human Rights Act)" (영문), CSIS, 2018년 7월 12일, https://www.csis.org/analysis/congress-affirms-concern-north-korea-human-rights-extends-human-rights-act.

34 반 홀렌, 투미, 브라운, 포트만, 최종 국방수권법에 포함된 북한 제재에 찬사(Van Hollen, Toomey, Brown, Portman Applaud North Korea Sanctions in Final NDAA Package)" (영문), 크리스 반 홀렌 홈페이지, 2019년 12월 18일, https://www.vanhollen.senate.gov/news/press-releases/van-hollen-toomey-brown-portman-applaud-north-korea-sanctions-in-final-ndaa-package.

다.[35] 더 나아가 향후 정상 외교를 통한 미북 간 합의에서 인권 사안을 다루지 않는다면 미국 의회가 이를 지지할 가능성은 희박하다. 또한 인권 개선이 확인되지 않는 한 미국의 법 체계 아래에서 제재 완화는 불가능할 것이다(이는 아래에서 계속 논의한다).

[인권을 통한 비핵화 협상]

인권에 대한 제로섬 논리에 맞서기 위해 필요한 다섯 번째 원칙은 인권에 대한 논의로 인해 비핵화 목표가 방해되지 않고 오히려 활성화될 수 있다는 점을 인식하는 것이다. 자칫 두 의제가 상충된다고 생각할 수 있지만, 지난 20년간 심화돼 온 제재로 인하여 현 시점에서 두 사안은 그 어느 때보다 긴밀하게 연결돼 있다. 예를 들어 차기 미국 행정부가 트럼프와 김정은의 정상 외교에서 한 부분을 차용하고 싶어할 정도로, 2018년 6월 싱가포르 회담을 보면 인권에 대한 논의가 미국의 목표를 지원하는 데 일조했다는 점을 발견할 수 있다.

> *1. 미국과 북한은 평화와 번영을 위한 양국 국민의 바람에 맞춰 새로운 관계를 수립하기로 약속한다.*
>
> *2. 미국과 북한은 한반도의 지속적이고 안정적인 평화체제를 구축하기 위해 함께 노력한다.[36]*

미국과 북한의 정치적 관계의 근본적인 변화가 수반되지 않는다면 위의 1절 혹

---

35 NKSPE에 대한 추가설명은, 북한 제재 및 정책강화법(North Korea Sanctions and Policy Enhancement Act of 2016) (영문), H.R. 757, 미 114대 의회, https://www.congress.gov/bill/114th-congress/house-bill/757/text 참조; CAATSA에 대한 추가설명은, "제재를 통한 미국의 적국에 대한 대응법(Countering America's Adversaries Through Sanctions Act)" (영문), https://www.treasury.gov/resource-center/sanctions/Programs/Pages/caatsa.aspx. 참조.

36 "트럼프, 김정은 싱가포르 정상회담 공동성명 (Trump and Kim Joint Statement from the Singapore Summit)" (영문), 워싱턴 포스트, https://www.washingtonpost.com/news/politics/wp/2018/06/12/trump-and-kim-joint-statement-from-the-singapore-summit 참조.

은 2절에 언급된 "미국과 북한의 새로운 관계" 또는 "한반도의 안정적인 평화체제"와 같은 목표를 달성하는 것은 상상조차 할 수 없고, 그 근본적인 변화는 인권 개선 없이 불가능하다. 미국 의회가 그동안 인권에 옹호적인 입장을 보였는지 기록을 검토해보더라도 그러한 결과는 지지하지 않을 것이다.

더 나아가 차기 미국 행정부에게 미북관계의 정치적인 변화와 그에 따른 인권 증진은 무기 체계의 "동결"이 아닌 북한과의 핵 외교 재개에 있어 진정한 도전 과제가 될 것이다. 지난 세 차례의 핵 합의에서 미국은 "단계 대 단계" "행동 대 행동"이라는 점진적이고 잠정적인 합의를 추구했으며, 이를 통해 북한의 추가적인 핵무기 생산과 제재 완화, 에너지 지원을 위한 핵 실험 중단을 이끌어냈다. 1994년의 제네바 기본합의문에서는 잠정적인 중유 제공과 IAEA 감시를 동반한 영변 핵 시설 동결을 맞바꾸는 데 합의했다.[37] 2005년 6자회담 공동성명에서는 영변 핵 시설에 대한 동결 및 부분적 파기를 에너지 지원과 맞바꿨다.[38] 미국은 이러한 종류의 협상에 있어 많은 경험을 갖고 있기 때문에 앞으로 미국 행정부가 이와 동일한 합의를 이끌어내는 것이 힘든 일은 아닐 것이다.

진정한 도전 과제는 이렇게 계속해서 맞닥뜨리는 한계를 넘어 앞으로 어떻게 나아가야 할지에 대한 문제다. 지난 1994년과 2005년에 있었던 외교적 노력이 실패로 돌아간 이유는 그 다음 단계가 검증 절차였기 때문이다. 예를 들면 핵 시설 가동이 동결된 이후, 그 다음 단계로 북한은 조사관들에게 검증 받을 핵 저장소를 신고했어야 했다. 또한 2008년 후반 6자회담의 협상이 틀어진 이유는 북한이 신뢰할 수 있는 신고 내역을 제출하지 않고, 보유한 핵에 대한 그 어떠한 형태의 사찰도 거부했기 때문이다. 검증 단계에서 가장 주된 장애 요인은 두 대화 상대 간의 신뢰 부족이다. 북한은 자국의 핵 저장고를 공개할 만큼 미국을 신뢰하지 못하고, 미국은 북한이 신고한 저장고에 대해 진실성을 의심하고 있다. 이러한

---

[37] 조엘 위트, 다니엘 포네만, 로버트 갈루치, 북핵위기의 전말(Going Critical: The First North Korean Nuclear Crisis), 모음북스, 2005.

[38] Victor Cha, The Impossible State: North Korea Past and Future (New York: Ecco, 2013). 빅터 차, 불가사의한 국가: 북한의 과거와 미래, 아산정책연구원, 2016

불신은 양측 간 정치적 관계의 근본적인 변화를 통해서만 극복할 수 있다. 그리고 이 관계의 정치적 변화는 인권 상황의 개선 없이는 불가능하다.

이는 북한이 핵 협상의 일환으로 제시하는 인권 약속은 값비싸지만 신뢰할 만한 신호이기 때문이다. 북한의 인권 증진에 있어 보여주는 새로운 행보는 북한 지도부의 진정한 개혁과 국제 사회 합류에 대한 의지를 보여줄 수 있다. 인권 증진에 대한 약속 없이 또 다른 '동결을 위한 동결' 합의를 이끌어내더라도, 이는 미국 정책가에서 충분한 신뢰를 얻지 못할 것이다.

마지막으로 인권 개선에 대한 요구는 북한에 대한 세계의 경제 개발 및 지원을 활성화 할 수 있는 유일한 현실적 방안이다. 트럼프 대통령은 비핵화를 약속한다면 "경제 로켓(경제 강국)"이 될 수 있는 북한의 잠재력을 높게 평가하며, 원산 해변에 콘도나 카지노 등을 개발할 시 북한을 일명 "환상적인 장소"[39] 로 만들 수도 있다고 예상했다. 수사가 화려했던 만큼 트럼프 대통령의 발언은 비핵화에 대한 보상이 오랫동안 북한이 바랐던 국제사회로의 진출과 경제적 원조가 될 수 있음을 보여줬다. 하지만 지난 5년간의 현실은 북한의 핵 확산과 인권 침해를 겨냥한 미국 의회와 유엔의 강력한 제재였다. 과거에는 핵무기의 비확산 문제가 해결되면 제재 완화를 통해 국제 원조의 물꼬를 틀 가능성이 있었다. 하지만 오늘날 핵무기 비확산 문제의 해결은 제재 완화에 대한 필요조건이지만 충분조건이 될 수 없다. 그 이유는 인권 침해에 대한 제재들이 여전히 부과되고 있기 때문이다.[40] 트럼프식 접근 방법은 이를 완벽하게 오해했다. 트럼프 대통령은 김정은이 비핵화를 단행하면 원산 해변에 트럼프 카지노가 들어서는 미래를 약속했지만, 제재

---

39   도널드 트럼프 트위터 계정(@realDonalTrump), 다니엘 폴리티 인용, "트럼프, 북한이 잔혹한 독재자 덕분에 '경제 로켓'이 될 것을 예언하다 (Trump Foresees North Korea Becoming an 'Economic Rocket' Thanks to Brutal Dictator)" (영문), Slate, 2019sus 2월 9일, https://slate.com/news-and-politics/2019/02/trump-north-korea-economic-rocket-kim-jong-un.html; "트럼프 대통령 기자회견" (영문), 카펠라 호텔, 싱가포르, 2018년 6월 12일, https://trumpwhitehouse.archives.gov/briefings-statements/press-conference-president-trump/.

40   엘리너 알버트(Eleanor Albert), "대북제재에 대해 알아야 할 것들(What to Know about Sanctions on North Korea)" (영문), 미외교협회(Council on Foreign Relations), 2019년 7월 16일, https://www.cfr.org/backgrounder/what-know-about-sanctions-north-korea.

의 현실은 인권 개선이 이뤄지지 않는 한 그러한 카지노는 절대로 지어질 수 없음을 못 박고 있다. 북한인권 침해가 해결되지 않은 한 미국의 기업이나 지원 단체 그리고 세계은행과 국제통화기금 등의 국제 금융 기관은 미국의 제재로 인해 북한과 그 어떤 지원이나 거래, 투자도 고려할 수 없는 것이다.

종합해보면, 인권과 비핵화는 각각의 목표에 상호 인센티브를 줄 수 있는 포지티브섬 게임이지 제로섬 게임이 아니다. 북한이 제재 완화를 원한다면, 인권 개선이 동반되지 않는 비핵화로는 충분하지 않음을 알아야 한다. 미국 역시 북한의 정책 결정을 신뢰할 만한 수준으로 만들기 위해 경제 원조라는 유인책을 사용하고자 한다면, 북한의 해변이나 지하 자원에 관심을 가진 민간 영역을 허용하기 전에 북한 당국에게 인권 증진을 반드시 요구해야 한다.

따라서 정책 통합에 대해 진지하게 고민하는 것은 차기 미국 행정부의 의무이며, 미국에게 특별히 부과되는 책임이기도 하다. 이는 한국이 인권 이슈를 북한과의 양자 대화에 포함시켜서는 안 된다는 것이 아니라, 미국이 그러한 노력을 해왔기 때문에 한국이 핵 정책의 통합을 지휘할 수는 없다는 것이다. 미국은 이 협상을 한국에게 맡기는 것을 꺼려하고, 북한도 한국과 핵무기 문제를 논의하는 것을 여전히 거부하고 있는 상황이기 때문이다.

[손 쉬운 목표: 보건 및 인도적 지원]

북한인권 문제를 어떻게 연관시킬 수 있을까? 이 책은 여러 장에 걸쳐 다양한 방법들을 논의하고 있다. 한 가지 가능한 기회는 코로나19 상황과 관련이 있다. 2021년 7월까지 북한에서 코로나19 확진자는 전혀 없는 것으로 집계됐지만, 많은 보건 전문가들은 감염 사례가 있을 확률이 매우 높다고 확신한다.[41] 고립된 북한과 통상적으로 왕래하는 나라는 중국이 유일하다는 점에서 독특한 감염 경로가 존재한다. 북한 내 확진 사례가 없는 것은 북한 정권의 고질적인 불투명성에서 기인할 수도 있지만, 보건 당국이 진단할 수 있는 능력의 부재를 나타내는 것일 수도 있다. 북한은 코로나19 검사 장비가 부족하고 전문 인력이나 이를 증명할 수 있는 실험실이 마땅치 않다. 전염병의 대유행에 대응하는 북한 정권의 취약성은 자국을 보호하기 위한 가혹한 조치를 통해서도 엿볼 수 있다. 북한은 국경 봉쇄에 더해 코로나19 바이러스에 대응해 통상적으로 권고되는 격리 조치 기간의 두 배를 격리 기간으로 설정했다. 또한 북한 정권은 주민들이 식당을 비롯한 공공장소에 모이는 것도 금지했다. 이들은 모두 이전의 에볼라 바이러스, 메르스 그리고 사스에 대응했던 방식과 유사한 방침이다.[42] 이러한 조치는 중국으로부터 오는 통행에 직접적인 영향을 미쳤고, 그 결과 북중 간 교역량이 극단적으로 감소해 2020년 북한 경제는 최대 6% 가량 감소하는 결과가 초래됐다. 이는 1990년대 중반 북한이 겪은 대기근과 비슷한 정도로 심각한 수치다.[43] 이러한 극단적인 조치는 보건 의료 기반시설의 취약성에 대한 북한 당국의 불안감을 반영한다.

그렇다면 보건이나 인도적 지원을 통해 북한인권 문제를 다룰 수 있는 기회도 고려할 수 있다. 북한은 유엔 기관과 NGO들간 접촉을 유지해왔으며 바이러스나 진단 키트 그리고 보건 전문가에 대한 정보를 요청해왔다. 많은 NGO들이 과

---

[41] 수미 테리, "북한이 코로나 바이러스를 감당해낼 수 있을까? (Can North Korea Cope with the Coronavirus?)"(영문), 포린 어페어스, 2020년 3월 3일, https://www.foreignaffairs.com/articles/north-korea/2020-03-03/can-north-korea-cope-coronavirus; 빅터 차, "인상적인 고립: 북한과 코로나 19 (Splendid Isolation: North Korea and COVID-19)" (영문), CSIS, 2020년 4월 30일, https://www.csis.org/analysis/splendid-isolation-north-korea-and-covid-19.

[42] 빅터 차, "인상적인 고립: 북한과 코로나 19"

[43] 샘 김, "20년만에 북한 최악의 경제로 인한 김정은의 맹비난(Worst North Korea Economy in Two Decades Causing Kim to Lash Out)" (영문), 블룸버그, 2020년 6월 22일, https://www.bloomberg.com/news/articles/2020-06-22/worst-north-korea-economy-in-two-decades-pushing-kim-to-lash-out

거에 직면했던 것처럼 북한이 국제사회가 제시하는 검증과 감시 기준에 부합할지 우려할 수 있지만, 코로나19는 간접적으로 이슈를 제공할 수 있기 때문에 미국 정책의 일환으로써 북한을 인권 문제에 끌어들일 만한 수단이 될 수 있다. 이와 관련해 미국 또한 NGO의 인도적 지원에 대한 제한을 푸는 데 도움을 줄 수 있다.

단, 북한과의 교류를 위해 어떤 수단을 사용하든지 외교적인 측면에서 1) 식량 지원의 투명성, 2) 재정적 투명성, 3) 북한의 수용소에 대한 접근 허용, 4) 북한 내 정보 접근권 개선 등 네 가지 기준은 반드시 지켜져야 한다.

[정책의 기준]

바이든 행정부는 북한과의 양자 관계에서 인권을 주요 안건으로 제시하기 위해 반드시 구체적이고 실행 가능한 사항들을 고려해야 한다. 대북정책은 다음과 같이 인권에 대한 기준을 포함해야만 한다.

권리를 우선적으로 요구하라. 미국은 향후 북한과의 협상 시 2018년 싱가포르 선언에서 언급된 정상국가화와 비핵화 그리고 평화체제의 달성은 인권 개선을 필요로 한다는 점을 주지한 채 인권 기반 접근법을 채택해야 한다.

현실적인 첫 단추를 꿰어라. 미국은 차기 외교 활동에서 대북협상의 새로운 선례를 남기고 핵이 아닌 다른 사안에서 북한과의 협력을 도모하기 위해 현실적인 방법으로 첫 발을 내딛어야 한다 (예를 들면 장애인 혹은 보건의료 관련 사안과 같이 북한 정권을 덜 위협할 수 있는 사안에 대한 협력을 먼저 시도한다).

장기적인 대화국면을 설정하라. 미국은 정치적 관계의 정상화로 나아가는 길에 인권 관련 대화를 포함해야 한다. 대화를 통해 유엔 COI 보고서에 명시된 구체적인 목표를 달성하고자 노력해야 하며, 이는 민간 투자를 억제할 여지가 있는 영역을 회복시키는 데 도움을 줄 수 있다.

미국의 북한인권특사를 임명하라. 백악관은 의회가 정한 의무에 따라 지난 트럼프 행정부 임기 내내 공석이었던 북한인권특사를 임명해야 한다.

인도적 지원을 재개하라. 미국은 NGO의 인도적 지원을 제한하는 장애물들을 제거하고, 유엔의 인도적 노력을 지원해야 하며, 적절한 시기에 행정부 차원의 지원을 제공하는 것도 고려해야 한다. 그리고 이러한 지원은 검증과 감시에 관한 국제적 기준에 부합해야 한다.

동맹국과 협력국에 대한 기준을 설정하라. 미국은 미북 간의 교류는 물론, 미북 정상회담의 목표인 비핵화와 한반도 평화 달성이 가시적인 인권 증진 없이는 불가능하다는 것을 중국과 한국에게 알려야 한다. 중국은 북한이탈주민에 대한 강제북송 탄압을 멈춰야 하고, 한국은 북한인권 NGO들의 활동에 대한 억압을 그만둬야 한다.

더 넓은 활동 영역을 설정하라. 인권 활동은 국제적으로 함께 노력할 때 가장 효과가 두드러진다. 미국은 반드시 유엔 안보리 차원에서 북한인권 사안이 논의되도록 표결에 참여해 이를 다시 활성화해야 한다. 2021년 초 유엔 인권이사회에 복귀한 미국은 보편적 정례 검토(UPR) 과정의 맥락 속에서 인권과 관련해 북한과 교류할 수 있는 긍정적인 방법을 강구해야 한다. 이러한 노력의 궁극적인 목표는 동아시아에서 북한 문제를 헬싱키 프로세스와 유사한 방법으로 해결할 수 있게끔 하는 것이다.

[결론: 경제적 권리의 역할]

이제까지 지적한 내용은 미국의 어느 행정부든 앞으로 대북정책을 검토할 때 인권이 포함되도록 하는 데 튼튼한 토대가 될 것이다. 필자 또한 그 작업이 쉬운 일이 아니라는 것을 인정한다. 미국 대선 이후 진행되는 북한의 도발은 신임 행정부로 하여금 참신한 정책을 시도하기 보다는 즉각적인 문제에 집중하도록 유도해왔다. 이러한 점들은 그간 새로운 정책을 수립하는 데 제약으로 작용해왔다.

그러나 만약 기존의 모든 전통적인 정책들을 제쳐 두고 북한인권 상황을 개선하기 위해 "독창적인" 방식을 추구하고자 한다면, 가장 현실성 있고 즉각적인 조치는 북한 내 사유 경제를 촉진하는 일일 것이다. 북한 지도부가 3대째 세습돼 내려오는 동안 북한 체제의 억압적인 모습에는 변함이 없었지만, 가장 크게 변화한 사회경제적 모습은 바로 시장의 성장이었다. 1990년대 대기근의 여파로 북한 전역에 공식적, 비공식적 시장이 약 400여개가 형성됐으며 이는 주민들의 생존을 이끌었다.[44] 2017년에서 2018년 사이 북한 주민들에 대한 정교한 설문조사를 진행한 결과, 응답자 모두가 북한 당국의 공공 분배 체계가 양질의 삶을 영위하기에 충분한 배급을 주지 못한다고 답했으며 응답자의 83%는 공공 분배 체계보다 시장에서 얻은 외부 상품이 매일의 삶에 더 큰 영향력을 행사한다고 밝혔

---

[44] 나치오(Natsio), 대기근 (Great Famine) (영문); 케이 석 (Kay Seok), "북한의 변화: 기근, 지원, 그리고 시장 (North Korea's Transformation: Famine, Aid and Markets)" (영문), 휴먼라이츠워치, 2008년 4월 15일, https://www.hrw.org/news/2008/04/15/north-koreas-transformation-famine-aid-and-markets.

다.[45] 이러한 관점에서 시장은 사람들로 하여금 사회와 국가를 분리할 수 있도록 하며, 국가에 의존하기보다는 시장을 통해 자신들의 삶을 꾸려 나가도록 해 독립적인 생각을 할 수 있게 만들었다. 더 나아가 일반 주민들이 시장을 통해 경제 상황이 나아지면서 국가에 대해 더욱 비판적인 시각을 갖기 시작한 것으로 나타난다. 2017년 가을 북한 정권이 핵 억지력을 "완성"한 것을 자축한 것과 달리, 설문 응답자의 70%는 핵무기 개발이 애국심의 원천이 아니라고 답했다.[46] 그리고 응답자의 대다수는 북한 내에 정권에 대한 조롱이나 비판 의견을 표출하는 사람도 있다고 인정했다.[47] 게다가 북한 당국은 공식 시장이나 암시장으로부터 연간 5천만 달러에 달하는 세금을 걷는 등 시장화로부터 빚을 지고 있는 상황이다.[48]

북한 주민의 경제적인 권리와 소비자로서의 권리가 촉진되면, 그들의 삶의 질이 개선되고 초기 시민사회를 육성하는 데 도움이 될 것이다. 필자는 이를 "독창적인" 권고로 보는데, 그 이유는 이를 시행하려면 서방 세계가 북한의 비핵화에 대한 보상으로 여기는 제재 완화, 시장 원리에 대한 교육, 국제 금융 기구에 대한 접근, 해외 직접투자에 대한 미국의 정책적 사고에도 변화가 필요하기 때문이다. 어쩌면 차기 미국 행정부에게는 이러한 정책적 전환을 고려할 수 있는 용기(혹은 절박함)이 요구될 수도 있다.

지난 30년간 북한과의 비핵화 외교 과정에서 모든 미국 행정부는 동일한 조건

---

45 조사는 CSIS의 Beyond Parallel 프로젝트에 의해 진행되었다. 빅터 차, 리사 콜린스 (Lisa Collins), "시장: 북한에 들어선 사유 경제와 자본주의? (The Markets: Private Economy and Capitalism in North Korea?)" (영문), CSIS, 2018년 8월 26일, https://beyondparallel.csis.org/markets-private-economy-capitalism-north-korea/.

46 빅터 차, 마리 두몽(Marie DuMond), "악마의 무기: 북한의 일반적인 주민들은 그들의 핵 프로그램을 어떻게 생각하는가 (The Devil's Weapons: What Ordinary North Koreans Think of their Nuclear Program)" (영문), Beyond Parallel, 2018년 3월 2일, https://beyondparallel.csis.org/devils-weapons-ordinary-north-koreans-think-nuclear-program/.

47 "웃지 마세요: 북한 주민들의 불만과 대담한 농담 (No Laughing Matter: North Koreans' Discontent and Daring Jokes)" (영문), Beyond Parallel, 2016년 11월 2일, https://beyondparallel.csis.org/no-laughing-matter-north-koreans-discontent-and-daring-jokes/. 정밀검사와 관련된 방법론은 논문 안에서 찾을 수 있다. 많은 조사결과가 탈북자 증언과 일치하지만, Beyond Parallel 정밀조사는 탈북하지 않은 북한 주민들을 대상으로 이뤄졌다.

48 차, 콜린스, "시장: 북한에 들어선 사유 경제와 자본주의?"

의 거래에는 굴복하지 않겠다고 다짐했다. 트럼프 대통령은 모든 결정을 한 개인이 내릴 수 있는 국가와 "탑-다운(top-down)식" 정상외교를 표방하는 등 과거의 관습을 깨뜨려 버렸다. 그러나 이러한 접근 방법은 트럼프 대통령 본인이 상당한 비판을 가했던 이전의 협상보다도 더 적은 결과만을 도출해냈다. 향후 미국 행정부가 진정 북한에게 "매우 다른" 정책으로 접근하려면 인권에 대한 논의를 외교 정책에 통합해 최종적이고 완전히 검증된 비핵화(FFVD) 달성을 뒷받침해야 할 것이다.

제 4 부

비교법적 고찰로서 인권

10

한국에게 전하는 독일의 교훈

숀 킹

독일[1]은 제2차 세계대전 이후 한반도처럼 두 나라로 분단됐다. 1990년 냉전의 종식과 함께 독일에 평화통일이 찾아온 반면, 한반도는 여전히 분단된 상태다. 심지어 한국과 북한은 1950년부터 1953년 사이 동서독은 경험한 적 없던 잔인하고 쓰라린 전쟁까지 겪어야 했다.

그 후 한국은 역대 대통령들은 물론 국민들까지도 독일을 한반도 통일의 귀감으로 삼고자 했다. 하지만 독일과 한반도의 상황은 매우 다르다. 일단 북한이 국수주의적 성격을 띠고 있는 것과는 달리, 동독은 본질적으로는 국제주의를 표방했다. 또한 서독과 한국이 각각 동독과 북한에 접근하는 방식은 인권 문제에 있어 특히 그 차이가 분명하다.

더욱이 독일에서 일어난 일을 완벽하게 이해하고 있는 한국인 수가 적은 탓에 다소 오인된 결론을 내리는 경우가 많다. 따라서 과거 동독에 대한 서독의 공세적인 포용 정책(그리고 동독의 붕괴)을 배우고자 한다면, 독일에서 실제 일어난 일에 중점을 두고[2] 두 나라의 상황을 비교해야 한다. 그러나 북한 체제가 가진 독

---

1 점령 및 그 이후의 분단 외에도, 독일은 제 2차 세계대전 이후, 폴란드에 넘어간 약 4만 평방마일을 포함하여 일부 영토를 잃었다. 따라서 오늘날의 통일 독일은 전쟁 이전보다 그 영토가 작다. 자빈 바티, "1945년, 폴란드에 의해 쫓겨난 독일인들은 집을 되찾기를 원한다 (Ousted by Poland in 1945, Germans Want Homes Back) (영문), 월스트리트저널, 2004년 8월 11일, https://www.wsj.com/articles/SB109218743179488425.

2 북한에 가본 적은 없으나, 1997년 이래로 한국에 방문한 경험은 기억할 수도 없을 만큼 많았다. 1986-87년 스웨덴 위스타드에서 있는 고등학교의 교환학생이었는데, 네 번의 독일 방문 중 첫 두 번은 당시 동독을 방문했다. 독일 통일 1년 뒤인 1991년 가을, 베를린에서 학부 과정을 밟았다. 그에 따라, 독일어는 가능하지만 한국어는 구사하지 못한다.

특한 폐쇄성과 민족주의적 성격으로 인해 사실상 한국이 시도할 수 있는 일은 많지 않다.

[독일 통일에 매료된 한국]

한국인들에게 독일 통일은 매력적인 사례다. 어쩌면 한국인들이 독일인들보다도 독일 통일에 더 관심이 많을지도 모른다.[3] 한국 통일부는 독일 사례를 연구하는 데만 장장 6년을 할애했다.[4] 한국의 언론들이 독일 통일을 언급하는 빈도가[5] 연 500건 이하로 내려가는 경우도 드문데, 2018년까지 기록된 최대 건수는 연 1,100건에 달했다.[6] 2018년 정범구 당시 주독 한국 대사는 "독일과 베를린은 대다수 한국인들에게 통일의 상징"이라고 했으며,[7] 서울 광장에 위치한 세 조각의 베를린 장벽은 한국에서 "희망의 상징"으로 불린다.[8]

그러나 독일 통일에 관한 한국에서의 논의는 결국 독일 통일의 실행 과정(법률 체계, 기술 표준의 이전, 인프라 요건 등)과 그 여파[9](통일 비용, 동독 내 정치적

---

3 빅토리아 김, "베를린 장벽의 붕괴가 한 때 한국에 희망을 주었으나, 더는 아니다 (The Fall of the Berlin Wall Once Gave South Korea Hope. Not Anymore) (영문)," LA타임즈, 2019년 12월 4일, https://www.latimes.com/world-nation/story/2019-12-04/berlin-wall-germany-south-korea-reunification. .

4 빅토리아 김, "베를린 장벽의 붕괴."

5 이 수치는 조선일보 내 언급은 포함하지 않는다. 김민주와 릭 노악의 "30년이 지난 현재까지 한국은 베를린 장벽 붕괴에 지나치게 집착하고 있다(30 Years On, South Korea Remains Obsessed with the Fall of the Berlin Wall. Perhaps Too Much) (영문)," 워싱턴 포스트, 2019년 11월 9일, https://www.washingtonpost.com/world/2019/11/09/years-south-korea-remains-obsessed-with-fall-berlin-wall-perhaps-too-much/ 참조..

6 김민주와 릭 노악, "30년이 지난 현재까지 한국은~집착."

7 매들린 챔버, "통일 독일은 한국 화해를 위해 서두르지 않는다 (Reunified Germany Is in No Rush to Help Reconcile Korea) (영문)," 로이터, 2019년 2월 5일, https://www.reuters.com/article/us-germany-korea-reunified-germany-is-in-no-rush-to-help-reconcile-korea-idUSKCN1PU1C7..

8 빅토리아 김, "베를린 장벽의 붕괴가 한 때 한국에 희망을 주었으나.""

9 빅토리아 김, "베를린 장벽의 붕괴가 한 때 한국에 희망을 주었으나."

극우파의 득세 등)에 집중돼 있으며, 독일 통일이 실현될 수 있었던 이유는 거의 논의되지 않았다.

게다가 필자가 개인적으로 대화를 갖거나 관찰을 해본 결과, 독일 통일의 원동력을 고민했던 한국인들 중 대다수는 동독에 대한 서독의 접근법이 통일 독일을 이끌었다고 생각하고 있다. 그러한 결과로써 동독이 자발적으로 서독과 통일하고자 결단을 내렸다고 여기는 것이다. 이는 역사적인 사건들에 대한 몰이해는 물론, 다자 간 자유 무역을 추구하던 동독과 달리 북한은 외세에 대한 혐오와 봉쇄된 환경을 앞세우고 있다는 점을 간과한 것으로 보인다. 또한 구 서독과 오늘날 한국이 공산주의에 대해 취한 접근법이 근본적으로 큰 차이를 수반하고 있음을 이해하지 못하고 있다.

통일 독일은 동독으로 서독의 영향력이 확장됐기 때문이 아니라, 소련이 동독에 대한 지지를 철회해 결과적으로 동독 정권이 몰락함으로써 가능했던 일이다. 동독에 대한 서독의 원조와 지원은 동독인들에게 외부 세계를 접하는 기회가 됐고(물론 자금 원조나 대출금을 통해 되레 동독 정권이 유지되는 데 일조한 측면도 있지만), 갑작스러웠던 통일을 원만히 이끌어가는 데 도움이 됐다. 그러나 통일 그 자체는 동독이 몰락했기 때문에 가능했다. 많은 한국인들, 특히 민족주의 좌파 진영은 이 진실을 애써 부정하려고 한다.

한국의 지도자들은 한반도 분단을 논할 때 종종 독일의 사례를 거론하고는 한다. 2000년 3월, 김대중 전 대통령은 베를린 자유대학(구 서독)에서 "독일 통일의 교훈과 한반도 문제"[10] 라는 제목으로 연설에 나선 바 있다. 그는 "오늘 저는 여전히 분단된 한국의 대통령으로서 여러분이 겪은 매우 중요한 경험을 배우고자 이 곳에 왔습니다"라고 말하면서 20세기 후반 독일 역사에 대한 한국인의 선입견을 뚜렷하게 드러냈다. 김 전 대통령은 "역사적이고 세계적인 변혁의 흐름이

---

10 김대중, "대한민국 김대중 대통령 연설, 독일통일과 한반도의 교훈 (Address by President Kim Dae-jung of the Republic of Korea, Lessons of German Reunification and the Korean Peninsula) (영문)," 르몽드디플로마티크, 2000년 3월 9일, https://www.monde-diplomatique.fr/dossiers/coree/A/1904.

(한반도)에는 영향을 미치지 못해 유감스럽다"면서 독일 통일을 그 예시로 들었다. 그는 통일 독일에서의 첫 번째 교훈은 "민주주의와 시장 경제에서 비롯된 서독의 거대한 잠재력 덕택에 통일이 가능했다"는 것이라고 주장했다. 그가 제시한 두 번째 교훈은 서독이 동독과 중앙 유럽을 향해 동방정책을 추구했다는 점이었다. 김 전 대통령은 그의 햇볕정책과 서독의 동방정책이 맥을 같이 한다고 여겼다. 하지만 후술하듯이 서독의 동방정책은 구 소련과 동유럽을 겨냥한 정책이었다. 그러므로 한반도만을 표적으로 한 김대중 전 대통령의 햇볕정책과는 직접적으로 비교할 수 없는 것이다.

2014년 박근혜 대통령은 구 동독에 위치했던 드레스덴 공과대학에서 있었던 일명 "드레스덴 선언" 연설에서 독일 통일을 한국의 선례로 강조했다.[11] 그는 남북 간 인적 교류와 이산가족 상봉, 인프라 개발을 통한 공동 번영, 나아가 궁극적으로는 "남북 주민 간 통합"을 주창했다. 그러나 그간 한국과 북한 중 어느 누구도 주민들 간의 교류 방안을 제공하지 않았는데, 어떻게 남북한이 "통합"할 수 있겠는가? 이는 승자와 패자가 나뉠 수밖에 없는 문제이며, 필자는 한국이 승리하기를 바란다. 북한이 박 전 대통령의 드레스덴 연설을 놓고 "늙고 주름진 얼굴에 짙은 화장을 한 채로" 횡설수설했다고 비꼰 것은[12] 박 전 대통령이 직접적으로 언급하지는 않았으나 그가 어떠한 형태의 통일을 꿈꾸고 있는지 북한이 간파했음을 시사한다. 박 전 대통령의 통일 비전은 북한의 종말을 전제로 하는 것이었다.

같은 해 초, 박 전 대통령은 한반도 통일이 "경제적 대박"이라고 표현했는데, 이는 적절한 것이었다.[13] 사실 독일 통일은 경제적 패배에 가까웠다. 구조적인 문제로 인해 서유럽 국가 대부분이 갇혀 버린 유럽 경화증 시기에 통일이 이뤄졌

---

11 "박 대통령의 대북 연설 전문," 코리아헤럴드, 2014년 3월 14일, http://www.koreaherald.com/view.php?ud=20140328001400.

12 "북한, 한국 대통령에 대한 여성혐오 조롱 (North Korea Launches Misogynistic Tirade against South Korean President) (영문)," 가디언, 2014년 4월 4일, https://www.theguardian.com/world/2014/apr/04/north-korea-misogynist-tirade-south-korean-president..

13 매튜 윙클러와 샘 킴, "박, 남북통일은 한반도 대박 찬양 (Park Extols Korea Bonanza With a North-South Unification) (영문)," 블룸버그, 2014년 1월 12일, https://www.bloomberg.com/news/articles/2014-01-12/park-extols-korea-bonanza-with-a-north-south-unification.

기 때문이다. 그러나 통일된 한반도는 오늘날 세계 두 번째 경제 대국인 중국과 국경을 접할 것이고, 이에 따라 경제적으로 가장 역동적인 지역으로 부상할 것이다. 과거 동독이 통일과 함께 유럽 공동체[14] 와 NATO에 편입된 것과 같이, 만약 북한이 통일을 통해 한국의 여러 특혜 무역 협정에 포함된다면 한국의 기업들은 과거 중국으로 옮겨 갔던 사업들을 북한 지역으로 복귀시키려 할 것이다. 또한 노동력의 공급이 증가함과 더불어 주요 세계 시장에 대한 우선적인 접근(무관세 등)이 용이해질 것이고, 그렇다면 분단 시기 한국에서 들던 비용보다 절감될 것이다. 뿐만 아니라, 2016년 미국이 고도미사일방어체계 사드(THAAD)를 한국 성주에 배치했을 당시 한국에 가해졌던 중국의 보복 등 주재국의 정치적 간섭에 대한 우려 역시 덜 수 있다. 한편, 1990년대 북한의 공공 분배 시스템의 붕괴 이후 북한 주민들은 그들이 가진 모든 것을 십분 발휘해 생계를 유지할 수밖에 없었는데, 그 결과로 등장한 장마당과 같은 민간 시장은 북부 산업을 반증한다. 이는 통일 한국이 서울 주도 하에서 거대한 경제력을 발휘할 수 있음을 시사한다. 이에 반해 동독은 민간 경제가 발달되지 못했다. 적어도 이런 점에 있어서는 북한이 냉전 시기의 동독을 크게 앞서고 있다.

다만 남북한이 오랜 기간 철저히 단절돼 온 탓에 통일 한국의 사회적, 정치적 전망은 불확실한 편이다. 더욱이 북한과 한국은 서로를 향해 총구를 겨눴던 역사가 있다. 동독인들이 자유를 되찾기까지 걸린 시간은 나치와 공산주의 시대를 모두 합쳐 56년에 지나지 않는다. 잔혹했던 일제강점기부터 김 씨 일가의 세습 독재에 이르기까지 110년 동안 북한 주민들은 자유가 없는 삶을 살아야 했고, 오늘날까지도 마찬가지다. 이는 완전히 새로운 세상이 도래했을 때 극복해야 할 것이 결코 적지 않을 것임을 시사한다.

2017년 5월 대선 직후 한국의 문재인 대통령 역시 베를린에서 남북관계에 대해 연설했다.[15] 그는 북한과의 무조건적인 협력을 제안하지는 않았으나 남북관계

---

14 오늘날의 유럽연합(EU)은 1994년까지 유럽 공동체(EC)라는 이름이었다.
15 문재인, "독일 쾨르버 재단에서의 연설(Address at the Körber Foundation, Germany) (영문)", 2017년 7월 6일, https://english1.president.go.kr/briefingspeeches/speeches/65.

개선을 열망하는 뜻은 내비쳤다. 그는 한미동맹을 재확인하고 비핵화를 요구했으나, 좌파 민족주의적 성향에 걸맞게 남북관계와 궁극적 통일은 반드시 "우리 민족 스스로" 달성돼야 한다고 강조하기도 했다. 전쟁 직후 점령 하에 있었던 구 서독, 동독인들은 상상도 할 수 없을 발언이었다.

[기원]

각국의 역사에 대한 이해 없이는 독일과 한국의 상황 차이를 제대로 알 수 없다. 독일은 1871년 첫 통일을 이룩한 반면, 한반도는 이미 천 년 동안이나 통일돼 있던 국가였다. 독일은 제 2차 세계대전의 가해국으로서 스스로 분단을 초래했으나, 한국은 독일의 동맹국이었던 일본에 의한 피해자였다. 일부 독일인들은 자국의 분단을 전쟁 중의 잔혹 행위에 대한 처벌로 받아들이기도 했다. 그러나 한반도의 남북한 주민들은 지은 죄도 없이 두 번이나 고통을 받고 있는 셈이다.

[냉전]

두 국가의 분단 모두 일시적인 것이어야 했으나, 여기서 염두에 둬야 할 것은 남북한과 달리 동서독은 서로에게 총을 겨누지 않았다는 점이다(이 사실은 아무리 강조해도 지나치지 않다). 동독(독일 민주공화국GDR)은 서독을 포함해 서유럽에 공격을 감행했던 테러리스트(카를로스 더 자칼[16], 적군파(RAF)[17] 등)를 지

---

16 토니 패터슨, "파쇄기에서 구출된 카를로스 자칼의 잃어버린 세월(Rescued from the Shredder, Carlos the Jackal's missing years) (영문)," 인디펜던트, 2010년 10월 30일, https://www.independent.co.uk/news/world/europe/rescued-from-the-shredder-carlos-the-jackals-missing-years-2120492.html..
17 닐 애셔슨, "사랑과 증오의 테러 캠페인(A Terror Campaign of Love and Hate) (영문)," 가디언, 2008년 9월 27일, https://www.theguardian.com/world/2008/sep/28/germany.terrorism.

원하고 방조했다. 심지어 팔레스타인 해방기구(PLO)는 동 베를린에 사무소도 가지고 있었다.[18] 동독의 국가보안부 슈타지(Stasi)는 자국민들을 감시했고, 서독 정부와 사회 최고위층 내부에 침투했다. 그러나 서독인을 해치지 않는 것이 동독군과 동독 국가보안부 요원들의 원칙이었다. 이에 반해 북한은 한국 국민들을 특히 표적으로 삼고 있다. 1983년 한국 대통령이었던 전두환을 겨냥한 양곤 테러[19] 와 1988년 서울올림픽 개최 방해를 위해 꾸몄던 1987년 바그다드-서울행 대한항공 858편 격추 사건[20] 을 그 예로 들 수 있다.

[세계주의자 vs. 민족주의자]

동독의 지도자 발터 울브리히트는 소련의 지도자 니키타 흐루쇼프를 설득해 1961년 서 베를린으로 향하는 동독 난민들을 막기 위한 베를린 장벽을 건설했다.[21] 이는 소련 정부가 1950년 김일성이 흐루쇼프의 전임자인 이오시프 스탈린에게 한국 침략을 승인하도록 적극 설득했던 것과 다르지 않다(김일성은 그 당시 중국의 마오쩌둥에게도 로비를 하고 있었다).

그러나 대체로 동서독은 미국과 러시아의 전 세계적 알력 다툼 속 나치 독일의 부끄러운 역사와 거리를 두려고 애쓰는 등 충실한 의존 국가로서의 모습을 보였

---

18 제프리 허프, "테러에 대한 동독의 유럽 중심적 정의(East Germany's Eurocentric Definition of Terrorism) (영문)," 우드로 윌슨 센터, 2017년 6월 12일, https://www.wilsoncenter.org/blog-post/east-germanys-eurocentric-definition-counterterrorism..

19 윌리엄 채프먼, "북한 최고지도자 아들, 랑군 폭탄테러 주도자로 지목 (North Korean Leader's Son Blamed for Rangoon Bombing) (영문)," 워싱턴 포스트, 1983년 12월 3일, https://www.washingtonpost.com/archive/politics/1983/12/03/north-korean-leaders-son-blamed-for-rangoon-bombing/ddec34cc-9c12-4fc6-bf75-36057091aa4e/..

20 폴라 핸콕스와 제이크 권, "전 북한 간첩, 비행기 폭파 계획에 대해 입을 열다 (Ex-North Korean Spy Recounts Olympic plot to Blow Up Plane) (영문)," CNN, 2018년 1월 26일, https://www.cnn.com/2018/01/22/asia/north-korea-secret-agent-blew-up-plane-intl/index.html..

21 호프 밀러드 해리슨, 소련을 장벽 위로 끌어 올리기: 소련-동독 관계 (Driving the Soviets Up The Wall: Soviet-East German Relations) (영문), 1953-1961 (프린스턴, 프린스턴 대학교 출판부, 2003), 170..

다. 그리고 독일이 공격했던 나라들에게 전쟁 배상[22]을 하며 새로운 국가로 인식되기를 바랐다.

동서독이 기존 나치 독일의 이미지와 거리를 두려고 애쓸 때, 남북한은 전 세계에 한반도의 위치를 인식시키고자 애쓰고 있었다. 북한은 김일성이 백두산(기원전 2333년, 한민족의 시조이자 한반도의 신화적 창시자인 단군이 내려왔다고 알려져 있는 곳) 기슭에서 항일 게릴라 공격을 감행했고, 김정일이 다시 그 곳에서 태어났다며 가문의 역사를 만들어냈다. 이처럼 김 씨 정권은 통일 과정에서 자신들의 한반도 통치를 정당화하기 위해 거짓된 신적 권리를 조작해낸 것이다.[23]

[동독 vs. 북한]

동독이 독일 전체에서 차지한 부분은 한반도 내 북한의 영역보다 훨씬 작았다. 동독 인구 1,600만명[24]은 서독 인구 6,300만명[25]의 4분의 1수준으로, 통일 독일에서는 5분의 1에 불과했다. 북한의 2,600만 인구[26]는 한국의 5,100만 인구[27]의 절반을 조금 넘고, 그에 따라 통일 한반도의 약 3분의 1을 차지할 것이다. 북한

---

22 게오르기오스 카르캄파시스, "제2차 세계 대전 이후 독일 전쟁 배상금에 어떤 일이 발생했는가 (What Happened to the German War Reparations after the end of WWII) (영문)" (석사 논문, 유럽 연구회, 2016년 5월), https://www.researchgate.net/publication/305719680_What_Happened_to_the_German_War_Reparations_after_the_end_of_WWII

23 진 H. 이, "선전 분석: 백마에 올라탄 김정은에게 무얼 할 텐가 (Parsing the Propaganda: What to Make of Kim Jong Un on a White Horse) (영문)," 아시아 디스패치 (Wilson Center Asia Dispatches), 2019년 10월 29일, https://www.wilsoncenter.org/blog-post/parsing-the-propaganda-what-to-make-kim-jong-un-white-horse.

24 미(美) 국무부, 공보국, "독일 민주 공화국, 참고 배경 (German Democratic Republic, Background Notes) (영문)," 1974년 11월 1-8일, https://pubmed.ncbi.nlm.nih.gov/12178098/ .

25 애론 오닐, "1950년부터 2016년까지 동독과 서독 구 영토의 인구(Population of East and West Germany 1950-2016) (영문)," 스태티스타, 2019년 10월 11일, https://www.statista.com/statistics/1054199/population-of-east-and-west-germany/.

26 월드오미터, https://www.worldometers.info/world-population/north-korea-population/..

27 월드오미터, https://www.worldometers.info/world-population/south-korea-population/..

의 면적은 한국보다 큰 데 반해, 동독은 서독보다 그 면적도 훨씬 작았다. 그러므로 통일 한반도에서의 북한은 독일 통일 후 소외됐던 동독에 비해 더 많은 발언권을 가져야 할 것이다. 서 베를린의 존재 역시 주요한 차이다. 실질적으로 서 베를린은 동독 깊숙이 자리하고 있는 서독의 일부였다.[28] 동 베를린 시민들은 베를린 장벽 너머의 서 베를린을 매일 볼 수 있었다. 그들은 1987년 라이히슈타그(Reichstag)에서 열린 데이비드 보위(David Bowie)의 야외 콘서트[29]를 들을 수 있었고, 코카콜라 광고판도 볼 수 있었다. 만약 남 평양이 존재한다면, 반미 시위를 위해 김일성 광장으로 향하는 북한 주민들이 목을 빼 들고 K팝 광고판이나 최신 자동차를 몰고 다니는 한국 사람들을 볼 수 있을 것이며 그 여파는 상상조차 하기 어렵다.

[이데올로기]

가장 중요한 것은 동독이 그들의 자유가 속박됐던 만큼이나 극렬하게 반(反)민족주의적이었다는 것이다. 동독 주민들은 세계적 공산주의자들이었다. 그들은 어쩌다 보니 독일인이었던 공산주의자였던 것이다. 독일의 민족주의는 그들에게 뿌리 뽑혀야 할 악과 다를 바 없었다. 동독 주민들은 독일이라는 개념 자체를 문제시했고, 독일의 지도자들은 분단 독일을 받아들였다.

동독은 적어도 표면적으로 그리고 공식적으로 다문화주의를 지지했고,[30] 반인

---

28 1990년 독일 통일 이전까지 공식적으로는 전후 연합군의 통제 아래 있었기 때문에, 엄밀히 말하자면 서 베를린은 서독의 영역이 아니었다. 그러므로 서 베를린 주민들은 서독 군대에 복무할 의무가 없었다.

29 맥스 피셔, "베를린 장벽의 데이비드 보위: 콘서트의 놀라운 이야기와 이것의 역사적 역할 (David Bowie at the Berlin Wall: The Incredible Story of a Concert and Its Role in History) (영문)," 복스(Vox), 2016년 1월 11일, https://www.vox.com/2016/1/11/10749546/david-bowie-berlin-wall-heroes

30 구 동독은 오늘날 극우 반 이민자 성향의 독일 알터나티브(AfD) 반대파의 정치적 근거지다. 그러나 동독 시절에는 인종차별주의 정서, 폭력, 심지어 살인까지 보고된 바 있다. 모잠비크, 쿠바, 베트남과 같은 곳에서 온 학생들과 이주 노동자들이 그들의 표적 중 하나였다.

종차별 및 반파시스트를 지향하는 유일한 독일임을 표방했다.[31] 이는 서독을 나치즘의 계승사로 몰아넣었다. 동독은 문화, 국적, 인종을 초월한 노동자 계급의 연대를 대대적으로 자랑했다. 이는 조상, 문화 그리고 인종에 기반을 둔 19세기 독일과 비교했을 때 한국의 민족주의가 상이한 형태로 뿌리내렸음을 보여준다.[32] 동독 당국은 정치적 문제가 없는 외국인들과 자국민의 교류를 승인했고 결혼에 있어 인종에 의한 제한 조치도 철저히 반대했다.[33] 이에 반해 한국은 2006년에 들어서서야 혼혈인의 군복무를 허용했고, 북한은 한국이 인종 간 결혼을 인정하는 것을 공개적으로 비판하고 있다.[34]

북한의 김 씨 왕조는 자신들의 방식으로 통일을 이루기 위해 독특하고 왜곡된 특유의 공산주의(미국 기업 연구소의 니콜라스 에버스타트는 이를 *인종적 사회주의*[35] 라고 불렀다)를 추구해 온 민족주의적인 숭배 집단이다. 동독 주민들은 북한의 이러한 퇴보적 이념을 알게 된 후[36] 동 베를린 주재 북한 대사관에 잠입해 사건을 보고하면서 북한 외교관들을 면밀히 감시했다. 평양에 주재하는 동독 외

---

31 스벤 펠릭스 켈러호프, "동독의 신나치, 이주노동자를 린치하다 (In der DDR gab es Neonazis. Sie lynchten Gastarbeiter) (독문)," 벨트(Welt), 2016년 8월 19일, https://www.welt.de/geschichte/article157749931/In-der-DDR-gab-es-Neonazis-Sie-lynchten-Gastarbeiter.html..

32 신기욱, "포퓰리즘 민족주의의 위험(The Perils of Populist Nationalism) (영문)", 쇼렌스타인 아시아 태평양 연구소(Shorenstein Asia-Pacific Research Center), 2019년 9월, 2, https://fsi-live.s3.us-west-1.amazonaws.com/s3fs-public/shin_perils_of_populist_nationalism.pdf.

33 사라 푸가치, "독일민주공화국 내 아프리카 학생들, 인종과 성별의 정치 (African Students and the Politics of Race and Gender in the German Democratic Republic) (영문)," 유색인종: 냉전 세계의 동독(Comrades of Color: East Germany In the Cold War World), 퀸 슬로보디안 엮음 (뉴욕: 베르간 출판사 (Berghahn Books), 2015), 131

34 피터 마스, "방사능 민족주의(Radioactive Nationalism) (영문)," 뉴욕 타임즈, 2006년 10월 22일, https://www.nytimes.com/2006/10/22/magazine/radioactive-nationalism.html.

35 "니콜라스 에버스타트와의 담화: 우리는 북한을 위한 긴 게임이 필요하다(We Need A Long Game For North Korea, A Conversation With Nicholas Eberstadt) (영문)," 헤리티지 재단, 2018 여름 인사이더, 2018년 8월 13일, https://www.heritage.org/insider/summer-2018-insider/we-need-long-game-north-korea.

36 마크 할람, "북한의 전보, 김씨 정권에 대한 동독의 뿌리 깊은 의혹 폭로 (North Korea Cables Reveal East Germany's Deep-Rooted Suspicion of Kim Regime) (영문)," 도이체 벨레 (Deutsche Welle), 2018년 2월 8일, https://www.dw.com/en/north-korea-cables-reveal-east-germanys-deep-rooted-suspicion-of-kim-regime/a-42160823.

교관들도 김일성이 한반도 해방 역사에서 소련의 존재를 제외하고 있다고 불평했다(김일성은 모든 공을 당연하게도 자기 자신에게 돌렸다).

동독은 항상 서독보다 가난했는데, 동독 당국은 시민들에게 서독이 가난한 사람들을 돌보지 않고 노동자 계급(공산정권 표준 임금)을 착취한 까닭이라고 말하곤 했다. 이에 반해 한 때 한국보다 부유했던 북한은 주민들에게 한국이 물질적으로 더 부유한 것은 한국의 민족성 저해를 담보로 해외 군대(즉 미군)에 주권을 넘긴 탓이라고 주장한다.[37]

[홀로서기]

북한은 외세의 개입과 간섭을 공개적으로 거부하면서 자신들의 독립성을 과시한다. 예를 들어, 북한은 무기 실험을 위해 우방인 중국 영토를 가로지르는 것도 개의치 않는다. 그러나 동독은 소련과 동맹인 사실을 항상 강조했다. 1958년 중공군은 북한에서 철수했지만, 베를린 장벽이 무너졌을 때도 동독에는 38만명의 소련군이 동독에 주둔하고 있었다.[38] 동독이 소련의 핵우산 보호 하에 있었던 반면[39], 북한은 1991년까지 한국이 미국의 핵우산 보호를 수용했다고 비난했다. 북한 주민들은 김정은의 고모부 장성택(그는 중국식 경제 개혁을 옹호하고 자신을 위한 권력 기반을 과도하게 쌓았다는 이유로 2014년 처형됐다)을 통해 중국과의 과도한 친분이 위험할 수 있다는 사실을 깨달았다. 그러나 동독의 마지막 지도자

---

37 브라이언 레이놀즈 마이어스, 가장 깨끗한 인종 (The Cleanest Race) (영문) (브루클린, 뉴욕: 멜빌 하우스(Melville House), 2010), 154

38 키아란 파헤이, "버려진 도시: 버려진 뷘스도르프의 소련 병영 내부 (The Forbidden City: Inside the Abandoned Soviet Camp of Wünsdorf) (영문)," 가디언, 2017년 1월 11일, https://www.theguardian.com/cities/2017/jan/11/forbidden-city-inside-abandoned-soviet-camp-wunsdorf-east-germany.

39 루이스 브랜슨, "소련, 동독에 미사일 배치 (Soviets say missiles are deployed in East Germany) (영문)," 국제합동통신, 1984년 1월 17일, https://www.upi.com/Archives/1984/01/17/Soviets-say-missiles-are-deployed-in-East-Germany/6356443163600/..

에리히 호네커는 1971년 당시 소련의 지도자 레오니트 브레즈네프와 함께 울브리히트를 축출하려는 음모를 꾸몄다.[40] 소련과의 긴밀한 연대는 동독인들의 생활에 발전을 가져왔으나, 스탈린 사망 이후 김일성 우상화를 시작함에 따라 북한으로부터 사대주의라는 비난을 받았다.

북한의 노동신문과 소련의 일간지 프라우다(Pravda)는 1960년대 초 서로 비판하는 사설을 발간했던 반면, 동독의 경우 신문 가판대는 물론 서 베를린을 오가는 환승 고속도로 휴게소에서도 동구권 곳곳의 출판물을 팔고 있었다.[41] 뿐만 아니라 북한에서는 외국의 미디어가 제공되지 않지만, 동독은 소련의 업적을 자국의 것인 마냥 열렬히 기리기도 했다. 실제 1961년 소련의 우주비행사 유리 가가린은 동 베를린에서 퍼레이드를 했고, 아이들은 스푸트니크(Sputnik)이라 불리는 정글짐에서 놀았다.[42]

동독 지도자의 동상이 아닌 레닌상이 동독 전역에 우뚝 서 있던 것과는 대조적으로 북한은 그들의 업적 모두를 김 씨 일가에게 돌리고 있다.

[서방과의 교류]

동독은 독일인이 되기보다는 공산주의자가 되는 것이 이상적이었기 때문에 다른 국가처럼 서독과 교류하는 것에 대한 사상적 족쇄가 없었다. 북한이 한반도 유일의 정권이라고 주장하며 한국과 교류하지 않는 것과 대조적이다. 이는 북한

---

40 에드워드 N. 피터슨, 비밀경찰과 혁명: 독일 민주 공화국의 몰락 (The Secret Police and the Revolution: The Fall of the German Democratic Republic) (영문) (웨스트포트, 코네티컷: 프래거 (Praeger, 2002), 9

41 신문 가판대는 1985년 "Trafikmagisnet besöker DDR 1985-Das Verkehrsmagazin im SVT besucht die DDR"에서 볼 수 있다, Youtube, https://www.youtube.com/watch?v=SpQxb4NHH4c.

42 다리야나 한, "어린이 놀이터의 현대사 (Zeitgeschichte auf dem Kinderspielplatz) (독문), 슈타트+그륀 (Stadt+Grün), 2021년 4월 5일, https://stadtundgruen.de/artikel/zeitgeschichte-auf-dem-kinderspielplatz-15879.html.

과 달리 동독을 외부 정보의 영향력에 더욱 취약하게 만든 요인이었다.

두 독일이 1972년 양국을 서로 인정하는 기본조약을 체결한 뒤(이는 유엔 공식 가입 및 미국과 동독 간 외교관계 수립을 위한 장을 열었다.), 1974년 동독은 헌법을 개정해 소련과 동독이 "영원히 되돌릴 수 없는" 동맹 관계임을 선언했다.[43] 또한 통일에 대한 북한의 집착과는 달리, 독일 통일에 헌신한다는 제8조는 물론 "독일"과 "독일 국가"라는 단어를 헌법에서 삭제했다.[44] 이러한 개정을 통해 차량 식별 스티커마저 독일을 의미하는 D(Deutschland)에서 독일민주공화국을 의미하는 DDR(Deustche Demokratische Republik)으로 변경됐다.[45] 호네커 자신이 서독 출신임에도 불구하고, 그는 동독과 서독은 결코 통일되지 않을 것이라고 말했다. 그가 이러한 완전 분리(Abgrenzung) 정책을 지향한 이유는 동독의 정체성 확립이 절실했기 때문이었다.[46]

[인권의 비교 대조]

인권은 정치성을 내포한 단어로 개인마다 그 뜻을 달리할 수 있으나, 북한과 동독은 세계 인권 선언[47]의 30개 조항 중 대다수를 위반한 국가로 볼 수 있다. 자유권과 임의체포 불가 등이 가장 대표적인 위반 유형이다. 하지만 국가 내 이동, 해외 여행의 허용, 종교 및 집회의 자유, 외부 정보에 대한 접근 그리고 식량권 등의 측면에서 본다면 동독은 북한보다 훨씬 더 자유로운 사회였다.

43　1974년 10월 7일 "1974 연대기"에 실린 장벽의 연대기[Chronik der Mauer] (독문)을 참조.
44　"동독: 서독과의 관계 (East Germany: Relations with West Germany) (영문)," 국가 데이터 (Country Data), http://www.country-data.com/cgi-bin/query/r-5139.html.
45　1974년 1월 1일 "1974 연대기"에 실린 장벽의 연대기(Chronik der Mauer) (독문)을 참조, http://www.country-data.com/cgi-bin/query/r-5139.html.
46　"동독: 서독과의 관계 (East Germany: Relations with West Germany) (영문),"
47　"세계 인권 선언," 유엔, https://www.un.org/en/about-us/universal-declaration-of-human-rights.

동독은 자국의 인권 침해 기록에 대한 조사에 불만은 있었지만(이는 동독이 다국적 공산주의 연합의 일부였고 소련의 선례를 따르고 있었던 탓이다), 1975년 여행의 자유를 포함해 특정 인권을 보장해야 하는 세 개의 단계의 헬싱키 협정에도 서명했다.[48] 그러나 북한은 인권이 논의되는 회담에 대해선 즉각적인 항의와 참석 취소 의사를 밝혀 왔다. 2014년 마이클 커비(Michael Kirby) 호주 대법관 주도로 발간된 유엔 북한인권 조사위원회(COI) 보고서는 북한 정권의 악행을 가감없이 보여주고 있다. 보고서는 김정은을 포함한 북한 지도부를 헤이그 소재 국제형사재판소(ICC)로 회부할 것을 권고했다.[49] 실제로 회부가 이뤄진 적은 없지만, 이러한 논의가 제기될 때마다 북한의 외교관들은 혼비백산하며 이를 막기 위해 전면적인 압박을 가한다. 리수용 당시 북한 외무상도 유엔 COI 조사 결과에 이의를 제기하고자 유엔 총회를 방문하기도 했다.[50]

북한에 비할 바는 아니지만 동독 또한 국민들의 권리가 매일같이 침해되는 열악한 환경이었다. 시민들은 끊임없는 감시 하에 살고 있었으며, 그들의 투표는 정치 지도자 선출에 있어 실질적인 효력을 갖지 못했다. 가족과 친구들은 국가보안부에 서로를 신고했고, 무고한 사람들이 사상적 불량을 이유로 승진과 대학자리를 뺏겨야 했다. 동독 정권이 지속됐던 41년간 25만 명의 정치범이 투옥됐다.[51] 그러나 북한처럼 동독에는 정치범수용소나 강제 수용소가 존재하지 않았다. 가

48　"헬싱키 프로세스와 유럽안보협력기구," 유럽안보협력기구, https://www.csce.gov/about-csce/helsinki-process-and-osce.

49　트로이 스탕가론 "김정남 사건, 북한을 국제형사재판소로 보낼 수 있을까?(Could North Korea be Sent to the International Criminal Court over Kim Jong-nam) (영문)," 미주한국경제연구원, https://keia.org/the-peninsula/could-north-korea-be-sent-to-the-international-criminal-court-over-kim-jong-nam/. .

50　데이비드 호크, "북한, 유엔 조사위원회 대응 (North Korea Responds to the UN Commission of Inquiry) (영문)," 38선 이북(38 North), 2014년 10월 16일, https://www.38north.org/2014/10/dhawk101614/..

51　엘리자베스 얀, "동독의 피할 수 없는 호엔쇤하우젠 교도소 (East Germany's Inescapable Hohenschönhausen Prison) (영문)," 도이체 벨레(Deutsche Welle), 2014년 10월 9일, https://www.dw.com/en/east-germanys-inescapable-hohensch%C3%B6nhausen-prison/a-17982535.
Elisabeth Jahn, "East Germany's Inescapable Hohenschönhausen Prison," Deutsche Welle, October 9, 2014, https://www.dw.com/en/east-germanys-inescapable-hohensch%C3%B6nhausen-prison/a-17982535.

족의 "범죄"에 따른 연좌제 역시 적용되지 않았다. 동독이탈주민의 가족은 약간의 처벌은 받았을지언정 북한처럼 한국 매체에 접근했다는 등의 사소한 "범죄"를 이유로 대를 거듭해 이어지는 연좌제 처벌은 받지 않았다. 더불어 동독인들은 북한과 달리 감옥에서 태어나는 일도, 국가를 위한 잔인한 육체적 봉사로 일생을 보내도록 강요받는 일도 없었다.

베를린 장벽에서뿐만 아니라 동서독 간 긴 국경이나 발트해 연안에서 서독 또는 스칸디나비아로 탈출하려던 시도도 적지 않았는데, 이 과정에서 천여명 이상의 동독인들이 목숨을 잃었다.[52] 하지만 동독인들의 공산주의 국가 여행은 제한적으로나마 허용되고 있었다. 동독 국영항공사 인터플루크는 모스크바, 프라하, 하노이로 가는 항공편을 광고했다. 운이 좋은 신혼 부부들은 쿠바로 신혼여행을 떠나기도 했다. 여름 휴가를 헝가리로 떠나 서독의 친척들을 만나는 경우들도 있었는데, 이는 박근혜 전 대통령이 드레스덴 연설에서 촉구한 남북 이산가족 상봉보다 훨씬 더 손 쉬운 방식이었다. 철저히 계산되고 감시되는 남북 상봉은 그 횟수조차 고통스러울 정도로 적다. 이는 냉전 기간 동안 수 백만 명의 동서독 시민들이 비공식적인 만남을 가질 수 있었던 것과는 너무나 비교된다.

상대적으로 자유로운 공산주의 국가(특히 동독의 고등학생들이 서방의 운동용품이나 음반을 사곤 했던 헝가리 등)를 경험하면서 동독인들은 귀국 후 자국 정부에게 더 많은 것을 기대하게 됐다. 사실상 베를린 장벽 붕괴를 촉발시킨 것은 1989년 헝가리가 오스트리아와의 국경을 개방한 일이었다. 덕분에 헝가리에 있던 동독인들은 오스트리아로 자유롭게 국경을 넘을 수 있었고, 빈(Vienna) 주재 서독 영사관들의 환영을 받았다(이는 동독 내의 연쇄적 반응으로 이어졌다). 반면 극소수를 제외한 대다수의 북한 주민들은 중국 본토나 러시아조차 방문하지 못한다. 북한 정권의 외화 수입을 위해 해외로 파견되는 주민들은 그마저도 북한으로의 추방 조치와 대북제재 탓에 그 수가 더 줄어들었으며, 남은 일부마저 엄

---

52 케이트 코놀리, "동독을 탈출하려다 1,000명 이상이 사망(More than 1,000 Died' Trying to Flee East Germany) (영문)," 인디펜던트, 2003년 8월 13일, https://www.telegraph.co.uk/news/worldnews/europe/germany/1438720/More-than-1000-died-trying-to-flee-East-Germany.html..

격하게 통제된 근무지 외에는 자신이 방문한 국가의 모습을 제대로 볼 수도 없다.

국내 여행에도 허가증이 필요하고 아무나 수도 평양에서 살 권리를 갖지 못하는 북한과는 달리, 동독 주민들은 적어도 국내에서 자유롭게 이동할 수 있었다. 물론 다른 동독 도시로 이주하는 것이 쉽지는 않았을 것이며 사상 및 신분의 문제가 없는 일부만이 서 베를린 및 서독과의 접경지역에서 살 수 있었다. 그러나 드레스덴 주민이 동 베를린에서 오페라를 관람하거나 라이프치히에서의 축구 관전을 하러 가는 등의 충동적인 국내 여행은 전혀 문제되지 않는 일이었다. 이는 북한 주민들에겐 해당되지 않는 일이다.

간혹 일어나는 군사적 망명을 제외하고, 남북을 가르는 비무장지대(DMZ)는 사실상 어느 측도 건널 수 없도록 폐쇄돼 있다. 그러나 동독의 서부 국경은 생각보다 경계가 허술했다. 동독 정권은 연금을 수령할 나이가 된 주민들이 효용 가치를 다 했다고 여겨, 이들에 한해서는 동서독 국경을 비교적 자유롭게 오갈 수 있도록 했다. 1972년 동서독 간 상호 인정 이후, 약 4만 명의 동독인들이 매년 서독을 방문할 수 있게 됐다.[53] 다만 귀환을 보장하기 위해 그들의 가족은 동독에 머물러야 했다.

1986년 동독 지도자들은 서독으로의 자유로운 이동이 되레 그 매력을 반감시킬 것이라 여겼다.[54] 그러나 결과는 그 반대였다. 그 쪽 세계를 다녀온 동료의 경험담이 퍼지면서 더 많은 동독인들이 서독으로의 여행을 갈망했다. 이에 따라 1986년에는 57만 3천명, 1987년에는 120만명, 그리고 1988년에는 220만명에 달하는 동독인들이 완화된 규정을 이용해 서독을 방문했다.[55] 즉 동독 인구 1,600

---

53 데이비드 차일즈, 동독의 몰락(Fall of the GDR) (영문) (런던: 루트리지, 2001), 29.
54 로버트 J. 맥카트니, "동독, 서방 방문 제한 완화 (E. Germany Relaxes Curbs on Working Citizens' Visits to West) (영문)," 워싱턴 포스트, 1988년 4월 16일, https://www.washingtonpost.com/archive/politics/1988/04/17/e-germany-relaxes-curbs-on-working-citizens-visits-to-west/bf53ec1a-a4a5-4168-a171-759393155c9b/..
55 데이비드 차일즈, "독일 사회주의 통일당은 동방정책과 글라스노스트의 문제에 직면하고 있다 (The SED Faces the Challengers of Ostpolitik and Glasnost) (영문)," 비교관점에서 본 동독 (East Germany in Comparative Perspective) (영문), 데이비드 차일즈, 토마스 A 베일리스, 그리고 마릴린 루슈마이어 엮음 (런던: 루트리지, 1988), 5.

만명 중 이미 상당수가 1989년 11월, 베를린 장벽 붕괴 전 이미 서독을 방문했던 것이다.

동독 주민들의 인권 역시 일상적으로 침해되긴 했지만, 그러한 침해 조치들 중 일부는 오히려 이득이 되기도 했다. 1976년 음악가 울프 비어만(Wolf Bierman)을 포함한 수천명의 동독 활동가와 예술가, 지식인들이 서독으로 추방됐고[56], 비어만의 의붓딸인 펑크 록 가수 니나 하겐(Nina Hagen)도 그를 뒤따랐다. 일부 망명자들은 훗날 반 동독 활동에 참여하기도 했다. 동독인들은 정치범으로 기소돼 국외로 쫓겨나기 위해 고의로 체포되기도 했다.[57] 반면 북한의 반체제 인사들은 결코 추방되지 않는다. 그들은 추방 대신 수용소에 갇히거나 사형에 처해진다.

1961년 베를린 장벽 건설부터 1989년의 개방까지[58] 약 350만명의 동독인들이 서독으로 이주했다. 이는 한국전쟁 이후부터 2016년 기준 한국에 정착한 북한이탈주민이 2만 9천명에 불과한 것과 대조적인 수치다.[59] 인구 규모의 차이를 고려할 때, 이는 오늘날 북한 출신 한국 거주자 수가 동독 출신 서독 거주자 수 보다 약 400배나 적다는 의미다.[60]

동서독은 쌍방으로의 여행이 가능했다. 서독은 물론 대부분 해외에서 동독을 자유로이 방문할 수 있었다. 대표적인 예로 1984년 1월과 4월 사이 동독과 동 베를린을 방문한 서독인 수는 89만 7천명에 달했다.[61] 필자가 서 베를린에 방문했을 당시 머물렀던 집주인 부부는 1980년대 동독 여행 사진을 보관하고 있었다.

---

56 "볼프 비어만의 추방(The Exile of Wolf Biermann) (영문)," BBC Sounds, 2017년 11월 24일, https://www.bbc.co.uk/sounds/play/w3csvtsf..

57 준 캐롤린 어릭, "다수의 추방자들 조용이 동쪽으로 향하다(Many Exiles Quietly Going into the East) (영문)," 선 센티널, 1989년 11월 14일, https://www.sun-sentinel.com/news/fl-xpm-1989-11-14-8902090802-story.html.

58 1952년 동독은 서독과의 지역 내 국경을 봉쇄하였으나, 1961년 베를린 장벽 설립 이전까지 동독주민들은 동독에서 서독으로 탈출할 수 있었다.

59 뤼디거 프랑크, "독일과 한국의 통일 사례: 위험한 비교 (1/2편) (The Unification Cases of Germany and Korea: A Dangerous Comparison (Part 1 of 2)) (영문)," 38선 이북 (38 North), 2016년 11월 3일, https://www.38north.org/2016/11/rfrank110316/..

60 프랑크, "독일과 한국의 통일 사례."

61 "동독: 서독과의 관계."

당시 비자를 발급 받아야 했고 모든 행동은 감시를 받았지만, 서 베를린에서 동독을 가는 경우 국경선에서 요금을 지불하고 비자를 받으면 정해진 노선을 벗어나지 않는 한 여행할 수 있었다. 동 베를린 내에서의 당일치기 여행도 마찬가지였다. 동독은 외화가 필요했고, 서독은 인적 교류를 원했다. 위와 같은 방법으로 필자는 항상 동독을 방문했다. 각 환승마다 5독일마르크(미화 3달러), 동 베를린 방문 시마다 30독일마르크(미화 17달러)를 지불했다. 동독인들과 교류하거나 관심을 끌만 한 행동은 자제해야 했지만, 이를 제외하고는 동 베를린을 제한 없이 돌아다닐 수 있었다. 그러나 북한을 방문한 사람들은 모두 훨씬 더 관리된 여행을 경험했다고 말한다. 심지어 중국 본토나 러시아로 가는 길에도 북한을 경유하는 것은 불가능하다. 모스크바에서 서울로의 철도 개설은 아직 환상에 지나지 않는 것이다.

전화기를 소유한 동독인들은 가끔 서독의 가족이나 친구들과 통화할 수 있었다. 동독 당국의 검열을 거쳐야 했지만, 서로 편지를 교환하는 것도 가능했다. 하지만 오늘날 북한과 한국 사이에는 그 어떠한 종류의 접촉도 존재하지 않는다.

[서독 vs. 한국]

동독과 북한만큼이나 동독을 향한 서독의 접근법과 북한을 향한 한국의 접근법 역시 매우 상이하다. 1949년 정권 수립 당시부터 서독은 민주주의와 인권의 모범적인 사례였다. 반면 한국은 상당 기간 인권 유린 문제를 겪어야 했고, 1980년대에 들어서서야 민주화가 시작됐다.

한국의 민족주의 좌파 대통령들이 표면상 무조건적인 대북 원조를 시행한 반면, 서독의 수상들은 보수, 진보와 관계없이 동독에 대한 인도주의적 원조와 "대금"의 교환관계를 분명히 했다. 1983년 서독은 동독에 10억 독일마르크(미화 5억

3,300만 달러) 납부 기한을 연장해주면서 베를린 장벽 경계에 있던(동독이탈주민을 겨냥했던) 많은 자동화 무기들을 없앨 것을 요청했고, 동독은 이에 동의했다.⁶² 그 후 동독은 어린이들이 동독을 방문할 때 납부해야 했던 최소한의 비용 제한을 없애고, 서독 노년 계층의 방문 비용 역시 25독일마르크(미화14달러)에서 15독일마르크(미화8달러)로 인하했다.⁶³

심지어 서독은 33,755명에 달하는 정치범들의 자유를 위해 동독에 돈을 지불하고 그들을 동독 감옥에서 서독으로 이송시켰다.⁶⁴ 이로 인해 동독 정권의 금고에 35억 독일 마르크(미화 19억 달러)가 들어갔다는 것은 안타까운 일이었으나,⁶⁵ 서독의 의도만큼은 훌륭한 것이었다. 서독은 언제나 동독인들을 동독 정권으로부터 구해내려고 애썼다. 이와 비교하면 한국은 북한 주민들을 구출하기 위해 노력하고 있다고 보긴 어렵다. 문재인 정권이 북한의 심기를 건드리지 않기 위해 국영 매체 내 북한이탈주민의 출연을 막는 등 북한인권에 대한 논의를 경시하고 있다는 한국의 인권활동가 및 북한이탈주민들의 주장은 일견 타당하다.⁶⁶

한국은 김정은을 자극하지 않는 것이 남북회담 재개에 도움이 될 것이라는 희망을 갖고 2019년 유엔 북한인권결의안의 공동제안국으로서 참여하지 않기로 결정했다.⁶⁷ 그 다음 달, 김정은과의 핵 협상 재개를 위해 유엔 안전보장이사회에

---

62 유럽 정보국, "동독에 10억 독일 마르크 융자의 배경과 시사점 (Background and Implications for the DM One Billion Credit to East Germany) (영문)," 중앙정보국 열람실, 1983년 10월 27일, https://www.cia.gov/readingroom/docs/CIA-RDP02-06156R000100550001-2.pdf.

63 유럽 정보국, "동독에 10억 독일 마르크 융자의 배경과 시사점."

64 "베를린 장벽 희생자, 30년의 추모 경주 (Race to Remember Berlin Wall Victims, 30 Years On) (영문)," AFP, 2019년 8월 17일, https://www.france24.com/en/20190817-race-to-remember-berlin-wall-victims-30-years-on.

65 "베를린 장벽 희생자, 30년의 추모 경주."

66 에드워드 화이트와 강부성, "한국의 김정은 구애 행동에 걱정하는 탈북자들(N. Korean Defectors Worry about Seoul's Wooing of Kim Jong Un) (영문)," 파이낸셜타임스, 2019년 9월 18일, https://www.ft.com/content/3acf1336-d9bf-11e9-8f9b-77216ebe1f17. .

67 컬럼 린치, "한국, 2008년 이후 처음으로 북한인권결의안 공동 발의 거부(South Korea Declines to Co-Sponsor North Korea Human Rights Resolution for First Time Since 2008) (영문)," 포린폴리시, 2019년 11월 15일, https://foreignpolicy.com/2019/11/15/south-korea-declines-cosponsor-north-korea-human-rights-un-resolution-first-time-since-2008/.

서의 북한인권 회의를 막은 트럼프 대통령의 결정 역시 도움이 되지 않았다.[68]

이런 상황에서 한국의 NGO들은 북한에 있는 동포를 돕고자 홀로 고군분투할 수밖에 없다. 이에 반해 서독의 NGO들, 특히 환경 운동을 하는 기관들은 동독 문제에 매우 적극적이었고 서독 정부의 공식적 지원을 받기도 했다.

그러나 서독이 동독과 맺은 거래가 언제나 성공적인 것은 아니었다. 1972년부터 1989년까지 동독은 연간 3만 5천톤에 달하는 서독의 유독성 폐기물 포함 쓰레기를 수거하면서 약 10억 독일마르크(미화 5억 5,300만 달러)를 벌어들였다.[69] 서독은 동독과 서 베를린을 연결하는 도로 건설을 위해 동독에 비용을 지불했다. 동서독 간 무역 규모가 수십 억에 달할 만큼 성장한 가운데, 일부 서독 기업들은 정치범을 강제 동원하는 동독 공장에 상품 제조 및 조립을 위탁했다. 그들이 제조하고 조립해야 하는 상품들은 동독에서는 구입조차 할 수 없는 것들이었다. 그러한 부끄러운 행동에 다국적 기업들 역시 가담했다. 2012년 스웨덴의 이케아(IKEA)는 당시 서독을 통해 정치범을 강제 동원하는 일부 동독 공장과 계약한 바 있음을 인정했다.[70] 그러나 대체적으로 서독은 동독인들의 삶의 질을 개선하고 동서독을 보다 더 가깝게 하기 위해 교류 정책을 수립했다. 이처럼 떳떳하지 못한 동독의 위탁 생산 방식은 현재는 폐쇄된 개성공단과 유사한 점이 많다. 다만 개성공단이 운영될 당시 북한 근로자들은 자발적으로 근무하길 원했고, 한국 기업들 또한 개성공단 사업에 대해 적극적인 태도를 보였다는 것이 그나마 나은 점이다.

---

68 컬럼 린치와 로비 그레이머, "백악관, 외교를 위해 북한 잔혹행위 관련 유엔 회의를 막다 (Desperate to Save Diplomacy, White House Blocks U.N. Meeting on North Korean Atrocities) (영문)," 포린폴리시, 2019년 12월 9일, https://foreignpolicy.com/2019/12/09/white-house-blocks-un-meeting-north-korea-atrocities-trump-kim/..

69 데보라 맥킨지, "서독의 독성 폐기물은 더 이상 동독으로 향할 수 없을 것이다 West German Toxic Waste May No Longer Go East) (영문)," 뉴 사이언티스트 (NewScientist), 1990년 1월 27일, https://www.newscientist.com/article/mg12517011-300-west-german-toxic-waste-may-no-longer-go-east/..

70 볼프강 한슨, 이케아, 구 동독에서의 강제 노동 인정(Ikea erkänner slavarbete i forna Östtyskland) (독문)," 아프톤블라데트(Aftonblade), 2012년 11월 16일, https://www.aftonbladet.se/nyheter/a/jPm3W0/ikea-erkanner-slavarbete-i-forna-osttyskland..

[동방정책 vs. 북방정책]

빌리 브란트(Willy Brandt) 전 서독 총리의 동방정책은 동서독 간 관계 정상화를 달성하는 데 가장 효과적인 방법으로 알려져 있다. 그러나 동방정책의 더 큰 업적은 독일의 전쟁 후 국경, 즉 현재 폴란드에 속한 옛 독일 영토에 대한 동독의 자의적 포기를 서독이 받아들였다는 것이다. 동방정책은 또한 소련과 바르샤바 조약 동맹국들 사이의 상업적 교류 역시 확대시킬 수 있었다. 즉 동방정책은 동서독 관계만이 아닌 유럽 관계 전체를 아우르는 정책이었다. 이에 반해 1980년대 후반에서 1990년대 초까지 이어진 한국의 노태우 전 대통령의 북방정책은 북한을 개방하겠다는 목표 아래 러시아 및 중국과의 관계를 수립하고자 했다. 이 전략은 브란트의 동방정책과 같이 지역 범위를 염두에 둔 것이 아닌 철저히 한반도에만 초점을 둔 전략이었다.

["거실에 있는 계급의 적"[71]]

동독은 기본 인권 중 하나인 외부 미디어와 정보에 대한 접근을 보장하는 데 훨씬 더 개방적이었다. 특히 1973년 동독은 서독의 TV채널 시청 및 라디오 청취에 대한 제한을 해제했고,[72] 덕분에 동독인의 70%는 서독의 TV채널을 시청할 수 있었다.[73] 동독 주민들은 달라스(Dallas)에 나온 JR의 슛을 따라했고, 분데스

---

71   마를리스 샤움, "서독 TV: 거실에 있는 계급의 적 (West German TV: The Class Enemy in the Front Room) (영문)," 도이체 벨레(Deutsche Welle), 2009년 1월 7일, https://www.dw.com/en/west-german-tv-the-class-enemy-in-the-front-room/a-3804892..

72   제임스 M. 마크햄, "TV, 동독에 서방 문화를 가져오다(TV Brings Western Culture to East Germany) (영문)," 뉴욕타임스, 1984년 2월 13일, https://www.nytimes.com/1984/02/13/arts/tv-brings-western-culture-to-east-germany.html

73   제임스 M. 마크햄, "TV, 동독에 서방 문화를 가져오다(TV Brings Western Culture to East Germany) (영문)""

리가 축구를 응원했으며, 디페쉬 모드(Depeche Mode)의 노래를 함께 불렀다. 서방의 전파가 닿지 않는 동독 지역은 미지의 골짜기(Tal der Ahnungslosen)라고 불렸다.[74] 서독의 공영 방송국들은 공공연하게 동독의 시청층을 겨냥한 프로그램을 제작한 반면,[75] 한국의 문재인 정부는 비무장지대(DMZ)에서의 대북전단(풍선) 및 확성기 사용을 금지시켰다. 최근 몇 년간 일부 해외 매체가 북한으로 유입됐으나, 이는 동독인들이 누렸던 합법적이고 실시간으로 가능했던 서독의 미디어 시청에 비하면 너무나도 미약하다.

서독 출판물 구입은 동독에서 금지돼 있었으나, 서방 특파원들은 동독에 상주하며 동독 내 사건들에 대한 비판적 보도를 이어 나갔다. 그러한 행동에는 어느 정도 제약이 있었으나 그들의 기사는 가감없이 보도됐고,[76] 이는 서방의 미디어를 시청하는 동독 주민들이 자국에 어떤 일이 일어나고 있는지 알 수 있는 기회를 제공했다. 동독의 반체제 인사들은 비밀리에 서방 기자들에게 특종이 될 만한 정보를 제공하기도 했다. 북한 역시 일부 외신 기자들의 보도가 존재하긴 하나, 이들의 보도는 엄격한 통제 하에 이루어졌기 때문에 북한과의 상관관계 및 관련성을 신중하게 살펴볼 필요가 있다. 현재로서는 그 어떤 경우라도 북한 주민들이 외신 기자들의 보도를 접할 가능성은 거의 없다.

서독 언론들이 서독의 지도자를 비난할 수 있다는 점은 오히려 동독인들로 하여금 서독 언론에서 보도하는 동독 지도자 관련 보도를 신뢰할 수 있게 만들었다(일부 동독 TV 시청자들은 심지어 서독과 같이 훌륭하고 자유로운 체제를 왜 그리도 비판하냐며 편지를 보내기도 했다.[77]).

---

74 피터 히첸스, "단서없는 골짜기에서 무지의 계곡으로 (From The Valley of the Clueless to the Valley of the Unknowing) (영문)," 데일리 메일, 2014년 6월 23일, https://hitchensblog.mailonsunday.co.uk/2014/06/from-the-valley-of-the-clueless-to-the-valley-of-unknowing.html

75 제임스 M. 마크햄, "TV, 동독에 서방 문화를 가져오다(TV Brings Western Culture to East Germany) (영문).""

76 마를리스 샤움, "서독 TV: 거실에 있는 계급의 적 (West German TV: The Class Enemy in the Front Room) (영문)"

77 제임스 M. 마크햄, "TV, 동독에 서방 문화를 가져오다(TV Brings Western Culture to East Germany) (영문)."

서독의 TV방송은 베를린 장벽 붕괴에 일부 영향을 끼친 것으로 잘 알려져 있다. 이탈리아 ANSA의 특파원 리카르도 어만(Ricardo Ehrman)과 서독 빌트(Bild)의 기자 피터 브링크만(Peter Brinkmann)은 1989년 11월 9일 동독 정권의 대변인 귄터 샤보프스키(Gunter Schabowski)를 압박해 현 시간부로 베를린 장벽을 포함해 서방으로의 자유로운 여행이 허용된다는 잘못된 발언을 동 베를린 기자회견에서 내놓게끔 했다.[78] 샤보프스키의 발언은 동독으로 다시 송출됐으며, 이것이 사실인지 확인해보려던 동독 주민들 수 천명이 장벽으로 모여드는 장관도 연출됐다. 이에 보른홀머(Bornholmer)의 국경수비대는 혼란에 빠졌고, 결국 국경을 막는 것을 포기하고 대중에게 길을 터줄 수밖에 없었다. 그 이후의 일들은 역사가 말해주고 있다.

[무신론자의 축복]

동독은 종교를 허용했다. 교회의 영역은 정치적으로 안전하다고 여겨졌던 것이다. 그러나 실제로는 많은 종교 단체에 동독의 국가보안부(Stasi)가 침투, 이들을 위태롭게 하곤 했다. 그럼에도 불구하고 예배 장소들은 반체제 인사들이 모일 수 있는 공간을 제공했다. 동독 정권을 무너뜨린 1989년의 동독 월요 시위는 라이프치히의 성 니콜라스 교회에서 시작됐다. 한편 북한의 경우 분단 이전 공식적으로 정권이 특정 종교를 인정하지 않았으나, 당시 기독교는 북한 지역에서 성행하던 종교였다. 심지어 평양은 동양의 예루살렘으로 불리기도 했다. 실제로 김일성은 기독교 가정에서 성장했고, 그의 조부는 목사였다.

---

78 에발트 쾨니히, "베를린 장벽을 부순 기자의 질문 (The Journalist Question that Fractured the Berlin Wall) (영문)," 유랙티브(Euractiv), 2009년 11월 10일, https://www.euractiv.com/section/central-europe/news/the-journalist-question-that-fractured-the-wall/.

[통일 이후]

1989년의 동독에서 발생한 시위는 통일에 관한 것은 아니었다. 학생, 교회 신도, 성직자, 환경 운동가, 평화 운동가는 물론 불만을 가진 일반 시민들까지 포함해 새로운 포럼(Neues Forum) 연합이 구성됐는데, 이는 독일의 통일을 위해 결집된 것이 아니었다. 그들의 목표는 동독을 더 나은 곳으로 만드는 것이었으며, 장벽이 무너지기 전까지 통일에 대한 논의는 없었다. 장벽이 무너질 당시 "우리가 국민이다(Wir Sind Das Volk, 국민이 국가에서 일어나는 일을 결정해야 한다)" 였던 구호는 "우리는 한 국민이다(Wir Sind Ein Volk, 하나의 독일)"로 바뀌었다.

국경이 열리자 동독 사람들은 마침내 서독의 부유함을 경험할 수 있었다. 또한 서독은 동독의 경제 상황이 예상보다 훨씬 더 열악함을 깨달았다. 동독 사람들은 화폐 단위로 독일마르크를 사용하길 바라고 있었다. 중도 우파였던 헬무트 콜(Helmut Kohl) 전 총리의 기독민주연합(CDU)은 1990년 12월 서독 재선을 직면한 상황에서 투표 시기에 맞춰 동독과 통합을 이루는 것이 그가 최고 자리를 차지하게끔 할 것이란 사실을 알고 있었다. 동독인들이 원하는 새로운 화폐 단위를 채택한다면 그에 대한 지지가 높아질 것이었기 때문이다(동독 마르크는 알루미늄으로 만든 동전으로 상대적으로 그 가치가 덜했다). 또한 국경이 열린 후 만약 서독이 동서독의 생활 수준을 맞추지 않는다면, 모든 동독인들이 더 나은 생활 수준을 좇아 모두 서독으로 향할 것이라는 두려움도 있었다. 따라서 동독에 대한 비현실적인 기대와 이에 대해 아무런 계획이 없는 상황에서 독일은 베를린 장벽이 무너진 지 11개월 후인 1990년 10월 3일 통일됐다. 오늘날 한국이 통일에 대한 많은 논의를 한 것에 비해, 독일 통일은 어떤 원대한 계획의 일부가 아니었다. 그저 우연한 일이었다.

당시 동유럽 공산주의 국가들 역시 평화적인 혁명에 의해 무너지면서 동독의 변화는 전 유럽이 겪은 전환의 일부에 불과했다. 반면 북한에서 발생하는 모든 일은, 설령 미국과 중국의 개입이 있을지라도, 한반도만의 문제로 남겨질 확률이 크다. 또한 한반도 내의 모든 변화는 결국 통일로부터 시작될 것이다.

[교훈]

동독에 대한 서독의 공세적 인도주의가 베를린 장벽을 무너뜨리진 못했다. 그러나 이러한 정책은 장벽이 무너지기 전 많은 동독 사람들을 동독 밖으로 인도했고, 남겨진 이들에게는 자국에서 일어나는 일들을 보다 더 정확히 목도하도록 했다. 이는 궁극적으로 독일 통일을 용이하게 하는 데 큰 도움이 됐다. 그러나 결정적으로 독일 통일이 가능했던 것은 동맹국인 동독이 붕괴하도록 한 소련의 결정이었다. 한반도 역시 마찬가지로 중국이 북한의 손을 놓음으로써 북한 스스로 붕괴되거나, 혹은 어떠한 이유로든 한국이 북한에 굴복하지 않는 한 통일은 요원한 일일 것이다. 한국인들은 북한에 우정의 손길을 내미는 것이 통일로 향하는 길이라는 환상에 빠져서는 안 된다. 그 대신 비무장지대 북쪽에서 힘든 삶을 견디고 있는 북한 주민들을 위해 한국이 할 수 있는 일들은 분명히 있다.

서독이 동독에 그러했던 것처럼, 한국 역시 북한인권을 남북 대화의 전선이자 중심에 둬야 한다. 한국이 아니라면 누가 북한 주민들을 대변할 수 있겠는가? 한국은 어떠한 종류의 지원과 도움이 됐든 북한인권의 진전을 조건으로 붙여야 한다. 여기에는 정치범들의 한국행 그리고 한국 라디오와 텔레비전의 북한 송출 재개 등이 포함될 수 있다. 한국은 또한 북한 주민들의 인터넷 접속 허용을 요구해야 한다. 북한은 이들 중 그 어느 것에도 동의하지 않겠지만, 한국은 이 모든 것을 똑같이 요구하고 이를 거절할 경우 원조를 보류해야 한다. 북한은 한국이 북한에 보낼 수 있는 지원보다 더 많은 지원을 필요로 하기 때문에, 대화의 주도권은 결국 한국에게 있다.

한국은 유엔에서 북한인권결의안 채택을 더 적극적으로 추진하고(이를 좌절시킬 것이 아니라), 미국이나 중국과의 논의에서 북한 주민들의 인권 상황 개선을 우선시해야 한다. 특히 미국에게 북한인권결의안 모두 혹은 그 중 하나라도 지지해줄 것을 요청해야 하며, 중국에게는 중국 본토에 거주 중인 탈북자들의 강제송환을 중단하도록 요구해야 한다. 그리고 한국의 공직자들은 해외에 체류하고 있는 북한 주민들과 가능한 한 접촉을 늘려야 한다.

한국 정부는 다시 대북 확성기 방송과 전단 살포를 허용해야 한다. 한국은 또한 가능한 한 많은 외부 정보를 북한에 유입해 북한 내부의 의식 변화를 일으켜야 한다. 한국은 전단 살포에 대한 북한의 엄포에 대해 그 반대의 경우를 허용하면서 대응할 수 있다. 한국 내 북한 공작원들에 대한 암호가 섞여 들어가는 것에만 주의한다면, 이는 명목상 공정한 거래이자 실질적으로는 이기는 싸움이 될 것이다. 서독 주민들은 동독의 TV채널을 시청할 수 있었으나, 그들 중 누구도 동독행을 택하지 않았다. 개방된 사회는 다양한 견해를 수용할 힘이 있으며, 그 견해가 국가 주도의 것이라 해도 분명 다룰 수 있다.

하지만 냉전 기간 동안 서독이 채택한 전략 대부분은 북한이 동독보다 훨씬 더 폐쇄적이기 때문에 한반도에 직접적으로 적용하기는 어려워 보인다. 특히 북한의 국수주의적 이념은 동독이 서독에게 했던 것처럼 북한의 문을 한국에 열 수 없도록 하고 있다. (동독은 서독과 동등한 지위에 있는 것을 거의 원하지 않은 채) 마지막까지 소련의 지시를 받았던 동독과 달리, 북한은 중국마저 주변국의 지위에 두고 스스로 모든 것을 결정하며 모든 외부 국가를 의심한다. 따라서 이 장에서 언급한 다수의 권고안은 현실성이 떨어지거나, 실현된다고 한들 그 여파가 미비할 수도 있다. 슬픈 일이지만 그럼에도 불구하고 한국은 원칙을 고수해야 한다. 이는 최소한 소수의 북한 주민들의 삶을 개선하는 데 도움이 될 수 있으며, 다른 국가의 대북정책에도 좋은 선례를 제시할 것이다. 또한 한국이 주도한다는 전제 하에 한반도가 통일된다면, 북한 주민들은 분단된 동안에도 그들이 잊힌 적 없다는 사실을 깨달을 것이며 그 것만으로도 좋은 소식이 될 것이다.

러시아가 동독에게 그랬듯이, 중국은 한반도의 격변 상황에서 마지막까지 서 있을 가능성이 크다. 자유 개방 사회를 지향하는 정부 하의 한반도 통일은 김정은 정권이 물러나고 북한의 조력자인 중국이 북한의 붕괴를 방치할 때 가능한 일이다. 안타깝게도 시진핑은 고르바초프가 아니다. 그러나 그러한 간극 속에서도 한국은 서독의 선례를 따르기 위해 노력해야 하며, 북한 동포들의 삶을 개선하기 위해 최선을 다해야 한다.

11

인권과 대외 정책

수수께끼, 우선순위 그리고 정치 권력

토마스 핑가

북한인권 상황은 개탄스럽다. 이러한 평가는 유엔 북한인권조사위원회(COI) 보고서에 기록된 광범위하고 다양한 인권 침해 사례들을 통해 모두가 동의할 법하며, 심지어 북한의 최대 우방국조차도 인권 문제에 있어서는 북한에 대한 두둔을 아끼고 있을 정도다.[1] 국제적인 규범에 미치지 못하는 북한의 불법 행위와 그 행위의 규모는 이미 널리 알려져 있다. 문제는 이러한 상황을 개선하기 위해 무엇을 할 수 있으며 또 해야 하는지에 대한 합의가 부족하다는 점이다. COI 보고서가 발간된 지 7년이 지난 현 시점에, 한국과 미국 마저도 유엔 안전보장이사회의 성명이나 행동에 지지를 보내는 데 포기한 것으로 보인다. 한 때 모든 나라들의 지지를 받았던 "공짜(freebie)" 비판은 외톨이 신세가 돼 비정부단체(NGO)가 대부분 주도하고 있는 게 현 상황이다.[2]

---

[1] 휴먼라이츠워치, 월드 리포트 2020: 북한(World Report 2020: North Korea), 2020, https://www.hrw.org/world-report/2020/country-chapters/north-korea; 유엔 인권이사회, 조선민주주의인민공화국 인권조사위원회 보고서, A/HRC/25/63 (2014년 2월 7일, https://www.ohchr.org/en/hrbodies/hrc/coidprk/pages/reportofthecommissionofinquirydprk.aspx); 톰 마일즈, 스테파니 네베헤이, "중국, 북한 범죄 보고서 거부로 인한 기소 기회 소멸 (China Rejects North Korean Crimes Report, Hits Chance of Prosecuriton)" (영문), 로이터 통신, 2014년 3월 17일, http://reut.rs/1kWnlPi 참조. 중국은 COI 보고서의 방법론을 비난했지만 북한의 인권 행위에 대해서 두둔한 것은 아니다.

[2] 본 책의 오준님의 장과 피터 여와 라이언 카민스키의 장을 참조. 로시네 게린(Roseanne Gerin), "NGO 북한 지도부에 인권 침해 중단을 촉구(NGOs Call on North Korean Leaders to End Human Rights Abuses)" (영문), 자유아시아방송, 2018년 6월 17일, https://www.rfa.org/english/news/korea/ngos-call-on-north-korean-leader-to-end-human-rights-abuses-06072018161953.html.

무엇을 해야 하는지에 대한 합의가 부족한 것은 놀랄 일이 아니지만, 인권과 "북한 문제"에 관해 정부의 관심이 적고 일관성이 없다는 사실은 혼란스러울 만한 일이다. 이러한 혼란은 정치인들이 별다른 행동을 취할 필요 없도록 "원칙적인" 입장을 고수하고 있음에서 기인하는 것보다는, 지금까지의 접근법이 북한의 정치, 경제, 핵, 인도적 문제를 관리하는 데 실패한 것으로 드러났기 때문이다. 과거부터 해왔던 일들 -비난, 무시, 제재, 엄격하게 제한된 관여 정책, 밀수, 선전용 대북전단 등- 을 계속 진행한다면, 지금과는 다른 결과를 기대하기 어려울 것이다. 진정 북한인권 상황을 증진하고 여타 염려스러운 문제들을 개선하기 위해서는 다른 방법을 시도하는 것이 합리적이다. 물론 이는 말하는 것만큼 쉬운 일은 아닐 것이다.

북한을 둘러싼 여러 문제들과 인권 문제를 개별적으로 해결하기 어려운 이유는 모든 문제들이 불가분하게 연결돼 있는 데다, 나라와 지역마다 그 중요도와 우선순위를 서로 다르게 두고 있기 때문이다. 누군가에게 북한인권 개선은 북한에 대한 경제적 관여를 하기 위해 의미 있는 전제 조건일 것이다. 그러나 다른 누군가에게는 비핵화가 경제나 기타 관여 정책보다도 반드시 선행돼야 하는 것이고, 핵무기를 비롯한 다른 안보 위협을 감소시키는 데 방해가 된다면 인권 개선이 비핵화보다도 후순위로 미뤄져야 할 수도 있을 것이다.[3] 물론 모든 목표를 동시에 추구해야 한다는 주장은 서로 다른 목표를 위해 순차적으로 접근하고 노력해야 한다는 주장에 대한 뻔한 반론처럼 들릴 수 있다. 그러나 이를 위해서는 서로 다른 시각과 우선순위, 그리고 정치적 영향력을 갖고 있는 집단들에게서 도출된 제안들부터 조화롭게 통합해야 한다.

---

3   상이한 우선순위를 설명하는 예시를 위해, 브래들리. O. 밥슨, "북한과 핵협상의 경제적 측면에 대한 보다 현실적인 접근방안 (A More Realistic Approach to the Economic Side of Nuclear Negotiations with North Korea)" (영문), 38 North, 2019년 9월 18일, https://www.38north.org/2019/09/bbabson091819/; 김태우, "북한인권: 비핵화의 진정한 열쇠 (Human Rights in North Korea: The Real Key to Denuclearization)" (영문), 더 디플로맷(The Diplomat), 2016년 7월 25일, , https://thediplomat.com/2016/07/human-rights-in-north-korea-the-real-key-to-denuclearization/ 참조.

북한인권 상황이 나쁘다는 점에는 모두가 동의하겠지만 왜 상황이 좋지 않은지, 과연 상황이 나아지고 있는지 혹은 나빠지고 있는지에 대해선 의견이 분분하다.[4] 많은 분석가들은 인권 상황이 나쁜 건 북한 정권이 나쁘기 때문이라는 본질주의적인 주장을 펼친다. 다른 이들은 북한 정권이 권력을 유지한 채 핵무기 개발을 비롯한 여러 목적을 추구하고자 주민들을 억압하고 착취한다는 등 보다 더 도구적인 설명을 제시한다. 각 주장들은 분명한 시사점을 준다. 논리적으로 볼 때, 만약 북한인권 침해가 북한 정권으로부터 기인하는 본질적인 특성이라면 인권 개선을 위한 유일한 방법은 그 정권을 약화시키고 궁극적으로는 붕괴시키는 것이다. 만약 북한 정권이 핵무기 개발을 촉진하기 위해 인권을 침해하는 것이라면 비핵화로써 인권 개선을 촉진해야 한다.[5] 이렇듯 다양한 사안들에 대해 우선순위와 인과관계를 어떻게 개념화하느냐에 따라 구체적인 목표를 달성하기 위한 정책과 전략이 형성되는 것이다.

북한인권 실태에 대한 설명과 그에 대한 분노는 길게 묘사돼 있지만, 북한 정권이 왜 그러한 수법을 유지하는지에 대한 분석은 부족하다. 북한은 외부에서 유입되는 정보와 엔터테인먼트에 대한 접근을 차단하고 주민들의 이동 또한 제한하고 있으며, 자신이 가진 보편적인 권리를 행사하려고 시도하는 주민이 있으면 그의 일가족까지 수감하려는 데 노력과 비용을 아끼지 않는다. 이를 고려할 때, 북한 정권이 왜 모든 종류의 탄압을 자행하는지 묻는 것은 적절해 보인다. (이 책의 6장과 7장을 참고) 북한은 정말 모든 조치들이 정권의 생존에 필수적이라고 여기고 있을까? 아니면 그 중 몇몇은 중요도가 떨어지기 때문에 적절한 인센티브나 압박을 준다면 개선될 여지도 있는 것인가? 제한적이지만 아동과 여성, 장애인에

---

4 예시로 참조, "김정은 체제 5년: 인권은 갈수록 나빠지는가? (Five Years of Kim Jong-un: Are Human Rights Getting Worse?) (영문), NK News, 2016년 12월 23일, https://www.nknews.org/2016/12/five-years-of-kim-jong-un-are-human-rights-getting-worse/.

5 암시적인 방향의 연결성은 제이미 메츨(Jamie Metzl), "종말의 날: 북한 정권의 몰락이 온다(Doomsday: The Coming Collapse of North Korea)" (영문), 내셔널 인터레스트(National Interest), 2015년 6월 14일, https://nationalinterest.org/feature/doomsday-the-coming-collapse-north-korea-13107 그리고 조세프 A. 보스코 (Joseph A. Bosco), "북한 정권 변화 논쟁 (The North Korean Regime Change Debate)" (영문), 더 디플로맷(The Diplomat), 2015년 1월 6일, https://thediplomat.com/2015/01/the-north-korea-regime-change-debate/

대한 인권 존중의 진전은 이 의문에 대한 일정부분 답을 줄 수 있을 것이다.[6]

　북한 정권이 왜 그러한 조치를 취했는지 그 동기를 이해하기 위해서는 경험적인 조사가 필요한데, 현재로서는 마땅한 방법이 보이지 않는다. 만약 대북 관여를 위해 상대적으로 더욱 촉망되는 영역이 있거나 남북관계에서 유엔 회원국으로서 노력할 수 있는 영역을 찾아내고자 한다면, 최소한 북한이 그러한 행동을 보이는 이유에 대한 가설을 세우고 그에 대한 설명력을 발전시키는 게 필요할 것이다. 풍부한 정보와 깊은 이해가 유용한 것은 분명하지만, 현 시점에서 효과적인 북한인권 정책을 개발하고 실행하기엔 충분하지 않다. 여기에 더해 북한을 비롯해 다른 나라들의 인권 증진이 큰 틀에서 어떻게 대외정책상 목표와 고려사항에 적용될 수 있는지 이해하는 것도 필요한 일이다. 이 장은 이러한 질문들과 함께 왜 그리고 어떻게 인권 문제를 다뤄야 하는지를 둘러싼 대립적인 관점들을 검토한다.

[인권과 대외정책]

　인권의 목표와 관련 정책은 그것을 분석하는 데 있어 별개의 주제처럼 취급될 수 있다. 그러나 국가의 대외정책은 서로 다른 목표들로 인해 불가분하게 엮이기도 하고, 촉진되기도 하며, 때로는 제한되기도 한다. 어느 정치 체제 하에서든 무수히 많은 단체들과 지역구, 관료 조직들은 모두 자기 이익의 관점에서 발전을 내다보기 마련이다. 또한 정책결정 과정에서도 자신들의 이익을 보호하고 발전시키기 위해 노력한다. 대부분의 참여자들은 인권 보호가 국가의 대외정책이 가져야 할 책임이자 바람직한 주요 목표라고 생각한다. 그보다 더 작은 집단은 전반적인 인권이나 북한인권 문제를 가장 중요한 목적이나 책임으로 여길 수 있다. 대부분의 정치 체제 하에서 다수의 참여자들은 다른 목적을 더 높은 우선순위에 놓겠

6　휴먼라이츠워치, 월드 리포트 2020: 북한 (World Report 2020: North Korea)

지만, 이것이 그들을 더 이기적이거나 덜 도덕적으로 만들지는 않는다. 그러나 인권 문제를 해결을 위한 전략은 어쩔 수 없이 우선순위 차지에 있어서든 자원 동원을 위해서든 다른 정책상의 목표와 경쟁이 불가피하다.

대외정책은 언제나 그러한 목표를 달성하기 위한 전략의 집합체일 수밖에 없다. 이론상으로 개별적인 목표는 전체적인 목표 달성을 촉진하기 위해 우선순위가 정해지고 다른 목표들과 조화를 이루게 되기 마련이다. 현실에서 정책은 때때로 상이한 기술과 권력, 접근성을 가진 참여자들 간에 격렬한 경쟁과 거래, 타협, 혹은 예상치 못한 발전을 거치며 만들어지기도 한다. 우선순위를 차지하기 위한 정책 목표들 간의 경쟁은 국제 정세와 국익, 정책의 통로, 정부의 성향 등에 의해 형성된 틀 속에서 발생한다. 이를 테면, 카터 행정부 기간 동안 대외정책은 냉전과 스태그플레이션 그리고 인권을 위한 대통령 개인의 헌신에 둘러싸여 형성됐다.[7]

대외정책이 수립되는 과정은 때때로 지저분하고 불미스러운 일을 수반하기도 하며, 다빈치의 조각상과 같은 모습보다는 콜라주에 가까운 결과를 만들어낸다. 어느 대외정책이든 여러가지로 뻗은 갈래와 구체적인 목표로 구성되기 마련인데, 다만 이 장에서는 정책의 목표와 고려사항을 평화 및 안보, 경제적 목표, 인도주의적 고려라는 세 가지 항목으로 구분해 살펴보고자 한다. 이 항목들은 모두 중요하며, 이들 간 우선순위는 과거부터 많은 나라에 걸쳐 일관성을 유지하고 있다. 국가 안보는 경제적 목표 달성과 국내외 사람들의 안전 및 복지를 수호하기 위해 필요한 전제조건으로, 사실상 최우선 순위로 여겨진다. 이와 같이 사실상 이미 매겨져 있는 우선순위로 인해, 국가 안보 사업에 관여하는 관료 기관이나 입법위원회, 국방 계약자 및 기타 참여자들은 정책 결정 과정에 상대적으로 더 높은 접근성과 큰 영향력을 행사하고 있다. 마찬가지로 경제적 목표(번영과 무역, 자국 기업들에게 돌아갈 기회 등)는 인권을 포함한 인도적 고려사항보다 더 크게 여겨

---

7   이를 테면, 스튜어트 아이젠스탯, 카터 대통령: 백악관 시절 (President Carter: The White House Years) (영문), (뉴욕: 세인트 마틴스(St. Martins), 2018)

지는 것은 물론, 다양하고 강력한 선거구를 확보하고 있다. 누군가는 이러한 상황에 박수를 보내기도 혹은 비난을 할 수도 있지만, 이러한 상황으로 인해 때때로 정책적 대안이 제한을 받기도 하고 반대로 새롭게 형성되기도 한다는 사실을 명심해야 한다.

대외정책 목표의 우선순위가 반드시 순차적으로 달성돼야 하는 것은 아니다. 국가 안보라는 목표가 달성되기 전까지 경제 분야나 인도적 분야에서의 목표가 지연되거나 과소평가돼야 할 이유도 없다. 북한의 경우를 보더라도, 전쟁 방지와 비핵화가 우선시되는 데 대한 합의가 형성돼 있지만 그것이 인권 상황에 대한 침묵 혹은 소극적인 태도를 강요하지는 않는다. 마찬가지로 (국가 안보라는 목표가) 비핵화나 인권의 확산을 위한 교류를 가능케 하는 데 긍정적인 경제적 유인책을 사용하지 못하게 하는 것도 아니다. 현재 북한에게 핵무기 포기를 설득하기 위한 도구로써 경제제재가 사용되고는 있지만, 이것이 유일하게 가용할 수 있는 선택지인 것은 아니다. 모든 대외정책의 가닥이 상호 연결돼 있고, 이론과 현실 모두에서 다양한 목표를 향한 노력을 동시에 추구할 수 있다는 사실은 대안적인 접근법을 생성할 기회가 되기도 한다. 이 책에서 빅터 차 교수와 백태웅 교수가 집필한 장은 다양한 목표를 달성하도록 노력할 수 있는 대안적인 방안을 기술하고 있다. 국가도 사람과 마찬가지로 길을 걷는 동시에 사탕을 먹을 수 있는 셈이다.

지금까지의 논의들은 대외정책을 형성하는 데 있어 우선순위와 그 과정에 초점을 맞추고 있지만, 이들만이 대외정책을 형성하는 유일한 요인인 것은 아니다. 인권 개선을 이행하기 위한 책임, 국제관계의 근본적인 원칙, 다수의 국가와 제도를 포함한 집단행동의 필요성 혹은 이점 등 다소 모호한 요인들도 포함될 수 있다. 모든 유엔 회원국들은 인권 존중을 촉진하고 독려해야 할 책임을 인지하고 있다.[8] 특히 북한과 같은 일부를 제외하면, 대부분의 국가들은 인권 보호를 상세

---

8 유엔 헌장, 1장, 1조, https://www.un.org/en/about-us/un-charter/full-text.

히 기술한 세계 인권 선언에 서명했다.[9] 각 회원국들이 약속을 이행해야 할 강제적 책임은 가입 당사국 자신들에게 있다. 유일한 부분적 예외라 한다면, 2005년 세계 정상회의에서 모든 유엔 회원국들의 지지를 받은 보호책임(R2P) 약속을 바탕으로 주창된 권리들이다. 보호책임 약속은 제노사이드(genocide), 전쟁범죄, 인종청소, 영토 내 반인도범죄를 방지하기 위한 국가의 모든 약속을 명시하고, 한 개별 국가가 이를 막을 의지가 없거나 능력이 없을 경우 국제사회가 나설 것을 의무화하고 있다.[10]

보호책임 약속에 의한 것을 제외하고, 인권 보호에 대한 책임을 유엔 가입국에게 맡기게 된 데는 1648년 체결된 베스트팔렌 조약을 계기로 국제관계와 국제법을 형성한 국가 주권 개념과 연관이 있다. 최근까지 국가 주권은 국가의 최고 권력자(이를 테면 정부)가 국경 내에 있는 정세를 관리하는 데 절대적인 권한을 행사할 수 있다는 의미로 정의됐다. 이러한 관념은 제 2차 세계 대전 이후 수십 년간 도전을 받아왔지만, 그럼에도 불구하고 여전히 신성시되고 있다.[11] 대부분의 국가들은 국가 주권의 축소를 곧 파멸의 길로 여기고 있으며, 외부의 압박과 간섭으로 인해 자신들의 취약성이 증가할 수 있다는 두려움으로 다른 정부의 권위를 침범하는 행위를 꺼려하는 것으로 보인다.[12]

---

9 하지만 북한은 세계인권선언을 포괄하는 시민적·정치적 권리에 대한 국제규약(ICCPR)에 응했다. 유엔 인권최고대표사무소, "시민적 정치적 권리에 대한 국제규약 (International Covenant on Civil and Political Rights)" (영문), ," https://www.ohchr.org/EN/ProfessionalInterest/Pages/CCPR.aspx 참조

10 See UN Office on Genocide Prevention and the Responsibility to Protect, "Responsibility to Protect," https://www.un.org/en/genocideprevention/about-responsibility-to-protect.shtml.
유엔 집단살해죄 방지 및 보호책임 사무소, "보호책임 (Responsibility to Protect)" (영문), https://www.un.org/en/genocideprevention/about-responsibility-to-protect.shtml.]

11 See, for example, Stephen D. Krasner, Power, the State, and Sovereignty: Essays on International Relations (Abingdon, UK: Routledge, 2009).
이를 테면, 스테판 D. 크래스너(Stephen D. Krasner), 권력, 국가, 주권: 국제 관계 논문집 (Power, the State, and Sovereignty: Essays on International Relations), (애빙턴, 영국: 라우틀리지, 2009) 참조.

12 See, for example, Jeremy Rabkin, Why Sovereignty Matters (Washington, DC: AEI Press, 1998).
이를 테면, 제레미 랩킨, 왜 주권이 중요한가 (Why Sovereignty Matters) (워싱턴 DC: AEI Press, 1998) 참조.

이처럼 파멸의 길로 접어들지 않으려는 경향은 북한인권 침해에 관한 보편적인 인식이 어째서 국가의 개별 행동이나 국가들 간 집단행동으로 이어지지 못하는지 부분적인 설명을 제공한다.[13] 이는 북한인권에 대해 강경한 행동을 지지할 의사가 없는 국가들을 두고, 그들이 북한 정권에게 애착이나 동정심을 갖고 있기 때문이라고 가정하는 것보다는 더욱 설득력 있는 설명일 것이다.[14] 일부는 "올바르게 행동하라"는 주장에 침묵하는 국가들에게 미국이나 한국 등 인권의 중요성과 보편성을 옹호하는 국가들이 북한과 같은 나라의 인권 침해를 처벌하고 바로잡으려는 데 방해가 되지 말라고 주장할 수도 있다. "올바르게 행동하라" "혼자 알아서 하라"와 같은 주장은 자기 위상에 대한 호소이자 위선적이라는 비난에 대한 취약성을 낮출 수 있지만, 다른 한편으로 모든 행동에는 결과가 뒤따르며 모든 국가들이 여러 나라와 관련된 수많은 목표를 향해 함께 행동해야 한다는 사실을 무시하기도 한다. 다른 나라들의 행동을 효과적으로 이끌어내는 모범이 되기 위해선 잠재적인 추종 국가들로 하여금 잠재적인 리더와 함께 하는 것이 국익에 부합한다는 사실을 주지시킬 수 있어야 한다. 이는 때때로 행동에 참여함으로써 발생할 수 있는 보복이나 편익의 가능성을 타진하는 비용-편익 계산을 동반한다. 따라서 미래의 지도국들은 주요 사안에 대한 협력 요청이 함께 힘을 합쳤으면 하는 주요 국가들에 의해 무시될 수도 있다는 점을 반드시 고려해야 한다. 이러한 계산은 북한인권 문제를 다루는 데 있어서 왜 지도국들과 그 추종

---

13 It is useful to distinguish between states acting individually and acting with the "cover" of membership in the United Nations. Endorsing or acquiescing to UNCHR positions, for example, provides a degree of "arms-length" insulation to nervous member states.
유엔 회원국으로 "포장"하여 행동하는 국가와 개별적으로 행동하는 국가들을 구별하는 것은 유용하다. 예를 들어 UNCHR 입장을 지지하거나 묵인하는 것은 불안해하는 회원국의 입장을 "팔 길이" 정도로 보호해 준다.

14 See, for example, David Albright, Sarah Burkhard, Allison Lach, and Andrea Stricker, "Countries Involved in Violating UNSC Resolutions on North Korea," Institute for Science and International Security Report, December 5, 2017, https://isis-online.org/uploads/isis-reports/documents/Countries_Involved_in_Violating_NK_UNSC_Resolutions_5Dec2017_Final.pdf.
이를 테면, 데이빗 올브라이트, 사라 벅하드, 앨리든 래크, 안드레이 스트리커, "북한 유엔 안보리 결의안 위반에 연루된 국가들 (Countries Involved in Violating UNSC Resolutions on North Korea)" (영문), 과학국제안보연구소(Insititute for Science and International Security) 보고서, 2017년 12월 5일, https://isis-online.org/uploads/isis-reports/documents/Countries_Involved_in_Violating_NK_UNSC_Resolutions_5Dec2017_Final.pdf.

국가들이 적극적으로 나서지 않는가에 대한 설명력을 제공할 수 있다.

[목표의 명료성]

북한인권 문제를 해결하기 위해 요구되는 조치들에 있어서도 혼란과 모순을 발견할 수 있다. 이는 그러한 제안이나 옹호 활동을 비하하려는 게 아니다. 다만 우리가 북한인권 상황을 해결하고 개선하는 데 효과적인 전략을 고안하려면, 그 목표에 대해 훨씬 더 명확한 설명이 필요하다는 점을 강조하고자 한다. 예를 들어 다음과 같은 질문을 던져볼 수 있다. 특정 범주의 사람들(여성이나 아동, 장애인 등)의 인권을 개선하고 특정 인권 침해 상황(통행의 자유나 정보 접근권 등)을 완화할 것인가, 또는 비슷한 시기에 발생한 모든 인권 침해 문제를 최대한 포괄적으로 제거해야 하는가? 인권 상황을 비판함으로써 북한 내 정보 접근성을 증대시킬 것인가 혹은 여행의 자유나 종교의 자유를 개선하는 방법으로 정권을 약화시킬 것인가? 즉 인권 개선이 주요 목적인가 아니면 정권 변화가 주요 목적인가?

이러한 질문들은 사소한 것이 아니다. 목표를 명확하게 세우지 않으면, 이를 달성하기 위한 효과적인 전략과 정책 수립도 어렵기 때문이다. 또한 명확한 목표와 방법 없이는 국내외의 지지를 이끌어내기 어렵다. 만약 성취하고자 하는 목표를 충분히 이해하지 못한다면, 다른 국가들 입장에선 요구하고자 하는 바에 대한 조건과 결과를 충분히 고려하지 않았거나 혹은 진실된 목적을 숨기고 있다고 오해할 수도 있다. 정책 입안자들이나 다른 국가 정부들, 혹은 다국적 기구 행위자들은 정책 제안서에 서명을 하기 전 해당 제안의 내용, 명분, 정책이 계획대로 진행되지 않을 경우 초래될 수 있는 위험 등을 명확히 하길 원할 수밖에 없다.

위의 요점은 인권 외의 분야에서 북한의 사례로 설명할 수 있다. 1993년 클린턴 행정부는 미국과의 대립을 줄이는 대가로 핵무기 개발 계획을 중단하려는 북한의 의지를 확인하기 위해 북한과의 협상을 사실상 결정했었다. 이에 대한 의회의 지지를 얻는 것은 궁극적으로 반드시 필요한 일이었다. 그러나 당파적인 이유로 대부분의 공화당원들은 이 계획에 반대했고 민주당원을 포함한 다른 의원들도 해당 계획은 실패할 수밖에 없다는 생각 하에 찬성하지 않았다. 그들은 이 계획의 목표가 북한의 핵 프로그램을 즉시 끝내도록 협상하는 것이라고 생각했던 것이다. 조 나이(Joe Nye) 당시 국가정보위원회 의장과 필자는 회담의 목적은 북한이 비핵화와 관련해 진지하게 협상에 응할 의지가 있는지 확인하려는 것이며, 이는 클린턴 행정부가 북한과의 협상을 진행하는 데 있어 충분한 정보를 갖고 결정할 수 있게 하기 위함이라고 설명했다. 이처럼 목표를 명확히 정리하자, 한 주요 상원의원은 "만약 그것이 목적이라면, 우리는 그것을 승인할 수 있다"고 답했다. 이 예시가 전적으로 부합하진 않을 수 있지만, 필자는 이 사례를 통해 목표를 명확히 세우는 것과 어떻게 그 목표를 달성할 수 있는지 보여주는 것이 중요하다는 점을 상기하고자 한다.[15]

명확한 목표를 갖는 것은 단체들 간 상이한 우선순위와 접근 방식 속에서 합의를 도출하고, 추후 다른 국가 행위자들로 하여금 협력을 이끌어내기 위해서만 필요한 게 아니다. 목표의 명확성은 광범위한 외교 정책에서의 접근 방식을 통합하기 위해서도 필요하다. 하나의 목표만을 추구하는 정책 중 지지를 얻을 수 있는 정책은 거의 없을 것이다. 정책은 다양한 목표를 통합시켜 잠재적인 시너지 효과를 발생시킬 수 있어야 하며, 더 높은 우선순위에 있는 목표로부터 간섭을 받지 않도록 설정돼야 한다. 더 나아가 이렇게 제안된 정책의 목표와 방식은 회의적인 입장을 고수하는 북한을 설득할 수 있는 수준이어야 한다. 만약 정책이 가진 "진정한" 의도가 북한 정권의 약화처럼 비춰진다면, 북한은 그에 따라 행동할 것이다.

---

15 토마스 핑가, 불확실성의 축소: 정보 분석과 국가 안보 (Reducing Uncertainty: Intelligence Analysis and National Security) (영문), (스탠포드, 캘리포니아: Stanford University Press, 2011), 72-73

북한 정권은 한국과 미국 또는 그들을 대표하는 행위자들의 인권 정책에 대해 충분히 의구심을 가질 만하다. 북한은 인권 상황에 대한 비난을 통해 북한 지도자들의 위상에 먹칠하려고 했던 과거의 시도들을 기억하고 있기 때문이다. 금지된 내용이 포함된 대북전단, CD 및 USB드라이브를 밀반입하려는 노력도 마찬가지일 수 있다. 필자는 북한 체제가 그러한 시도들을 인식하는 것을 옹호하려는 게 아니다. 다만 필자는 외부인들 눈에 적합한 것처럼 보이는 대북 정보 유입 방식도 북한 입장에서는 아주 다르게 해석될 수 있음을 지적하고자 한다. 즉 북한 인권 개선을 위한 실질적인 대화의 물꼬를 트는 것보다도, 그러한 조치들이 북한에 의해 어떻게 인식되는지가 의미 있는 개선을 가로 막는 걸림돌이 될 수 있다는 것이다.

북한인권 문제를 해결하기 위한 과거의 그리고 향후 있을 모든 조치는 대화를 시작하거나 특정한 문제를 해결하는 데 실질적인 영향을 거의 주지 못하는 "기분 좋은(feel-good)" 활동의 범주에 들어 있다. 이 같은 활동은 대북전단, 국경지역에서의 시끄러운 음악 송출 그리고 국가 입법부의 대북 비난 결의와 같이 자신들이 무언가를 하긴 했다고 생각하겠지만 실질적인 개선은 이끌지 못한 채 북한의 분노만 일으킬 뿐인 것들을 일컫는다. 이러한 활동의 범주에 속하는 한국의 오락프로그램 밀반입 같은 경우, 이미 억압된 사람들을 더 큰 처벌의 위험에 처하게 할 수 있고 심지어는 더 끔찍하게 기본권이 침해되는 상황에 처하게 만들었다(이와 관련한 내용은 7장을 참고). 이처럼 북한 주민들을 더 큰 위험에 빠뜨리는 것은 앞서 언급한 그저 기분만 좋은 행동에 대해 높은 대가를 치르는 것뿐이다.

북한인권 정책 목표에 대한 합의 부족은 한 정부에서 다른 정부까지 이어질 수 있는 합의된 전략이 부재함에 따라 더욱 악화된다. 이는 미국의 사례로도 잘 드러난다(조지 W. 부시가 취임했을 당시 클린턴 행정부의 성과가 즉시 폐기된 사례).[16] 북한 문제 해결 방안을 강구하는 데 있어 보수와 진보 간 견해 차이가 큰 한국은 그 정도가 더 심하다.[17] 북한인권에 대해 주도적인 역할을 해 온 두 나라가 일관성 없는 정책을 추진함으로 인해 다른 국가들 역시 대북정책에 대해 강한 의지를 가지지 못한 채 약속 또한 쉽게 파기하게 된다(이에 관해선 3장과 4장을 참고하라). 이는 북한인권 침해에 대한 자국민의 입장을 수용하기보다는 북한인권을 미국이나 한국과의 관계 유지 또는 강화의 도구로 삼는 국가에서 더 심하게 나타난다. 이에 대부분의 정부들은 북한인권보다 다른 사항들에 더 큰 중요성을 부여한다.

[접근 방법 간 경쟁]

일관성 없는 접근 방법은 그 효과를 감소시키고 북한을 혼란스럽게 하며, 북한으로 하여금 특정 접근방법이 일시적으로 행해지는 것이라는 추정을 하게 함으로써 이를 무시하도록 하거나 무시해도 된다는 확신을 하도록 한다. 또한 일관성 없는 정책은 국제사회의 집단 행동을 방해한다. 이 때문에 시간이 지날 수록 정책의 일관성과 안정성을 높여야 한다는 주장이 제기되는 것이다. 이와 더불어 정책 내용 또한 지속성만큼 중요하다. 북한과 다른 국가들 간 인권의 상호작용에 대한 교훈은 정책 목표와 수단에 따라 그 효과성도 서로 다르다는 것을 분명히

---

16 이를 테면, 돈 오베르도퍼 (Don Oberdorfer)와 로버트 칼린 (Robert Carlin), 남한과 북한, 제 3판 (The Two Koreas, Third Edition) (영문) (뉴욕: 베이직 북스(Basic Books), 2014); 존 페퍼 (John Feffer), "한반도의 진전을 약화시키는 부시의 정책 (Bush Policy Undermines Progress on Korean Peninsula)" (영문), 정책학연구소(Institute for Policy Studies), 2005 10월 4일, https://ips-dc.org/bush_policy_undermines_progress_on_korean_peninsula/ 참조.

17 이를 테면, 다니엘 L. 처브, 논쟁적 활동주의와 남북관계 (Contentious Activism and Inter-Korean Relations) (영문) (뉴욕, Columbia University Press, 2014); 최상훈, "북한과의 대화를 지지하는 문재인 대통령 당선 (South Korea Elects Moon Jae-In, Who Backs Talks with North, as President)" (영문), 뉴욕 타임즈, 2017년 5월 9일, https://www.nytimes.com/2017/05/09/world/asia/south-korea-election-president-moon-jae-in.html.

보여준다.

심각한 인권 문제를 내재하고 있는 국가의 정권을 비롯해 문제적인 정권을 겨냥한 정책은 완전한 회피부터 광범위한 관여에 이르기까지 다양하게 나타난다. 완전한 회피 또는 그와 유사한 정책들은 대상 국가가 정치, 경제, 민간에 이르기까지 보편적으로 혹은 구체적인 형태로 관여될 수 있는 자격을 갖추기 위해 여러 조건을 충족해야 한다는 전제를 포함한다. 예를 들어 미국의 대북정책의 경우, 비핵화는 종종 더 큰 경제적 관여를 위한 전제조건으로 지목돼 왔다.[18] 일부에서는 인권에 대한 진전을 경제제재 완화 조건으로 포함하기도 했다.[19] 또 다른 이들은 북한을 "악" 또는 "불량"으로 규정하며 "정상" 또는 "문명화된" 국가들이 관여할 가치가 없다고 간주하기도 했다.[20]

일부 접근법은 교육, 의료 서비스, 인적 교류 등 국가의 전반적인 변화를 합법적인 경제 파트너로서의 전제조건으로 내세우는 등 더 극단적인 양상을 보인다. 이와 반대되는 접근법은 일반적으로 안보나 인도주의 또는 기타 목표를 달성하기 위해 광범위하고 구체적인 관여가 필요함을 주장한다. 첫 번째 접근법은 관여를 더 나은 행동에 대한 보상(또는 일부에서 말하는 것처럼 선제적 항복)으로 간주하고, 두 번째 접근법은 더 높은 우선순위 목표를 달성하기 위한 유인책 또는

---

[18] 이를 테면, 스티븐 비건, "미 대북정책특별대표 스티븐 비건, 쇼렌스타인 아시아태평양연구센터 행사에서 북미 외교에 관해 첫 번째 대중 연설 (U.S. Special Envoy for North Korea Stepehn Biegun Delivers First Public Address on U.S.-DPRK Diplomacy at Shorenstein APARC Event)" (영문), 프리먼 스포글리 국제문제연구소 (Freeman SpogliInstitute for International Studies), 2019년 1월 31일, https://fsi.stanford.edu/news/us-special-envoy-north-korea-stephen-biegun-delivers-first-public-address-us-dprk-diplomacy.

[19] 홀리 맥캐이, "미국, 트럼프-김 정상회담에서 북한의 끔찍한 인권 기록에 대해 언급해야 한다 (U.S. Must Address North Korea's Abhorrent Human Rights Record at Trump-Kim Summit, Report Urges)" (영문), 폭스 뉴스, 2019 2월 22일, https://www.foxnews.com/world/us-must-address-north-koreas-abhorrent-human-rights-record-at-trump-kim-summit-report-says.

[20] 월터 C. 클레멘스, Jr., "악과 협상해야하는가? (Can-Should-Must We Negotiate with Evil?)" (영문), 퍼시픽 포커스 (Pacific Focus), 26, 3호 (2011년 12월), https://www.law.upenn.edu/live/files/5127-clemens-walter---negotiate-with-evilpdf; 마이클 루빈, 악마와 함께 춤을: 불량 정권에 관여의 위험성 (The Perils of Engaging Rogue Regimes) (영문) (뉴욕: 엔카운터 북스 (Encounter Books), 2014) 참조.

수단으로 간주한다.[21] 각 범주와 스펙트럼의 중간에 위치한 비교적 덜 극단적인 방법은 방어 가능한 논리를 가지고 있으므로 무시돼서는 안 된다. 그러나 많은 실제 사례들은 그 효능을 평가하는 데 있어 유용한 경험적 증거를 제공한다.

다음 세 가지 사례는 회피 또는 극단적인 비관여의 비효과성을 입증하기에 충분하다. 오랜 기간 미국은 다양한 방법으로 개발 제한을 비롯해 미국의 시장과 자본, 기술, 외교적 승인을 차단하는 등 북한과 쿠바 그리고 중국의 변화를 시도해왔다. 이러한 정책은 북한에는 한국 전쟁 이후부터, 쿠바에는 1960년대부터, 중국에는 1950년부터 1970년대까지 추진돼 왔다. 그러나 인권을 포함한 여러 문제에 있어 북한과 쿠바의 행동은 정책 채택 이후에도 (미국의 관점에서) 뚜렷하게 개선되지 않았다고 할 수 있다. 물론 정책의 효과성을 입증하기 위해선 좀 더 많은 시간이 필요할지도 모르지만, 그것이 실패했다는 것을 언젠가는 인정해야 할지도 모른다.

중국의 사례는 회피와 관여 정책 간 효과성의 차이를 비교하는 데 용이하다. 중국을 봉쇄한 채 비관여로 일관했던 기간 동안, 중국은 대약진 운동(1958-62)과 문화 혁명(1966-76)을 통해 자국민을 인권 침해 상황에 놓이게 했다. 같은 기간 중국은 핵무기 개발과 배치까지 단행했다. 1972년 닉슨과 마오쩌둥이 "정상화" 과정을 시작한지 수십 년 후, 특히 1979년 미국의 관여가 본격화된 이후, 대부분의 중국인들은 훨씬 더 나은 삶을 살게 됐지만 동시에 자급자족 경제 정책을 추구할 때보다 법치 자유 질서에 참여함으로써 훨씬 더 통제되고 있다. 중국은 지난 10년 동안 시민권과 인권에 대한 존중을 포함한 여러 가지 측면에서 후퇴해 왔지만, 오늘날의 상황은 고립돼 있던 상황보다는 훨씬 나아 보인다.

---

21 이를 테면, 프랭크 야누지 (Frank Jannuzi), "관여하라, 단지 '네임 앤 셰임'만 하지마라 (Engage, Don't Just 'Name and Shame')" (영문), 38 노스 (38 North), 2014년 3월 26일, https://www.38north.org/2014/03/fjannuzi032614/; 채드 오캐롤 (Chad O'Caroll), "관여 혹은 고립? 시민은 세계가 북한을 어떻게 다뤄야한다고 생각하는가 (Engage or Isolate? How the World Should Deal with North Korea, According to Its Citizens) (영문), 가디언, 2014년 4월 25일, https://www.theguardian.com/world/2014/apr/25/how-the-world-should-deal-with-north-korea

미국과의 지속적인 협정에 의해 인권 존중과 보호가 촉진된 긍정적인 사례로는 중국과 더불어 한국과 대만이 있다. 1970년대 이전까지 한국과 대만은 근본적으로 일당 독재 국가였으며, 그들의 군대를 자유롭게 사용해 반대 의견을 억압하고 보편적인 권리를 침해했다. 오늘날 두 나라는 미국을 사이에 둔 채 "자유 지수"를 기록하는 활기찬 민주주의 국가다(한국 83, 미국 86, 대만 93). 이에 비해 북한과 쿠바의 자유 지수는 각각 3점과 14점을 기록하고 있다.[22] 물론 고립 정책이나 포용 정책이 인권 문제를 해결하기 위한 것만이 아니기도 하며, 프리덤하우스(Freedom House)가 발표한 자유 지수는 상대적인 인권 실적을 개략적으로 보여주는 것일 뿐이지만 마냥 무시하기엔 그 차이가 너무 크다.

미국의 대중국 관여 사례는 외교 정책이 서로 다른 이익 집단의 우선순위와 정치적 영향에 의해 어떻게 형성되는지를 보여주는 교훈을 제공한다. 1989년 중국이 천안문 광장을 점령한 시위자들을 해산시키기 위해 군사력을 동원했을 때, 선진국과 민주주의 국가 대중은 도덕적인 측면에서 분노하고 고위급 차원의 대응을 요구했다. 조지 H. W. 부시 행정부는 즉시 제재를 부과함과 동시에 여건이 허락하면 양국 관계의 회복을 촉진할 유인을 보존하기 위해 노력했다.

1992년 대통령 선거 기간 동안 빌 클린턴은 부시가 "베이징의 도살자들"을 두둔했다고 비난했다. 국가의 양심이라고 자칭하는 의회는 (행정부와 달리 미국인의 이익을 추구한다고 묘사되는) 최혜국 지위(현 항구적 정상무역관계)를 갱신하는 것을 두 번이나 막았지만, 그 법안은 부시 대통령에 의해 거부됐다.[23] 클린턴은 대통령이 된 후 유사한 법안을 승인하고 서명했는데 그 이유는 법안에 대한

---

22 세계의 자유 2020 (워싱턴 DC: 프리덤 하우스, 2020)
23 미 의회는 북한인권 문제에 대해 여러 행정부보다 더 비판적인 입장을 취해왔다. 2017년 북한인권법이 416대 0으로 가결된 것, 상, 하원 내 북한인권에 관한 청문과가 그 예다. 이를 테면, 엠마 찬렛 에버리 (Emma Chanlett-Avery), 북한인권과 난민에 관한 의회 및 미국 정책: 최근 제정 및 시행 (Congress and U.S. Policy on North Korean Human Rights and Refugees: Recent Legislation and Implementation) (영문), 미국 의회연구원 (Congressional Research Service) RS 22973, 2009년 1월 30일, https://crsreports.congress.gov/product/pdf/RS/RS22973/5; 빅터 차, "북한인권 재조정 법 (North Korean Human Rights Reorganization Act)" (영문), 조지W.부시 대통령 센터, 2018년 7월 23일, https://www.bushcenter.org/publications/articles/2018/07/reauthorization-human-rights-act.html 참조.

공감대를 갖고 있었을뿐만 아니라, 중국이 인권 존중 측면에서 진전을 이뤘다고 판단될 경우 규제를 철회할 수 있는 조항이 포함돼 있었기 때문이다.[24] 부시와 클린턴 대통령 모두 중국이 학생 주도의 시위대를 살해한 것에 경악을 금치 못했지만, 미국의 경제계가 중국과의 사업을 보호하고 확대하기로 결심했다는 것 역시 알고 있었다. 이 같은 사례는 미국의 정치 캠페인에 개인이나 NGO들의 분노보다도 경제계의 압력이 더 크게 작용할 수 있음을 보여준다.

미국이나 대부분의 국가에서 외교 정책은 서로 다른 기술이나 의지, 정치적 힘을 가진 여러 그룹들 간의 경쟁에 의해 형성된다. 위에서 제시된 예는 특별한 것이 아니다. 팔레스타인에 대한 이스라엘의 대응에 항의하는 징벌적 조치, 아파르트헤이트 하에서 남아공 정부에 의한 흑인과 유색인종에 대한 차별적 대우, 사우디아라비아 내 성별과 종교에 대한 차별, 그리고 칠레와 아르헨티나, 기타 라틴 아메리카 국가의 군사 정권보다도 미국의 외교정책 형성에 더 큰 영향력을 행사하는 것은 바로 강력한 이익 단체들의 견해와 압력이다.[25] 이 같은 사례 연구에서 얻을 수 있는 교훈은 폭압적인 정권으로 인해 인권이 얼마나 침해되는 지와 관계없이 정책 결정 과정에서 인권은 늘 다른 목표들보다도 가볍게 여겨진다는 점이다. 두 번째 교훈은 인권 침해 피해자들의 상황을 개선하고 정부의 인권 침해 정책을 다루려는 노력은 다른 이익이나 목표와 별개처럼 다뤄지거나 도덕적으로 우월한 것처럼 취급되는 것보다는 다른 목표들과 통합돼 다뤄질 때 더 효과적이라는 것이다.

---

24 이를 테면, 제임스 만(James Mann), 얼굴에 대하여: 닉슨에서 클린턴까지 미국과 중국과의 기이한 관계에 대한 역사 (About Face: A History of America's Curious Relationship with China from Nixon to Clinton) (영문) (뉴욕: 빈티지, 2000)

25 이에 대한 예시로 존 J. 미어샤이머, 스티븐 M. 월트, 이스라엘 로비:미국을 세계 최강의 불량국가로 만든 비밀 (The Israel Lobby and U.S. Foreign Policy) (형설라이프, 2010); 브루스 리델, 왕과 대통령: FDP이후 사우디아라비아와 미국, 개정판 (워싱턴 DC: 브루킹스, 2019); 데이빗 F. 슈미츠, 미국과 우파독재(Thank God They're on Our Side: The United States and Right-Wing Dictatorships, 1921-1965) (영문), (노스캐롤라이나대학교출판, 1999)

[한미 양국의 역할과 책임]

이 책의 다른 저자들(특히 2장에서 4장)이 지적한 바와 같이, 한국과 미국은 북한인권 침해를 조명하고 비난하며 해결하기 위한 노력을 거듭하는 데 주도적인 역할을 해왔다. 이는 다시 말해 두 국가 중 어느 하나라도 그러한 역할을 하지 않으면 그간의 노력이 무너질 수 있다는 것이다.[26] 한국과 미국이 다른 나라들로 하여금 북한인권 문제에 대한 책임을 강조하는 역할을 해왔다는 게 놀랄 일은 아니지만, 보편적인 권리 침해에 대한 국제사회의 책임에 대해선 많은 의문을 제기하게 했다. 예를 들어, 모든 유엔 회원국들이 그러한 보편적 권리를 인정해왔는데 한국이나 미국이 물러날 때 왜 다른 나라들은 나서지 않았는가? 한국이 북한인권 문제를 해결할 특별한 책임이 있다는 실질적인 가정이 있는가? 필자는 한국과 미국이 맡은 특별한 역할에 대해 비난하려는 것이 아니다. 다만 한국과 미국, 그리고 다른 국가들이 한국과 미국의 국내적, 국제적 목표에 따라 북한인권에 대해 특별한 책임을 가져야 한다는 사실을 무비판적으로 받아들인다는 점에 주목할 필요가 있다는 것이다. 인권 침해는 언제 어디서나 용납될 수 없지만 각 국가들 그리고 심지어 주도적인 역할을 한 국가들조차도 국제적 관행에서는 동등한 수준의 비판을 하지 않고 있다.

어쩌면 한국 사람들이 다른 국적을 가진 사람들보다 북한에 살고 있는, 어쩌면 자신의 먼 친척일 수도 있는 북한 동포들의 곤경에 더 많이 공감한다고 가정해볼 수 있다. 그러나 북한인권 문제에 주목해야 하는 한국의 "권리"는 민주적으로 수립된 정부가 보편적 권리를 강화할 책임을 인정하는 등 우선순위와 정책 전략을 어떻게 두는지에 따라 자주 변화하는 모습을 보인다. 이는 오직 경험적인 관찰일 뿐 이것이 올바르다거나 올바르지 않다는 규범적 판단을 하는 것이 아니다. 그러

---

26 칼럼 린치, 로비 그래머, "외교를 살리고자 절박한 나머지, 백악관 북한 참상에 대한 UN 회의 방해 (Desperate to Save Diplomacy, White House Blocks UN Meeting on North Korean Atrocities)" (영문), 포린 폴리시 (Foreign Policy), 2019년 12월 9일, https://foreignpolicy.com/2019/12/09/white-house-blocks-un-meeting-north-korea-atrocities-trump-kim/.

나 많은 사람들과 NGO들은 북한이나 그 외 다른 곳에서의 인권 침해가 기타 정책 목표 아래 종속돼야 한다는 것에 동의하지 않을 것이다(5장을 참조).

미국의 역할과 책임은 두 가지 측면에서 상이하다. 하나는 많은 한국계 미국인들이 한국인들의 정서를 공유하고 있는 반면, 대다수의 미국인들은 그렇지 않다는 것이다. 북한 사람들의 곤경은 모든 미국인들이 관심을 가져야 하는 것이지만, 사실 한국계가 아닌 사람들에게는 그 관심의 정도나 우선순위가 낮은 경향이 있다. 그러나 미국은 예외주의와 더불어 자신들이 추구하는 가치와 보편적 권리 주장에 있어 모범이 돼야 한다는 믿음을 갖고 있으며, 이로 인해 미국은 설령 자신들의 명성에 심각한 흠집을 입는 경우가 되더라도 원칙적인 입장을 고수해왔다. 미국의 인종차별과 사회적 부조리를 종식시키기 위해 현재도 오랜 기간 시위가 이어지고 있듯이, 도덕적 우위를 점하려는 미국의 주장은 항상 위선적이었다.

미국이 스스로 천명한 리더로서의 책임은 최근 진행된 일련의 상황으로 인해 퇴색된 감이 있지만, 인권을 비롯한 다른 많은 문제에서 미국을 따르고자 하는 의지는 미국의 오만한 주장을 수용한 것이라기보다는 리더로서의 역할이 가능한 미국의 입지에서 기인한다고 볼 수 있다. 세계는 리더십을 필요로 하며 오직 미국만이 리더십을 제공하기 위해 필요한 의지와 뻔뻔함을 갖고 있다. 미국은 당면한 과제를 처리하는 능력과 그에 필요한 비용을 지불할 의지를 갖고 있기도 하지만, 훨씬 더 중요한 건 미국의 뻔뻔한 태도다. 미국은 이미 거부된 바 있는 아이디어를 제안할 여유를 가진 국가다. 대부분의 국가들은 전 세계를 대상으로 자신들의 아이디어를 진지하게 관철시킬 만한 신뢰성이 없으며, 중국의 지도자들을 포함한 대부분의 국가 지도자들은 다른 나라들에 의해 제안을 거절당하고 있을 여유도 없다. 중요한 문제를 해결하려고 시도했다가 실패로 돌아갈 경우, 이는 각 정권과 지도자에게 정치적인 치명상을 남길 수 있기 때문이다. 이런 분석에는 일부 결함이 있을 수 있지만, 기본적으로 필자는 이러한 해석이 옳다고 믿는다. 즉 미국이 그동안 주도적인 역할을 해올 수 있었던 것은 미국에게 그런 능력이 있기 때문이었고, 반면 다른 국가들은 약속된 결과를 도출해내고 싶어도 그것을 성취할 책임이 없었기 때문이었을 것이다.

이 책의 일부 기고자들을 비롯해 북한인권 침해를 우려하는 사람들은 미국이 한때 주도했던 노력을 되살려야 한다고 촉구한다. 일부는 비핵화의 가능성을 높이고자 인권에 대한 논의를 지연시킨 것이 실수였다고도 평가한다. 왜냐하면 북한은 핵무기를 "절대" 포기하지 않을 것이고, 이는 북한 주민들의 절박한 상황을 연장시킬 뿐이기 때문이다. 또 다른 이들은 미국이 두 가지 목표를 동시에 추구할 수 있고, 그렇게 해야 한다고 주장한다.[27] 이에 대해 강조해야 할 점은 현재 미국의 신뢰도가 떨어졌기 때문에 앞으로 미국 지도부가 인권에 대해 주장하기가 과거보다 더 어려워질 것이라는 점이다. 또한 최근의 상황과 국내 문제(사회 정의, 경제, 인프라, 의료 등)에 더 많은 관심을 쏟아야 할 가능성이 높아진 만큼, 한반도 문제를 해결하는 데 사용될 수 있는 미국 정부의 역량도 감소할 것이다.

만약 미국이 계속해서 나서길 꺼린다면, 과연 한국이 나설 수 있을 것인가? 아마도 그럴 것이고 그래야 할 것이다. 그러나 한국과 미국이 하고자 하고, 또 할 수 있는 것은 양국 관계와 중국, 일본과의 관계에 의해 영향을 받을 것이다.[28] 필자가 이를 지적하는 이유는 인권 정책과 비핵화 그리고 양국을 둘러싼 많은 외교정책에 대한 관심사들은 더 큰 일련의 상호 연관된 문제들에 얽혀 있을뿐 만 아니라, 관료주의와 목표들 간의 우선순위에도 내재돼 있음을 지적하기 위함이다. 미국과 한국, 그리고 다른 국가들이 인권 정책을 상대적으로 우선시하기 위해서는 끈기와 전략적 기술 그리고 큰 그림을 그리는 사고가 필요하다.

---

27 이를 테면, 본 책 내 빅터 차의 장; 빅터 차, "정상회담 전야: 미국의 대북외교의 선택지 (On the Eve of the Summit: Options for U.S. Diplomacy on North Korea" (영문), 미 하원 외교위원회 아시아태평양소위원회 청문회, 2019년 2월 26일, https://csis-website-prod.s3.amazonaws.com/s3fs-public/congressional_testimony/190225_Cha_Testimony.pdf.

28 이를 테면, 조남훈, 정구, 로베르타 코헨, 패트릭 M. 크로닌, 한용섭, 브루스 클링너, 오공단, 앤드루 인주 박, 박헌주, 한미동맹의 미래 (The Future of the U.S.-ROK Alliance) (영문) (시애틀, 워싱턴 주: National Bureau of Asian Research, 2017); 클린트 워크, "한미 동맹의 대안적 미래: 과연 무너질 것인가? (The Future of the U.S.-ROK Alliance: Will Things Fall Apart?)" (영문), 38 노스, 2020년 5월, https://www.38north.org/wp-content/uploads/pdf/2020-0507_Work-Clint_Alternative-Futures-for-the-US-ROK-Alliance.pdf.

정답은 없겠지만, 마지막으로 제기해야 할 문제는 북한인권 침해를 해결하기 위한 지속적이고 중요한 국제적 조치가 한미 간 공조와 지도력 없이도 과연 가능하겠느냐는 점이다. 내 짧은 대답은 '아마도 아닐 것'이다. 유엔은 국가들이 그들 자신의 목적을 추구할 수 있는 창구이기도 하지만, 그 자체로 자주적인 행위자일 수는 없다. 그간 많은 국가들이 북한인권 개선의 필요성을 강하게 느끼고는 있지만, 그 어느 누구도 특정한 인권 침해 문제를 위해 유엔의 지지를 확보하고자 시간과 노력, 정치적 자본을 투입하려 하지 않았다. 미국과 한국이 북한인권 문제를 다른 문제와 통합시켜버린 상황에서, 미국마저 이를 주도할 의지와 도덕적 권위를 상실한 이상 북한인권은 모두가 한탄하는 사안이면서도 아무도 채택하지 않는 고아 같은 문제로 남을 것이다.

[교훈과 시사점: 앞으로 우리는 무엇을 해야 하는가?]

이 장의 첫 문장에서 말했듯 북한인권 상황은 개탄스럽다. 이는 널리 알려져 있고 또 널리 비난 받고 있다. 소수의 엘리트를 제외한 모든 주민들이 피해자이기 때문에 북한에서의 억압 범위와 그 규모는 지구상의 어느 곳보다도 크다고 할 수 있다. 그러나 북한인권 문제에 대한 인식과 비난, 그리고 한탄은 이러한 상황에 아무런 영향을 미치지 않았다. 많은 정책이 제안됐고 그 중 일부가 채택됐다. 이러한 정책의 상대적인 효과성을 정확히 입증하기는 어렵지만, 정책별로 그리고 전체적으로 그 효과는 매우 작았고 긍정적이기보다는 부정적이었다고 말할 수 있다.

이는 가혹하고 유감스러운 판단이지만, 만약 우리가 이 문제를 해결하기 위해 보다 더 효과적인 방법을 찾으려면 우리의 현 위치가 어디이며, 어떻게 여기까지 왔고, 무엇을 노력했는지, 그리고 과거의 시도로부터 무엇을 배울 수 있는지 솔직한 평가부터 시작해야 한다. 그것이 바로 이 책의 목적이다. 이 책은 그동안의 노력을 비아냥거리거나 경시하려는 것이 아니라, 그동안의 노력을 통해 앞으로 더 많은 북한 주민들의 삶을 개선하려면 어떤 노력을 어떻게 지속해야 할지 통찰력과 교훈을 이끌어내기 위해 작성됐다. 이 장은 북한인권이라는 미시적인 목표에서 한 발짝 떨어져서 이러한 정책들이 어떻게 더 넓은 외교 정책과 결합될 수 있는지 밝히기 위해 노력했다. 나머지 단락에서는 요약한 결과를 통해 보다 더 효과적인 정책을 개발하고 구현하는 데 도움이 될 수 있는 통찰력을 논할 것이다.

우리가 택할 수 있는 한 가지 출발점은 정치 권력의 현실을 인정하고 협력하는 것이다. 지적한 바와 같이, 거의 모든 국가가 북한인권 상황이 개선되기를 바라지만 그 목표를 다른 모든 것보다 더 우선 순위에 두는 국가는 거의 없을 것이다. 인권 기구(주로 열정적인 개인과 NGO)는 외교 정책 분야에서 합법적이지만 약한 참여자라는 점도 주지해야 한다. 다른 행위자와 기구들(국가 안보 이익집단, 기업 및 협회, 핵 확산 반대자 등)은 더 많은 수로 구성돼 있으며, 더 나은 접근성을 갖고 있고 더 많은 정치적, 관료적 기반을 두고 있다. 일부는 이런 상황을 개탄하며 도덕적 문제가 핵무기나 기업의 이익에 대한 걱정보다 우선시돼야 한다고 주장할 수 있지만, 그렇다고 해서 힘의 균형을 바꾸는 것은 쉽지 않은 일이다. 인권에 대한 관심이 높았던 지미 카터(Jimmy Carter) 행정부 시절에도 힘의 균형은 극히 미미하게만 움직였다.[29] 북한인권 문제를 해결하고자 보다 더 효과적인 정책 확보에 매진하는 사람들에게 이는 많은 것을 시사한다. 인권 문제에 관한 정책을 강력한 행위자들이 가진 목표보다 더 중요한 위치에 놓으려는 시도는 분명 실패할 것이다. 오히려 인권 문제가 채택될 가능성을 높이려면, 인권이 더 높은 우선순위의 목표 달성과 연관이 있다거나 그것에 기여하는 것으로 간주해야 한다. 이는 도덕적 굴복이 아니라 현명한 정치 방식이다.

이러한 분석이 정확하다면 '기분 좋은' 대안과 더 효과적인 대안 중 어떤 것을 선택할 지는 명백하다. 북한의 지도자를 거슬리게 해 목표 달성을 방해할 가능성

---

29   이타이 나르지젠펠트 스네(Itai Nartzizenfeld Sneh), 거의 도달한 미래: 어떻게 지미 카터는 미국 대외정책을 변화시키는데 실패하였나 (The Future Almost Arrived: How Jimmy Carter Failed to Change U.S. Foreign Policy) (영문) (뉴욕: 피터 랭, 2008)

이 있는 제안으로 비춰질 경우, 그 제안에 대한 지지를 얻기는 어려울 것이다. 즉 지나친 약속이나 지나친 선전은 지양해야 한다는 것이다.

또 다른 교훈은 북한 정권의 입지를 격하하거나, 무시하거나, 고립시키려는 시도는 효과가 없었다는 점이다. 북한 정권이 모욕감을 느껴 인권 상황을 개선한다는 것은 현실성 없는 일이다. 인권 침해를 상세히 설명하고 비난하는 것으로 김씨 일가에게 양심의 가책을 기대하기는 어려울 것이다. 김정은을 포함한 북한 고위급 관료를 만나는 것이 그들에게 대내외적인 현상유지를 위한 체면을 살려줄 수 있어 거부하겠다는 것도 마찬가지다. 이는 오만한 행위이며 우리가 북한에 대해 알고 있는 내용과 부합하지도 않는다. 외국 관리들과의 만남으로 인해 정권의 정당성이 악화되거나 개선될 수 있다는 증거는 전혀 없다. 그리고 한 두 명의 외국 지도자가 북한의 지도자를 만나려 한다고 해서, 이를 본 외국 국가들이 북한 정권과 인권 상황에 대해 전혀 다른 판단을 내리게 되는 것도 아니지 않은가? 이러한 이유로 관여정책에 반대한다는 주장은 북한을 부끄럽게 만들어 더 나은 행동을 하게 할 수 있다는 주장보다도 더 신뢰성이 없다.

그러나 이 분석이 갖는 또 다른 함축적 의미는 관여정책의 전제조건으로 인권 상황에 대한 개선을 요구하는 것 또한 실패할 수 있다는 것이다. 북한 정권이 억압을 중단하는 것이 그들의 생존을 유지하는 데 필요한 실제 비용과 기회비용만큼의 가치를 가졌다고 생각한다면, 외부의 관여를 원하거나 필요로 할 수 있다고 가정하기 때문이다. 하지만 앞서 언급한 바와 같이 우리는 북한이 왜 인권을 탄압하는지 충분히 알지 못하고, 이에 따라 북한이 어떤 종류의 압력이나 유인책을 계기로 자신들의 행동을 변화시키려 할지 정보에 입각한 판단을 내리는 데 어려움을 겪는다.

마지막 시사점은 인권 문제를 광범위한 외교 정책에 통합하려는 방안을 채택하려면, 우선 그 목표가 북한 정권과 공조하려는 것인지 아니면 반대하려는 것인지부터 명확히 해야 한다는 것이다. 다시 말해 설령 해당 정책이 북한 정권에게 정당성을 보유하고 그 정권의 존속을 유지시키는 것일지라도 그것이 인권과 비핵화를 비롯한 특정 목적을 달성하기 위한 것인지, 아니면 국민의 요구와 열망을 충족시키기 위해 북한 정권의 정당성과 능력을 약화시켜 종말을 앞당겨야 하는 것인지부터 생각해야 한다는 것이다. 이는 사소한 질문이 아니다. 만약 해당 정책으로써 달성하고자 하는 바를 제대로 설명하지 못한 채 비용과 위험, 잠재적 이익을 충분히 고려했음을 증명해내지 못한다면 그들은 인권 문제를 정책에 포함시키는 데 지지를 받기 어려울 수 있기 때문이다. 충분한 근거와 설득력이 뒷받침되지 않은 주장은 평양으로 하여금 한국과 미국 그리고 다른 나라의 그 어떤 제안도 자신들의 정권을 약화시키기 위한 의도를 갖고 있다고 생각하게 만들 것이다.